ACCESO GRATIS *a la Lectura en la Nube*

Para visualizar el libro electrónico en la nube de lectura envíe junto a su nombre y apellidos una fotografía del código de barras situado en la contraportada del libro y otra del ticket de compra a la dirección:

ebooktirant@tirant.com

En un máximo de 72 horas laborables le enviaremos el código de acceso con sus instrucciones.

La visualización del libro en **NUBE DE LECTURA** excluye los usos bibliotecarios y públicos que puedan poner el archivo electrónico a disposición de una comunidad de lectores. Se permite tan solo un uso individual y privado.

LOS EFECTOS DE LA SANCIÓN PENAL DESDE LOS DATOS EMPÍRICOS

LOS EFECTOS DE LA SANCIÓN PENAL DESDE LOS DATOS EMPÍRICOS

Ana Belén Gómez Bellvís

tirant lo blanch
Valencia, 2026

EDITA: TIRANT LO BLANCH
C/ Artes Gráficas, 14 - 46010 - Valencia
TELFS.: 96/361 00 48 - 50
FAX: 96/369 41 51
Email: tlb@tirant.com
www.tirant.com
Librería virtual: www.tirant.es
DEPÓSITO LEGAL: V-318-2026
ISBN: 979-13-7010-738-3

Si tiene alguna queja o sugerencia, envíenos un mail a: *atencioncliente@tirant.com*. En caso de no ser atendida su sugerencia, por favor, lea en *www.tirant.net/index.php/empresa/politicas-de-empresa* nuestro procedimiento de quejas.

Responsabilidad Social Corporativa: *http://www.tirant.net/Docs/RSCTirant.pdf*

A la memoria de Jaime Bellvís, a la de Francisca Fuster y a la de Sergio López. Pero especial y amargamente a la memoria de Omar Bellvís.

A mi madre, familia y a Francisco Javier Castro que guarda la custodia compartida de muchos de mis logros.

A CRÍMINA y a mis amigos. Porque lejos solo se llega acompañado

Índice

Capítulo IV

Nota preliminar

Interesa indicar al lector desde el inicio que el contenido del libro que tiene en sus manos es una parte revisada de mi trabajo de investigación doctoral con el que obtuve el título de Doctora por la Universidad Miguel Hernández de Elche a finales de noviembre de 2022, dirigida por el profesor Fernando Miró Llinares. No es que tal advertencia busque la indulgencia de las posibles críticas que surjan con respecto al contenido que, sin duda, serán muchas. Más bien es para dar reconocimiento a todas las personas que han contribuido a que esta investigación pueda haber tomado el formato con el que se le está presentando, por mí tan deseado. Huelga decir que el trabajo obtuvo la calificación de sobresaliente *cum laude* con mención internacional y premio extraordinario de doctorado por parte de un tribunal formado por los profesores Elena Larrauri, Daniel Varona y Marcelo Aebi. A ellos les agradezco la oportunidad única que me brindaron al aceptar formar parte del tribunal de la tesis, afrontando la tarea de leer el grueso de la propuesta y poner de relieve aquellos puntos que son discutibles, convirtiendo el acto de defensa en un ritual de aceptación en la comunidad académica del que me siento muy orgullosa. Asimismo, también es de agradecer que el profesor José Pina aceptara ser el revisor de la tesis, ayudándome así a analizar puntos débiles y fuertes del extenso manuscrito. No son muchas las ocasiones en las que un trabajo de investigación es revisado, evaluado y discutido por académicos con una trayectoria admirable que permite o la reafirmación de algunas ideas o la oportunidad de reformular otras tantas. Posteriormente, tras una revisión exhaustiva, este manuscrito fue presentado a la tercera edición del *Premio Internacional a la investigación en Ciencias Penales Dr. José Luís Díez Ripollés* resultando ser galardonado.

Esta es mi oportunidad para agradecer sinceramente al comité evaluador por ello, a la Universidad de Málaga y a los colegas de criminología y Derecho penal de dicha Universidad, en especial, a los profesores José Luís Díez Ripollés y Anabel Cerezo, por sus comentarios, cariño y amabilidad. Cabe destacar que tras la defensa de la tesis doctoral no di por finalizada la línea de investigación, más bien al contrario, seguí adentrándome en los efectos de la sanción penal desde su enunciación. Si durante la etapa predoctoral me centré esencialmente en los efectos preventivos de la enunciación de la norma penal, posteriormente y con la concesión de la Ayuda para estancias de movilidad en el extranjero José Castillejo para jóvenes doctores 2023 por parte del Ministerio de Ciencia, Innovación y Universidades (Referencia: CAS23/00086), he puesto el interés ahora en la otra cara de la moneda: los efectos contraproducentes de esa misma enunciación, completando un poco más esta investigación siempre viva entre mis intereses. Sin embargo, la lista de agradecimientos que debo dista mucho de pararse aquí.

Si bien quien me conoce sabe que no soy una persona dada a la moderación, en esta ocasión haré un ejercicio de la misma para mostrar mi más sincero agradecimiento a quienes me han ayudado y acompañado durante el camino que ha conducido a la publicación de esta obra. Claro que en contrapartida es posible que incurra en alguna omisión que, de existir, no es dolosa.

En primer lugar, debo agradecer la maestría de Fernando Miró Llinares, mi director de tesis y maestro académico, que me ha brindado oportunidades únicas de formación sin las que no se podría entender el resultado final. Si hoy en día se me puede considerar una académica universitaria es porque me abrió las puertas de la Universidad y de la investigación, enseñándome desde los entresijos de la academia hasta escribir para el público académico. Llega un momento en el que el investigador en formación va dejándolo de ser, va adquiriendo autonomía e independencia, pero nunca podrá negar el sitio de donde viene. Siempre se podrá observar en su trabajo, bien de forma explícita bien en las costuras de su pensamiento intelectual, la impronta de quien le ha enseñado. Y es por ello por lo que esta obra también cuenta en su haber.

Alma Mater floreat quae nos educavit, caros et conmilitones dissitas in regiones sparsos congregavit.

Vivat Academia, vivant profesores.

En segundo lugar, a mis amigos de la universidad y a los que me llevo gracias a ella. Especial mención se merecen aquellos con los que empecé en CRÍMINA y entre los que hoy tengo grandes amigos: Nuria Rodríguez, Tere Díez, Nazaret Alonso, David Buil, Asier Moneva, Nacho Díaz, José Eugenio Medina, Mar Ruiz, Zora Esteve, Elena Fernández, Laura González, Flavia Rotteda, Rebeca Bautista y Carlos Falces. A mis amigos de la REJIC y especialmente a Lorena Molnar y Cristina Domingo. También debo mencionar a Vicente Valiente por un apoyo y amistad que fue esencial durante mis años de investigación predoctoral. Igualmente, menos solitaria ha sido la etapa posterior gracias a personas como Dévika Pérez Medina, Ana Belén Valverde, Alejandro Turienzo, Juan Olvido Perea-García o Jéssica Giménez, que aunque en la distancia, me han brindado su amistad y apoyo.

En tercer lugar, a la educación pública y de calidad, sin la que no podría haber llegado hasta aquí. Absolutamente todos mis estudios han sido cursados en "la pública" y financiados por el Estado. Me considero una auténtica afortunada de haber nacido y crecido en un país que ofrece oportunidades a los que menos tienen para que puedan prosperar todo lo posible y ojalá esto pueda seguir siendo así siempre para los que desde el inicio les ha tocado un punto de partida menos aventajado. Espero y deseo poder devolver con mi trabajo a la sociedad lo que la sociedad me ha dado.

Vivat nostra societas! Vivant studiosi!
Crescat una veritas, floreat fraternitas, patriae prosperitas.

Por último, es un acto no solo de gratitud y amor sino de justicia reconocer el apoyo material y anímico que me ha regalado Francisco Javier Castro Toledo. Todos estos años ha sido el pilar sobre en el que he podido restar la espalda cuando he sentido el agotamiento, el techo y paredes cuando han arreciado los vientos, y el hogar cuando he necesitado refugio y calor.

A todos, gracias.

Prólogo

I. La cuestión del fundamento y función de la pena acompaña al Derecho penal desde su nacimiento y es incluso anterior al de la comunidad académica que se ocupa de él. O quizás podría decirse que el primer penalista fue, en realidad, el primer filósofo que planteó públicamente la cuestión de porqué, cuándo y cómo puede resultar legítimo imponer una pena, y cuál debería ser ésta. El debate académico sobre la función de la pena no es, pues, nuevo y puede añadirse que tampoco está cercano su final. De hecho, en el ámbito internacional la discusión sobre la pena no solo no ha perdido vigor, sino que ha experimentado un crecimiento notable en volumen e intensidad. Se siguen publicando muchos trabajos que, desde distintas perspectivas, vuelven una y otra vez a la pregunta por el sentido del castigo penal. Y aunque buena parte de estas contribuciones retoman argumentos ya conocidos lo hacen aplicándolos a nuevos contextos y también irrumpen nuevos enfoques e incluso metodologías propias de otras disciplinas. La discusión entre los polos deontológico y consecuencialista continúa: ninguno desaparece, ninguno se impone, y ambos parecen necesarios para mantener la discusión abierta. Y es que el debate sobre la pena no parece avanzar, como puede suceder con la resolución de problemas clásicos de las ciencias experimentales, por medio de rupturas o giros radicales, gracias a descubrimientos teóricos o empíricos que resuelven de forma novedosa el problema científico que antes parecía irresoluble. Más bien estamos aquí ante una conversación de fondo que se reactualiza en sus lenguajes y enfoques teóricos cada cierto tiempo, pero sin dejar de girar en torno a las mismas tensiones de siempre. Un debate crónico, puesto que no desaparece ni se resuelve completamente, sin que ello impida el funcionamiento general del sistema. Permanece, se adapta y reaparece con otros nombres para seguir cumpliendo con su función: la de seguir interrogando a la comunidad académica y la sociedad sobre el sentido del castigo penal en cada época.

Pero, como sucede con aquello que se percibe como crónico, corremos el riesgo del cansancio, del aburrimiento, de que el carácter irresoluble del debate acabe siendo confundido con irrelevancia y, de ahí, se asuma su abandono. Da la sensación de que eso es lo que está ocurriendo en el ámbito continental de influencia germánica y en el español en particular. Más allá de algunas figuras evidentes que siguen publicando y trabajando sobre el tema con enfoques clásicos o novedosos, el debate sobre la pena en lengua española muestra, al menos en comparación con su evolución en el entorno anglosajón, cierto estancamiento. Y no solo porque sea menor comparativamente el número de trabajos sobre el tema, sino porque son pocos los que se ocupan realmente del núcleo del debate sobre la justificación y los fines del castigo en castellano; porque se suele obviar a muchos autores contemporáneos de origen anglosajón que están renovando el debate internacional; y, sobre todo, porque son más bien excepcionales los trabajos que, al abordar la cuestión, se apoyan en estudios empíricos o los toman en consideración.

Y, paralelamente a la disminución del interés de algunos por el debate, los sistemas penales siguen a lo suyo: a su ritmo, no pausado, de decisiones legislativas y judiciales con sanciones desproporcionadas, con lógicas de punitivismo populista, con desigualdades estructurales en la imposición de las penas, o incluso, con la expansión de formas de castigo no reconocidas como tales. El castigo penal, en su forma real, fuera del debate entre retribución y prevención, comunicación normativa o empírica, etc, no cesa de interpelarnos por mucho que nos hayamos cansado de la conversación o de sus términos. Y, quizás por eso mismo, conviene no renunciar a él ni siquiera en su forma crónica: un debate que no necesita resolverse para seguir siendo útil; una conversación en la que mirar atrás no es sinónimo de estancamiento, sino de lenguaje compartido, pero en la que conviene mirar adelante y con apertura a nuevas perspectivas y metodologías, aunque nos lleven a similares respuestas.

II. El libro que tengo el honor de prologar, escrito por la joven penalista de Muro (Alicante), Ana Belén Gómez Bellvís, y que ha ganado el prestigioso galardón José Luis Díez Ripollés, es una excepción clara a la generalización que he hecho anteriormente. Y lo es por cumplir las características que antes señalaba como ausentes: por abordar directamente la conversación sobre la función de la pena, sin caer en agotamientos y aceptando la relevancia permanente del tema; por hacerlo con el conocimiento de las fuentes fundamentales que están renovando la discusión; y, finalmente, por llevarlo a cabo sin renunciar al pasado pero desde una perspectiva moderna, poniendo su atención en lo que los datos empíricos aportan para la discusión teórica sobre la función de la pena. Dice la autora que no se trata de un libro que ofrezca una teoría de la pena propia (yo diría que no lo hace explícitamente, pues tengo más dudas de que no lo haga implícitamente), sino que su propósito es el de ceñirse al análisis del efecto preventivo de la enunciación del castigo penal. Esto, a mi parecer, incrementa su valor para el debate por dos razones. La primera, porque con ello evita una simplificación en la que se ha caído y se cae cuando se aborda la cuestión de la función de la pena: la de reducir todo el debate sobre la pena a una única pregunta ("¿por qué castigamos con una pena a quien ha cometido un delito?") cuando, en realidad, hay muchas preguntas solapadas que exigen respuestas distintas. No es lo mismo justificar la amenaza penal contenida en una norma, que justificar la imposición de un castigo a una persona concreta, o determinar qué castigo concreto es adecuado o proporcional en el momento de la conminación o en el de la ejecución. Pretender que una sola premisa o enfoque puedan responder a todo ello es, quizás, una de las ilusiones más persistentes del pensamiento penal. Pero también es un acierto su planteamiento porque pese a abordar una cuestión concreta —la efectividad preventiva de la sanción penal—, lo hace tocando el corazón mismo del debate general sobre la función de la pena: la conexión (o la falta de ella) entre lo que decimos que la pena debe hacer y lo que realmente hace. Porque si algo ha caracterizado al discurso penal dominante en las últimas décadas es la paradoja de que gran parte de la dogmática justifique el castigo apelando a su utilidad —su capacidad para disuadir, prevenir o proteger—, renunciando luego a comprobarla. Se habla de la pena como herramienta racional para alcanzar fines legítimos, pero se elude medir sus efectos reales. Esta desconexión entre la justificación normativa y la evaluación empírica no solo es teóricamente débil, sino políticamente peligrosa: permite a la legislación penal avanzar sin freno, sin evidencia, sin rendición de cuentas.

Este libro, pues, no es un trabajo más sobre la función de la pena, sino que entra en la conversación sobre el castigo penal tratando de responder a una laguna existente y con una propuesta clara: si se quiere seguir defendiendo una función preventiva del Derecho penal, hay que mirar de frente lo que nos dicen las ciencias sociales sobre los efectos de la sanción. No basta con apelar a la disuasión como un principio autoevidente. Hay que preguntarse qué sabemos sobre cómo opera esa disuasión, sobre qué factores la fortalecen o la debilitan, sobre qué consecuencias no deseadas puede acarrear el castigo cuando se impone sin legitimidad, sin proporcionalidad, o sin prudencia. Y esa pregunta exige tomar en serio la investigación empírica, no como una amenaza al pensamiento jurídico, sino como una aliada que permite discutir con más fundamento, más honestidad y más compromiso con la realidad.

A través de una estructura cuidadosamente articulada, el libro ofrece primero una revisión profunda del debate clásico y moderno sobre las teorías de la pena, mostrando cómo muchas de ellas, aunque orientadas a fines, carecen de vínculos reales con la evaluación empírica de su eficacia. Luego, reivindica la necesidad de adoptar una racionalidad instrumental auténtica: si el castigo se justifica por lo que logra, hay que someter esa pretensión a verificación. En otras palabras, hay que pasar del discurso al dato. Pero su mayor aporte viene, a mi parecer, en el tercer capítulo, donde se examinan los efectos reales de la sanción penal con base en la mejor literatura disponible. Se analizan las distintas hipótesis de la disuasión (severidad, certeza, prontitud) y se contrastan con los resultados de décadas de investigación. Se muestra que, más que la dureza del castigo, lo que importa es su certeza. Que los efectos no son universales ni automáticos. Y que, además de los efectos buscados, existen otros perversos: desde la resistencia al castigo injusto hasta el efecto desafío, donde la pena no disuade, sino que alimenta la desobediencia. Y, el trabajo acaba yendo más allá del análisis de los efectos de la disuasión e incorpora una visión más amplia al enlazar con los datos que muestran que aquél enfoque no sólo no agota los mecanismos que explican el cumplimiento de las normas penales, sino que podría no ser el más adecuado para ello. Gómez Bellvís no sólo muestra la creciente evidencia empírica que apunta a la importancia de variables como la influencia social o la legitimidad percibida del sistema penal, sino que explica con más claridad que nunca porqué estos factores no actúan solo como elementos complementarios a la disuasión, sino que muchas veces la reemplazan como motor principal del cumplimiento. La constatación de que las personas no cumplen las normas esencialmente por temor a ser sancionadas, sino porque consideran que son socialmente aceptadas resultan moralmente merecidas y son aplicadas por instituciones legítimas, acerca a Gómez Bellvís a teorías de la pena donde la parte preventiva no esté esencialmente basada en la creación de miedos sino en la validación social de modos de actuar legítimos.

III. Las comunidades académicas eligen sus temas de investigación y construyen sus lenguajes a través del tiempo. No son elecciones aleatorias, ni lenguajes neutros, aunque a veces se disfracen de ello; son formas compartidas de mirar al mundo, de nombrar y de razonar, relacionadas con su contexto social y político y con la visión de cuál puede y debe ser su aporte. Pero todo lenguaje de la comunidad científica se plasma por medio de las voces de quienes la conforman. Pues son estas las que deciden en la elección de sus temas, de sus enfoques, de los problemas que se deben resolver y de los lenguajes que se deben utilizar, el devenir de la comunidad.

Las comunidades académicas dedicadas al Derecho penal, por un lado, y a la criminología, por otro, aunque comparten objetos de estudio —el delito, la pena, el daño—, han elegido problemas de investigación diferentes y desarrollado, históricamente, lenguajes a veces coincidentes y muchas veces distintos. Y, sin embargo, los términos se entremezclan y los problemas de investigación muchas veces confluyen, por mucho que da la sensación de que ambas comunidades prefieran estar de espaldas la una a la otra. Son muchas las voces que hacen alegatos de cooperación, incluso de integración y, al menos, de reparto de tareas, y muchas las visiones que tratan de conjugar comunidades en torno a problemas conjuntos, pero siempre harán falta más voces que busquen el problema y el lenguaje compartido, que traten de traducir términos y conocimientos y se dediquen a ensamblar, a tender puentes entre esas comunidades.

El premio con el que ha sido galardonado el libro de Ana Gómez lleva el nombre del jurista que, a mi parecer, mejor ha comprendido la necesidad de ensamblar los lenguajes y los problemas del Derecho penal y de la criminología. Desde hace décadas, José Luis Díez Ripollés ha defendido una manera de pensar el Derecho penal y la Política criminal que no se conforma con la solidez dogmática ni con la sensibilidad hacia la criminología empírica por separado, sino que las necesita integradas, en diálogo constante. Ha insistido en que el Derecho penal no puede encerrarse en sus propios marcos conceptuales sin escuchar lo que la investigación científica criminológica tiene que decir, y que la política criminal no puede configurarse exclusivamente desde marcos normativos ideales sino que tiene que aceptarse política, e integrar el conocimiento científico de la realidad y el carácter ideológico de su praxis. En particular, José Luis, si me permite, es de los que ha defendido la función preventiva de la pena, pero ha demandado que se conozca cómo funciona realmente el castigo en la sociedad para sostener su legitimidad. Por eso me siento tan feliz de que el premio que lleva su nombre haya ido a parar a una nueva voz de esas que, como la suya, siempre necesitará el Derecho penal, y a un libro que es un trabajo de ensamblaje: que es de Derecho penal, porque se inscribe en el debate sobre la justificación y la racionalidad de la pena; pero que se construye desde una aproximación criminológica, porque sabe que cualquier afirmación sobre lo que el castigo "hace" en el mundo exige contrastación empírica.

Un libro que presenta una nueva voz, la de Ana Gómez, que con este trabajo se posiciona como una figura con capacidad para participar activamente en la renovación de la disciplina. Lo que hace de su aportación algo valioso no es solo su claridad expositiva ni su dominio técnico, que son innegables, sino el hecho de haber sabido detectar uno de los nudos críticos del Derecho penal contemporáneo —la desconexión entre discurso normativo y conocimiento empírico— y abordarlo con solvencia desde ambos planos. Ana sabe moverse con soltura entre teorías jurídicas complejas y literatura empírica especializada, sin simplificaciones, pero también con un lenguaje directo y coloquial, logrando construir un puente real entre dos tradiciones que rara vez se encuentran con tanta naturalidad y comunicando, también, a cualquiera que quiera acercarse al tema. Además con este libro Ana Gómez no se limita a exponer el problema: lo ordena, lo discute, lo estructura y ofrece claves interpretativas para el Derecho penal, la criminología y la política criminal. A la criminología, le recuerda su deuda pendiente con la investigación sobre los efectos preventivos de la pena y no sólo con su aplicación, especialmente en el ámbito español; a la dogmática penal, le lanza un desafío: apropiarse de ese conocimiento para desmontar discursos legislativos superficiales, reclamar racionalidad en la formulación del castigo y abrir espacio a una crítica más informada y más rigurosa; y a la política criminal, al legislador en realidad, le ofrece una guía práctica sobre cómo convertir el conocimiento empírico en leyes más eficaces. Esta valentía, propia de la autora y no sólo de su juventud, es lo que convierte su trabajo en un aporte que desborda la categoría de "buen ejercicio académico" y se convierte en una contribución excepcional al debate sobre la pena y sobre la relación entre las disciplinas que lidian con ella.

Conozco a Ana B. Gómez desde que le impartí clase de Derecho penal Parte general en segundo de Derecho. Siempre pensé que tenía una cabeza privilegiada para pensar y discutir, aparte de una fuerza de voluntad y capacidad de esfuerzo y resistencia no comunes. La carrera académica es complicada; sin eufemismos diría que, para la generación de Ana, es particularmente desagradecida; y la vida, azarosa, no siempre atiende ni a talentos ni a esfuerzos. En este caso, con este premio, lo ha hecho, y ha convertido un resultado (sólo parcial) de su excelente tesis doctoral y de su excepcional esfuerzo formativo de años en un entorno rico de discusión, acicate intelectual e interdisciplinariedad como es Crímina, en una justa recompensa. Pero, también, en un nuevo estímulo para ella y en una promesa para la comunidad. El Derecho penal y la Criminología necesitan voces nuevas que sepan y quieran hablar viejos y nuevos lenguajes para afrontar los problemas de siempre y otros que vendrán.

Alicante, 1 de mayo de 2025

FERNANDO MIRÓ LLINARES

Introducción

«PP y Ciudadanos piden en el Congreso ampliar la prisión permanente revisable y Vox apuesta por la cadena perpetua», reza el titular de una noticia de RTVE a 17 de diciembre de 2021[1]; «Collboni avala la petición de la abogacía de Barcelona para endurecer el Código Penal frente a los hurtos de móviles»[2], indica otro de *elDiario.es* a fecha de 5 de marzo de 2024. Ante la polémica de la ley del «solo sí es sí»[3], una destacada profesora de filosofía moral y política decía en Twitter (ahora X) lo siguiente: «La ciudadanía española, a raíz del juicio de la Manada, reclamaba figuras delictivas más claras y penas más disuasorias. Lo que tenemos son rebajas de pena y delincuentes excarcelados. Que se asuma la responsabilidad es lo lógico. Escucha y aprende… o vete». Una compañera penalista, sin embargo, le contestaba: «Lo que ocurre es que la ciudadanía desconoce que el aumento de penas no disuade. Hay infinidad de estudios sobre esto. Lo que sí que se consigue con un aumento de penas es aumentar el gasto público,

---

1 Disponible en: https://www.rtve.es/noticias/20211217/pp-prision-permanente-cadaver/2240385.shtml

2 Disponible en: https://www.eldiario.es/catalunya/collboni-avala-peticion-abogacia-barcelona-endurecer-codigo-penal-frente-hurtos_1_10981565.html

3 Ley Orgánica 10/2022, de 6 de septiembre, de garantía integral de la libertad sexual, posteriormente modificada por la Ley Orgánica 4/2023, de 27 de abril, para la modificación de la Ley Orgánica 10/1995, de 25 de noviembre, del Código Penal, en los delitos contra la libertad sexual, la Ley de Enjuiciamiento Criminal y la Ley Orgánica 5/2000, de 12 de enero, reguladora de la responsabilidad penal de los menores.

una mayor vulneración de DDHH y una mala valoración del bien jurídico protegido». A esto último, la profesora de filosofía solicitó: «Puede citarme uno y solvente de esa "multitud" de artículos?», y la penalista le dijo: «Claro que sí. Aquí lo tienes», y le adjuntó un estudio, que se podría considerar ya clásico, de DOOB y WEBSTER[4], en el que, efectivamente, se lleva a cabo una revisión de la literatura y en la que los autores llegan a concluir que con los estudios disponibles no parece que la variación de la severidad de las penas tenga un efecto disuasorio general. Frente a este estudio, sin embargo, la profesora de filosofía moral y política cerró de golpe y porrazo la discusión contestándole a la penalista: «Lamento decirle que ese artículo y asimismo el resto de la producción de sus autores, carece de la credibilidad que usted les atribuye». Es cierto que la revisión de la literatura es de 2003 y se podría alegar, como mucho, que está un tanto desfasada por el paso del tiempo, o bien que hay otras más actuales, pero no, desde luego, que carezcan de credibilidad ni el estudio ni sus autores (*spoiler*: esa conclusión es ya un lugar común en la literatura criminológica). De ahí mi asombro, puesto que, por esa época (2022), ya conocía bien la literatura en materia de los efectos preventivos de la sanción penal y sabía que la penalista había dado en el clavo.

Pero ¿qué tienen en común todos estos ejemplos? En primer lugar, los titulares que he elegido que podrían ser otros (en realidad, se podría escribir un libro solo enunciando ejemplos similares), así como la conversación tuitera citada, coinciden en que hablan del castigo, y más en concreto, de la forma de castigo más dura de la que dispone el ordenamiento jurídico: la prisión. En segundo lugar, y lo que me parece más interesante, es que detrás de esos y otros titulares cualesquiera como los arriba mencionados, así como detrás de la breve

---

4 DOOB, A. N., y WEBSTER, C. M., «Sentence severity and crime: Accepting the null hypothesis», en *Crime and Justice*, vol. 30, 2003.

y abrupta discusión *online*, subyace una creencia mántrica del efecto disuasorio de las normas penales.

En efecto, no es precisamente algo puntual que los políticos, normalmente los que se encuentran en la oposición, prometan en campaña electoral realizar modificaciones del Código Penal para endurecerlo, apelando, al mismo tiempo, a razones de prevención general negativa. De esta forma, el uso y abuso del Derecho penal ante cualquier disfunción social ha convertido a éste en, posiblemente, una herramienta de política criminal de *primera ratio*. Se podría decir que detrás de la noción básica de la disuasión general está la idea —bastante intuitiva y presente en nuestro día a día, ¿a quién no le amenazaron alguna vez los padres para cumplir con una determinada norma en casa y no se vio motivado al cumplimiento? — de que si se quiere evitar que una persona realice un determinado comportamiento lo que hay que hacer es aumentar los costes de realizar la infracción que, en el caso del Derecho penal, se refiere al castigo. Siguiendo esta lógica argumental, de fácil comprensión para la ciudadanía, se introducen nuevas conductas en el Código Penal y se aumentan las penas de los delitos ya existentes y sobre los que haya una cierta preocupación. Todo ello, con el objetivo de convertir la amenaza del castigo en una lo suficientemente poderosa como para conseguir que el individuo en concreto se retraiga de cometer el delito en cuestión. Pero tampoco es inusual que sean los propios expertos los que mantengan que las penas tienen ese efecto disuasorio. Además, la disuasión general goza de una presunción de solución técnica (porque se asume que funciona y es racional hacer lo que funciona) que, quizás, no tengan otras justificaciones de corte más deontológico y que, por tanto, quedan sujetas a debates entorno al merecimiento que admitiría un mayor grado de valoración.

Como se ha visto con el comentario citado de la filósofa, es fácil dar por sentado que las penas tienen ese efecto y, por tanto, si lo tienen, lo lógico es utilizarlas en esa dirección. Pero

¿de verdad funciona la disuasión en este sentido? Cuanto más severas son las penas ¿es mayor el efecto preventivo? A mi parecer, estas son cuestiones que son clave y a las que deberían atender decisores políticos, doctrina y sociedad. Sin embargo, es un lugar común presuponer que las penas disuaden sin más, sin atender a lo que los datos empíricos han ido estableciendo, cayendo así en reduccionismos poco fructíferos sobre la influencia del Derecho penal en la prevención del delito. Esta falta de sintonía entre el mundo de las ciencias sociales que van analizando empíricamente qué efectos tienen los castigos y cómo se *cree* desde distintos ámbitos normativos que funcionan ya ha sido puesta de manifiesto por diferentes autores como DÍEZ RIPOLLÉS, ORTIZ DE URBINA GIMENO, RODRÍGUEZ HORCAJO o MOLINA FERNÁNDEZ, al observar una situación en la doctrina un tanto paradójica que voy a intentar explicar: en primer lugar, se suele partir de una concepción del Derecho penal consecuencialista, de Derecho penal orientado a fines. Uno de estos fines es la protección de la sociedad y el instrumento desde el cual se vale esta rama del ordenamiento jurídico para dar consecución a tal fin es la pena. Pero la pena debe ser utilizada racionalmente y uno de los criterios de racionalidad es el instrumental. Esto significa que la pena debe servir y se tiene que configurar en la medida de lo posible para contribuir a evitar que determinados comportamientos sucedan, y todo ello teniendo en cuenta su eficacia, pero también su eficiencia. Por ello, la mayoría de la doctrina defiende una teoría de la pena si no puramente preventiva, al menos, mixta y la mayoría también asume que la pena tiene en algún momento una función disuasoria. El legislador, por su parte, asume igualmente la anterior estructura, con la ventaja a su favor de que dispone de todo un marco conceptual (la prevención general negativa o disuasión general) elaborado por la doctrina que dice que para que la norma penal disuada el castigo tiene que ser cierto, severo y pronto. Pero hasta aquí suelen llegar tanto la doctrina como el legislador y precisamente eso es lo paradójico. Se establece el criterio que justificaría el castigo, pero posteriormente se abandona la tarea que da sentido a esa justificación: la verificación de si ese criterio se cumple o no. En general, hay un cierto desentendimiento de las ciencias sociales que desde hace décadas han venido estudiando la relación entre el comportamiento humano y las normas. Me refiero aquí a la criminología, a la que apenas se le concede un breve párrafo o apartado en los manuales de Derecho penal, parte general, para no volverla a nombrar más, pero también a la psicología cognitiva, social, a la sociología, a la economía, entre otras. Este vacío o esta laguna entre lo empírico y lo normativo en el ámbito de la pena es, a mi juicio, perjudicial porque da por válidas algunas asunciones que no se dan en la realidad y, asimismo, porque esto supone darle un cheque en blanco al legislador que igualmente asume determinados efectos de las sanciones penales que tampoco verifica si se dan o no en la realidad, pero con respecto a los cuales poco puede decir una doctrina que se desentiende grandemente de los mismos. Por ello, el objetivo principal de este libro no es otro que el de poner de relieve lo que la literatura empírica ha establecido sobre los efectos preventivos de la sanción, especialmente los que se refieren a la disuasión general, por ser este efecto el que más se asocia habitualmente con la norma penal por parte de diferentes sectores sociales. Pero también prestaré atención a otros mecanismos de prevención general por medio de los cuales la norma penal puede estar previniendo como son la influencia social o la legitimidad, que en buena parte son constructos que se han puesto a prueba empírica por parte de las ciencias sociales pero que a cualquier penalista, en realidad, no le resultarán ajenos porque tienen un regusto a lo que nosotros llamamos prevención general positiva.

Para dar consecución a este objetivo, el lector podrá encontrar en el primer capítulo una aproximación mínima al debate sobre las teorías de la pena, como aquellas que tratan de explicarnos por qué y para qué castigar. Repasaré el denominado debate clásico y también expondré algunos aspectos de las teorías expresivas de la pena, todo ello para ir mostrando a su vez cómo muchas de las teorías que están orientadas a fines, a conseguir algo, no tienen a penas amarres con los datos empíricos. Posteriormente, en el segundo capítulo, trataré de argumentar que es necesario atender a la racionalidad instrumental del castigo si partimos, como creo que hacemos la mayoría, de que el Derecho penal tiene que estar orientado a la prevención, a la protección de la sociedad, a las consecuencias. Y atender a la racionalidad instrumental pasa necesariamente por mirar los efectos de la sanción medidos empíricamente, ya que esto no solo nos pone en un mejor lugar epistémico sino que también nos permite estar en una mejor situación para criticar la intervención legislativa y proponer mejores sanciones. Una vez asentadas estas premisas, expondré por medio del capítulo tercero los principales datos que hay sobre los efectos de la sanción que he dividido en dos: el efecto preventivo y el efecto desafío. Esta es quizás la parte más central de este trabajo ya que trato de desenmarañar las diferentes hipótesis que hay detrás del efecto disuasorio (a mayor severidad, certeza y prontitud, mayor prevención); exponer algunas fuentes de cumplimiento distintas al enfoque intimidatorio como puede ser la influencia social y la legitimidad sustantiva que puede revestir la norma penal de forma que genere cumplimiento normativo sin necesidad de recurrir a la amenaza; y, también, expongo la necesidad de que la norma tiene que estar revestida de esa legitimidad empírica puesto que la falta de ella puede dar lugar a un efecto perverso como es el desafío, la oposición moral hacia la norma de tal forma que el efecto que produce es la desobediencia como forma de resistencia. Tras la revisión de toda esta literatura, en el último capítulo, el cuarto, me ocupo de extraer conclusiones para diferentes ámbitos. La cuestión del castigo atraviesa de lleno el interés no solo del Derecho penal, sino también de la Criminología y de la Política criminal. Para el ámbito criminológico, se señalan determinados hallazgos que pueden considerarse consolidados a la luz de los estudios en materia de disuasión y se señalan algunas líneas de investigación futura en las que la criminología española puede tener un papel más protagónico del que ha tenido hasta ahora. Por lo que se refiere al Derecho penal, se defenderá, por un lado, la necesidad de superar la dicotomía «datos sí/datos no», para dar un paso más allá y asumir que aquél que defienda una función protectora del Derecho penal y preventiva del castigo, al menos en parte, debe atender a las datos empíricos y que el debate ahora deberá centrarse en cuándo y cómo incorporarlos. Del mismo modo, se señala en qué puede contribuir la revisión de la literatura sobre los efectos de la sanción penal al debate sobre la teoría de la pena. Por último, en materia de política criminal, se apuntan algunas conclusiones que serían útiles para un legislador honesto con la necesidad de prevenir el delito por medio del castigo. Si bien y asumiendo de forma casi pesimista que esa lista de información potencialmente útil en atención a los datos empíricos no será tenida en cuenta por el legislador, se traslada la necesidad una vez más de que la dogmática se haga con el acervo del conocimiento empírico en materia de los efectos de la sanción penal para desmontar las justificaciones preventivas del legislador punitivo y compeler al mismo a que exponga las auténticas razones detrás de determinados cambios en la ley penal para poder entrar en los auténticos debates sobre la racionalidad y aceptabilidad de las modificaciones al Código Penal.

De esta forma, mi intención al realizar esta investigación y ponerla por escrito en el formato que tiene el lector en sus manos es la de servir de puente entre la investigación sobre el castigo normativa y la empírica; la de atraer a los penalistas al mundo arenoso y a veces inseguro de los datos empíricos y, al mismo tiempo, mostrar a los científicos sociales lo que desde un punto de vista normativo interesa a los penalistas y que debe ser también atendido por ellos. Es un libro con el que tampoco pierdo la esperanza de que algún día y por alguna extraña razón éste caiga en manos de un decisor político en materia de delincuencia y tenga alguna suerte de impacto, aunque sea sobre su forma de pensar en la sanción penal. Pero creo que de momento será más que suficiente si he conseguido mediante esta introducción persuadir al lector de que siga leyendo.

Capítulo I

Las teorías de la pena y los débiles amarres del debate con los datos empíricos

1. INTRODUCCIÓN

No parece recomendable acercarse al Derecho penal sin abordar la cuestión de la justificación de su existencia e, indisolublemente, sin reflexionar sobre el fin que debe perseguir el castigo en un determinado Estado[5]. Es una cuestión sobre la que cabe partir previamente para poder orientar el Derecho penal sustantivo a tal fin y justificación. No es casualidad que en los manuales de Derecho penal este sea el tema que se aborda primeramente antes de entrar en cuestiones posteriores como la teoría del delito o la determinación de la pena. Esta cuestión es, por decirlo de algún modo, la arteria aorta que oxigenará al resto de los conceptos y cuestiones del Derecho

---

5 HASSEMER, W., *¿Por qué castigar? Razones por las que merece la pena la pena* (Traducción de Manuel CANCIO MELIÁ y Francisco MUÑOZ CONDE), Tirant lo Blanch, Valencia, 2016. Asimismo, MIR PUIG, S., *Derecho Penal. Parte General* (10ª edición), Editorial Reppertor, Barcelona, 2016, p. 84: «La función del Derecho penal depende de la función que se asigne a la pena. Y a la medida de seguridad». Si bien, como advierte SILVA SÁNCHEZ, la legitimación del Derecho penal no se agota en el debate sobre las teorías de la pena (SILVA SÁNCHEZ, J. M., *Aproximación al Derecho Penal contemporáneo. Segunda edición ampliada y actualizada,* BdeF, Buenos Aires, 2012)

penal y también del sistema de justicia penal. Es por ello por lo que una parte esencial de la filosofía del Derecho penal[6] ha estado dedicada en los últimos dos siglos[7] a plantear posibles respuestas a la pregunta sobre cuál es el fin del Derecho penal que justificaría su existencia y necesidad y, también, cuál es la función que debe cumplir la pena de acuerdo con ese fin[8]. Téngase en cuenta que cuando se habla de pena, de castigo, se está hablando de la posibilidad del Estado, al que se le ha concedido el monopolio de la fuerza, de infligir en un ciudadano un daño de forma deliberada. Dada la gravedad de ese daño y la afectación de bienes esenciales mediante el mismo como la libertad, el patrimonio e incluso en algunas latitudes del mundo, la vida, esta acción estatal requiere de una justificación moral de peso.

Alrededor, pues, de la pregunta relativa a la justificación del castigo, que se ha convertido en el eterno y crónico debate del Derecho penal[9], se han ido formulando toda una serie

---

6 PASCUAL MATELLÁN, L., «Hacia un prevencionismo sin límites. La apuesta por la disuasión concentrada», en *Revista General de Derecho Penal,* núm. 33, 2020.

7 En realidad, la cuestión sobre el castigo y la función que este debe cumplir es un debate que puede remontarse mucho más atrás. En este sentido, no es infrecuente aludir a autores como ARISTÓTELES, PLATÓN, GROCIO, entre muchos otros. No obstante, el debate tradicional sobre la función de la pena se suele encuadrar en el periodo de la Ilustración, cuando los autores más prominentes del idealismo alemán (KANT y HEGEL esencialmente) formulan sus teorías en torno a la justificación del castigo, como forma de oponerse a una línea de pensamiento más o menos coetánea basada en el utilitarismo de autores como BECCARIA, BENTHAM, entre otros.

8 ALCÁCER GUIRAO, R., «Los fines del Derecho penal: Una aproximación desde la filosofía política», en *Anuario de Derecho Penal y Ciencias Penales,* Tomo 51, 1998, p. 369.

9 MIRÓ LLINARES, F., «La salud del debate sobre la pena: primeros síntomas tras una revisión sistemática de la literatura 2000-2020», en

de teorías de la pena que darían sentido o una razón de ser a la sanción penal, habiendo casi tantas formulaciones como autores que se han querido aproximar a la cuestión[10]. A pesar de la crítica de la que ha sido objeto la clasificación tradicional de las teorías de la pena[11], lo cierto es que la doctrina ha

---

Miró Llinares, F., Fuentes Osorio, J. L. (Dirs.), Gómez-Bellvís, A. B. (Coord.), *El Derecho penal ante "lo empírico". Sobre el acercamiento del Derecho penal y la Política Criminal a la realidad empírica*, Marcial Pons, Madrid, 2021.

10 Sin embargo, tal y como explica Miró Llinares, F., «La salud del debate sobre la pena...», *ob. cit.*, p. 44, aunque todavía surjan nuevas propuestas y teorías de la pena, es necesario destacar que «las soluciones siguen esencialmente lo propuesto por autores clásicos».

11 Así, Peñaranda Ramos, E., y Basso, G. J., «Capítulo VII. La pena: Nociones generales», en VV.AA. *Manual de Introducción al Derecho Penal*, Agencia Estatal Boletín Oficial del Estado, Madrid, 2019, p. 166: «Hay que tener en cuenta, sin embargo, que la contraposición entre *quia peccatum est* y el *ne peccetur* no solo es innecesaria, sino además inadecuada: es posible y razonable pensar que se castiga porque se ha delinquido y, simultáneamente, para que no se delinca -lo primero afecta al concepto y al fundamento de la pena; lo segundo, a sus concretas finalidades preventivas-. No obstante, esa contraposición es útil para marcar con más nitidez la distinción entre aquellas teorías de la pena que se denominan absolutas (o retributivas) y las que se llaman relativas (o preventivas)». Por su parte, Hörnle se muestra bastante crítica con la denominación de «absolutas» a las teorías de la retribución. De acuerdo con esta autora, «el concepto «teoría absoluta» es ambiguo y, a fin de cuentas, puede renunciarse a él. La idea de que no hay que fundamentar las condenas en los tribunales penales o de que se trata de un acontecer que carece de fin se debe rechazar sin más» (Hörnle, T., *Teorías de la pena*, Traducción de Nuria Pastor Muñoz, Universidad Externado de Colombia, Centro de Investigación en Filosofía y Derecho, 2015). Otros autores que recogen también la crítica a esta clasificación, Gracia Martín, *L., Fundamentos de dogmática penal. Una introducción a la concepción finalista de la responsabilidad penal*, Atelier, Barcelona, 2006; Cutiño, S., *Fines de la pena, sistema penitenciario y política criminal*, Tirant lo Blanch, Valencia, 2017; Lesch, H. H., *La función de la pena* (traducido por

solido asumir la división clásica, por didáctica[12], en dos grandes bloques mediante los que se analizan los posibles sentidos de la pena y en los que se trata de responder al problema de «por qué y para qué se pena»[13]: las teorías absolutas y las teorías relativas, o si se prefiere, las teorías de la prevención que se insertan en la tradición ética del consecuencialismo, y las retribucionistas que se insertan en cambio en el deontologismo ético[14]. A estas dos corrientes de justificación de la pena se

---

Javier SÁNCHEZ-VERA GÓMEZ-TRELLES), Dykinson, Madrid, 1999; VON HIRSCH, A., «Retribución y prevención como elementos de justificación de la pena», en ARROYO ZAPATERO, L., NEUMANN, U., y NIETO MARTÍN, A. (Coords)., *Crítica y justificación del Derecho penal en el cambio de siglo,* Ediciones de la Universidad de Castilla-La Mancha, Cuenca, 2003, entre otros. Una exposición mucho más analítica de las fallas de la clasificación de teorías relativas y absolutas puede encontrarse en MONTERO, F., «Concepto y justificación en una teoría integral de la pena», en *Política Criminal,* vol. 17, núm. 34, 2022.

12 Así, FRISCH, W., «Pena, delito y sistema de delito en transformación», en *Indret,* núm. 3, 2014, pp. 7-8.

13 GARCÍA-PABLOS DE MOLINA, A., *Introducción al Derecho penal,* Cuarta edición, Editorial universitaria Ramón Areces, Madrid, 2006, p. 236; ZUGALDÍA ESPINAR, J. M. (DIR.), MORENO-TORRES HERRERA, M. R. (COORD.), PÉREZ ALONSO, E. J., MARÍN DE ESPINOSA CEBALLOS, E., y RAMOS TAPIA, M. I., *Fundamentos de Derecho Penal. Parte General (4ª edición),* Tirant lo Blanch, Valencia, 2010.

14 ORSINI MARTINELLI, J. P., «Una lectura utilitarista del Derecho penal mínimo», Traducción de José Ángel BRANDARIZ GARCÍA, en *AFDUC,* 17, 2013, p. 507: «En la medida en que el consecuencialismo fundamenta un acto en sus consecuencias, puede afirmarse que se opone a la ética deontológica. Para la deontología, lo que hace que una elección sea correcta es su conformidad con una norma moral. Las normas morales deben ser obedecidas por su mera existencia. Lo correcto debe prevalecer sobre el bien; en consecuencia, si una conducta no es consonante con lo correcto, no puede ser practicada, con independencia del resultado que dejaría de producir». Asimismo, véase NINO, C. S., *Introducción al análisis del Derecho,* Barcelona, 1991 (4ª ed.), pp. 183. Si bien lo anterior se asume sin demasiados

le añadirían las posiciones mixtas, mayoritarias en la actualidad[15] pese a un alegado renacimiento retribucionista[16], y que

---

problemas, recientemente se ha venido poniendo en cuestión que incluso aquellas posturas que se han considerado tradicionalmente como puras del deontologismo no lleven incorporado cierto consecuencialismo. Esta discusión se ha dado, especialmente, con respecto a la posición deontológica por antonomasia como es la de KANT. Tal y como han recogido recientemente JOHNSON y CURETON, la interpretación mayoritaria recibida acerca de la filosofía moral de Kant es que esta es esencialmente deontológica o, lo que es lo mismo, que niega los elementos centrales de las tesis teleológicas, ya sea en su vertiente consecuencialista o de teoría de la virtud (esto es, sobre los rasgos del carácter el agente moral). Lo cierto es que, siguiendo con su análisis, son numerosos los lectores de KANT que han puesto en duda esta interpretación mayoritaria (Véase en profundidad JOHNSON, R., y CURETON, A., «Kant's Moral Philosophy», en *Stanford Encyclopedia of Philosophy,* publicado el 23 de febrero de 2004 y revisado el 21 de enero de 2022. Disponible en: https://plato.stanford.edu/entries/kant-moral/). Sólo por citar algunos de los intentos más relevantes, los autores destacan al mismo John STUART MILL, quien al inicio del Utilitarismo argumenta que la racionalidad del imperativo categórico solo es sostenible desde la óptica de las consecuencias de la adopción de una máxima universalizable. De manera similar, subrayan el trabajo de HARE cuando explica que cualquier juicio moral es una prescripción universal (ej. Nadie debe matar nunca a otra persona en ningún lugar) que al buscar el bienestar individual finalmente pretende el general. En la misma obra, HARE llega a afirmar que el imperativo categórico no es más que utilitarismo dicho con otras palabras. Para JOHNSON y CURETON, el trabajo de David CUMMISKEY sería otro buen ejemplo de lectura teleológica de la moral kantiana y sus principios rectores universalizables. Más específicamente, para CUMMISEKY la consideración universalista del valor de la humanidad implica tratar los intereses de cada siempre desde la perspectiva de la producción del mejor resultado general (JOHNSON, R., y CURETON, A., «Kant's Moral..., *ob. cit.*).

15 SILVA SÁNCHEZ, J. M., *Aproximación..., ob. cit.*

16 RODRÍGUEZ HORCAJO, D., «Retribución y consecuencias: ¿Todo en uno?», en MIRÓ LLINARES, F., FUENTES OSORIO, J. L. (DIRS.),

tratarían de superar los problemas que de manera separada presentan las tesis retribucionistas y las prevencionistas[17].

En la medida en que nuestro objeto de trabajo se va a centrar en gran parte en los efectos preventivos de la sanción penal, a continuación, procederemos a exponer las ideas centrales del debate clásico y moderno de la teoría de la pena, en el que han adquirido un gran protagonismo las teorías expresivas y comunicativas del castigo[18]. El objetivo principal del presente capítulo es doble: por un lado, contextualizar nuestro

---

GÓMEZ-BELLVÍS, A. B. (COORD.), *El Derecho penal ante "lo empírico". Sobre el acercamiento del Derecho penal y la Política Criminal a la realidad empírica*, Marcial Pons, Madrid, 2021, p. 75); DÍEZ RIPOLLÉS, J. L., *Derecho Penal español Parte General* (5ª edición revisada), Tirant lo Blanch, Valencia, 2020, p. 46.

17 MAÑALICH, J. P., «La pena como retribución. Primera parte: La retribución como teoría de la pena"», en *Derecho Penal y Criminología*, vol. 28, núm. 83, 2007, p. 22.

18 Cabe señalar en este punto que no se desconoce el debate sobre que no es lo mismo el concepto de pena que la justificación de esta, y que no establecer adecuadamente un vínculo entre concepto y justificación puede dar lugar a determinadas deficiencias conceptuales y metodológicas (véase sobre el particular y en profundidad MONTERO, F., «Concepto y justificación...», *ob. cit.*). Sin embargo, el cumplimiento de los objetivos propuestos para el presente capítulo no requiere necesariamente de analizar la problemática entre concepto y justificación, puesto que, como se analizará más específicamente en el Capítulo II, al partir de una función preventiva del Derecho penal, y con ello, asumir una parte instrumental de la justificación de la pena, el concepto y la justificación tienen necesariamente conexiones relacionadas con el fin preventivo. Del mismo modo, adoptar una postura más cercana a la prevención y a la instrumentalidad de la pena hace que nuestro auténtico interés resida en observar en qué medida se tienen en cuenta los datos empíricos sobre la realidad a la que el Derecho penal y la pena pretenden servir como instrumento de control social.

objeto de estudio, los presupuestos fácticos de la prevención general; por otro, poner de relieve la escasa relevancia que en el debate entre unas teorías y otras ha tenido la imbricación de la realidad, del conocimiento empírico que otras ciencias sociales han proporcionado sobre el funcionamiento del castigo. Ello nos permitirá señalar algunas excepciones que, más allá de estar de acuerdo o en desacuerdo con las propuestas realizadas, muestran que no solo es posible incorporar en la justificación del castigo lo que otras ciencias del comportamiento han averiguado científicamente, sino que es, además, deseable.

Todo ello, sin ánimo de exhaustividad y siendo consciente de que tanto la selección de los autores como de las posiciones y su clasificación es absolutamente parcial y limitada[19]. En este sentido, a un lector experimentado en la literatura sobre las teorías de la pena le podrá parecer que no están todos los autores que son, ni tampoco están todas las posiciones posibles. Ni siquiera cabría decir que lo que contiene este capítulo sea un análisis de trazo fino de cada una de las propuestas de teoría de la pena que se mencionan. No obstante, conviene aclarar que el acercamiento a este debate tiene una vocación selectiva y no tanto exhaustiva, de contextualización de la cuestión que, en realidad, interesa a este trabajo de investigación.

---

19 Para un resumen, a mi juicio, más exhaustivo y completo véase García Pablos de Molina, A., *Introducción…*, *ob. cit.*, en un sentido de autores clásicos en el debate sobre la función de la pena, y para una actualización de este debate con la incorporación de los posicionamientos también procedentes del ámbito anglosajón, véase Rodríguez Horcajo, D., *Comportamiento humano y pena estatal: disuasión, cooperación y equidad*, Marcial Pons, Madrid, 2016.

2. BREVE APROXIMACIÓN AL DEBATE CLÁSICO[20]

2.1. Teorías absolutas

Las denominadas teorías absolutas o de la retribución miran hacia el pasado y justifican la pena en atención al hecho cometido[21]. Parten de una concepción ideal del ser humano[22] «inserto en el mundo del deber ser más que en la experiencia y entiende la pena de una forma estática, moral»[23]. Por ello, las

---

20 Como veremos, el debate clásico se ha dirimido tradicionalmente entre las dos posturas anteriormente mencionadas, encabezadas casi siempre por los autores exponentes de cada una, KANT y HEGEL, por un lado, y FEUERBACH y VON LISTZ, por otro. Pese a que estas dos corrientes se suelen presentar como antagónicas en el debate sobre la teoría de la pena, ambas son fruto del Derecho penal de la Ilustración, es decir, del Derecho penal liberal (MIR PUIG, S., *Función de la pena y teoría del delito en el Estado social y democrático de Derecho, 2ª edición,* Casa Editorial, Barcelona, 1982, pp. 26-2).

21 MIR PUIG, S., *Derecho penal..., ob. cit.*; COBO DEL ROSAL, M., y VIVES ANTÓN, T. S., *Derecho penal Parte General, 5ª Edición, corregida, aumentada y actualizada,* Tirant lo Blanch, Valencia, 1999; RIGHI, E., *Derecho Penal. Parte General,* LexisNexis, Buenos Aires, 2008; GIL GIL, A., LACRUZ LÓPEZ, J. M., MELENDO PARDOS, M., y NÚÑEZ FERNÁNDEZ, J., *Curso de Derecho Penal Parte General. Segunda edición,* Dykinson, Madrid, 2015.

22 En palabras de MIGLIARDI, «el surgimiento de las teorías absolutas puede explicarse, históricamente, como una reacción ideológica centrada en la revaloración del hombre -como tal y en sí mismo- y en la preocupación por la dignidad del condenado, frente a los abusos del antiguo régimen, de los primeros revolucionarios burgueses y en contra de las concepciones utilitaristas de la pena, muchas de ellas fundadas en el contrato social, propuestas por los penalistas de la Ilustración» (MIGLIARDI, M. D., «Teorías absolutas de la pena: origen y fundamentos», en *Revista de Filosofía,* vol. 67, 2011).

23 CUTIÑO, S., *Fines de la pena, Sistema Penitenciario y Política Criminal,* Tirant lo Blanch, Valencia, 2017, p. 15.

teorías de la retribución suelen entender que el castigo no se impone con miras a las consecuencias prácticas que el mismo pudiera tener en términos utilitaristas, sino más bien por una cuestión de justicia[24] entendida como concepto trascendental y metafísico. «Retribución significa que la pena debe ser equivalente al injusto culpable según el principio de justicia distributiva»[25]. Otro elemento clave es la no instrumentalización del individuo. O lo que es lo mismo, el castigo no debe imponerse para servir de utilidad a otros, sino que el hombre es un fin en sí mismo[26]. Por ello, la culpabilidad es la única razón que moralmente justifica el castigo y el mismo se impone en atención al merecimiento[27]. Tal y como explica García-Pablos de Molina, «el principio retribucionista descansa sobre dos principios inmanentes: el reconocimiento de que existe la culpabilidad, que puede medirse y graduarse; y el de que puedan armonizarse la gravedad de la culpa y la pena, de suerte que ésta se experimente como algo merecido por el individuo y por la comunidad»[28]. Esta finalidad de la pena es defendida,

---

24 Rodríguez Horcajo, D., *Comportamiento..., ob. cit.*

25 García-Pablos de Molina, A., *Introducción..., ob. cit.*, p. 236. Y aunque intuitivamente pueda resultar fácil conectar la retribución con la idea de venganza, ello no es así. Así, por ejemplo, entre otros autores, Nozick ha explicitado las diferencias entre retribución y venganza (Nozick, R., *Philosophical explanations,* Harvard University Press,1981, pp. 366-368). En contra de lo anterior, Levy, K., «Why Retributivism Needs Consequentialism: The Rightful Place of Revenge in the Criminal Justice System», en *Rutgers Law Review,* vol. 66. 2014.

26 Vilajosana, J. M., *Las razones de la pena,* Tirant lo Blanch, Valencia, 2015.

27 Torres Ortega, I. C., «La alternativa subjetivismo vs objetivismo en el derecho penal. Análisis desde la base normativa propuesta por Carlos S. Nino», en Vidaurri Aréchiga, M./Cuarezma Terán, S. J. (Dirs.), *El Derecho Penal en tiempos de cólera,* Tirant lo Blanch, Ciudad de México, 2020, pp. 411-412.

28 García-Pablos de Molina, A., *Introducción..., ob. cit.*, p. 236.

como es sabido, por autores exponentes como KANT[29], HEGEL[30],

---

29 En toda la manualística, KANT aparece como el máximo exponente de la teoría de la retribución ética o basada en el merecimiento. Para KANT la pena era un «imperativo categórico» y, en consecuencia, una exigencia de Justicia. Rechazaba de todo plano cualquier función utilitarista de la pena (aunque esto es puesto en duda ya por algunos autores como explica HÖRNLE, T., *Teorías de la…, ob. cit.*, en la medida en que, tal y como explica SILVA SÁNCHEZ, KANT al explicar su célebre ejemplo de la isla, acaba estableciendo excepciones por razones de utilidad [SILVA SÁNCHEZ, J. M., *Malum passionis. Mitigar el dolor del Derecho penal*, Atelier, Barcelona, 2018, p. 189, nota 496]), pues el hombre no puede ser utilizado como un medio para conseguir un fin social (KANT, E., *Fundamentos para una metafísica de las costumbres* (Versión castellana y estudio preliminar de Roberto R. Armayo), Alianza Editorial, Madrid, 2012, p. 137). La exigencia de ese castigo para la realización del ideal absoluto de justicia lo lleva KANT a las últimas consecuencias en su famosa isla, renunciando así a cualquier principio cognitivo interesado en la dirección de los individuos puesto que lo importante es el merecimiento del castigo por el hecho cometido.

30 Una segunda forma de justificar la pena en términos retribucioncitas era la de HEGEL. En esta ocasión, en un sentido jurídico. Para este autor la pena supone la realización del ideal de justicia por medio de la negación de la negación. De acuerdo con MIR PUIG, se aplica el método dialéctico hegeliano: «la voluntad general (orden jurídico) es la "tesis", la negación de esta por el delito es la "antítesis" y la negación de esta negación será la "síntesis", que tendrá lugar mediante el castigo del delito. En esta construcción la pena se concibe solo como *reacción* (negación de la negación) que mira al pasado (al delito y al restablecimiento del orden jurídico) y no como instrumento de fines utilitarios posteriores» (MIR PUIG, S., *Derecho Penal…, ob. cit.*, p. 85). Para HEGEL, tal y como explica VILAJOSANA, «la pena sería un derecho del criminal. Dado que los seres humanos son los únicos animales que se pueden comportar racionalmente, el delincuente, al actuar de manera racional y voluntaria cuando comete un delito, tiene el 'derecho' a recibir un castigo como reconocimiento de su humanidad» (VILAJOSANA, J. M., *Las razones…, ob. cit.*, p. 21).

BINDING[31], o MOORE[32] en el ámbito anglosajón, entre otros. No pueden desarrollarse aquí las diferentes propuestas de estos y otros autores defensores de alguna forma de teoría de la retribución[33] por cuestiones de espacio y de objeto

---

31 Para BINDING, también desde cierto retribucionismo jurídico, la pena muestra al delincuente «su impotencia ante la ley» y busca «someterle a la "fuerza victoriosa del Derecho"». Como describe GARCÍA-PABLOS DE MOLINA, *Introducción..., ob. cit.*, p. 245 «el retribucionismo jurídico de BINDING propugna el sometimiento coactivo del delincuente en aras de la preservación del señorío del Derecho (Bewährung der Rechtsherrlichkeit), aplicándose, eso sí, un mal (pena) proporcionado a la gravedad del hecho cometido y a la culpabilidad del autor».

32 Para MOORE, el merecimiento de pena no solamente justifica la pena como condición necesaria, sino que además para el autor es condición suficiente. Así, la sociedad no solamente puede condenar o imponer una pena al culpable de cometer el delito, sino que además debe hacerlo. Véase su posición en MOORE, M. S., *Placing Blame: A Theory of the Criminal Law*, Oxford University Press, Oxford, 2010.

33 Lo correcto sería hablar de «teorías de la retribución» dado el elevado número de propuestas que se insertan en esta línea de pensamiento. COTTINGAM, por ejemplo, distingue al menos nueve teorías distintas a las que se las ha etiquetado como retribucioncitas (COTTINGHAM, J., «Varieties of retribution», en *The Philosophical Quarterly*, vol. 29, núm. 116, 1979). Para un catálogo incluso más extenso, véase y cfr. WALKER, N., *Aggravation, Mitigation, and Mercy in English Criminal Law*, Blackwell, Londres, 1999. En el ámbito del Derecho penal español, JIMÉNEZ DE ASÚA también clasificó las distintas corrientes de la retribución. Así, COBO DEL ROSAL y VIVES ANTÓN remiten a su *Tratado* en el que clasifica las teorías retributivas en las siguientes: «este autor clasifica las que llama *teorías morales* (que vienen a coincidir con las que hemos denominado *absolutas*) en la siguiente forma: a) Teoría del contrato social (Rousseau, Beccaria); Teorías de la retribución, entre las que habla de una retribución "divina" (de Maistre), vindicativa (Dürhing), expiatoria (Pessina, Kohler, Sauer), moral (Kant), estética (Leibniz), y jurídica (Hegel, Köstlin, Birkmeyer); c) Teoría del resarcimiento del daño ideal (Welcher); y d) Teoría de la transformación del derecho a la obediencia (Binding)» (COBO DEL ROSAL, M., y VIVES ANTON, T. S., *Derecho penal..., ob. cit.*, p. 810)

de la investigación, pero baste con mencionar los distintos problemas que plantean estas teorías absolutas y que son lo suficientemente relevantes como para que en la actualidad se suela rechazar[34] la fundamentación y justificación de la pena basada *únicamente* en el principio de la retribución, o al menos en sus aspectos más absolutos.

A las teorías de la retribución hay que concederles, por ahora, que ponen de manifiesto la necesidad de que haya proporcionalidad entre la pena y el delito[35]. La pena así entendida constituye un propio límite de garantía[36] para el propio ciudadano[37]. De acuerdo con estas teorías, no puede castigarse un

---

34 Siguiendo a TEIXEIRA, A., «Las teorías retributivas en el pensamiento angloamericano contemporáneo», en *En Letra: Derecho Penal*, núm. 7, 2018, pp. 35-36, este rechazo es más claro en el Derecho penal de influencia germana o continental que en el angloamericano.

35 Escéptico al respecto es ÁLVAREZ GARCÍA cuando le critica a las teorías de la retribución que supongan un «mito de la retribución como límite de la pena». Para el autor, «en todo caso, lo que no queda en absoluto claro es que solamente partiendo de la teoría de la retribución se pueda poner límites a la intervención estatal», a lo que añade que «de proporcionalidad se puede hablar partiendo de postulados de justicia, de finalidades preventivo generales, de dignidad de la persona humana, etc., pero entiendo que no de retribución a no ser que por retribución se entendiera proporcionalidad o que retribución se equiparara a justicia y ésta a proporcionalidad, lo que, como se verá más adelante, no parece admisible» (ÁLVAREZ GARCÍA, F. J., *Consideraciones sobre los fines de la pena en el ordenamiento constitucional español*, Comares, Granada, 2001, pp., 99-100)

36 Así, se habla de la teoría de la retribución como una teoría garantista, que permite identificar en primer lugar a quién hay que castigar (al culpable) y cuánto hay que castigarlo (de forma proporcional al hecho cometido) (RODRÍGUEZ HORCAJO, D., *Comportamiento...*, ob. cit.)

37 MIR PUIG, S., *Derecho penal...*, ob. cit., p. 86.

delito más allá de su gravedad, aunque con ello se pudieran conseguir beneficios preventivos[38]. Como resume CUTIÑO:

> La retribución nos permite determinar las penas, al menos idealmente, a partir del principio de proporcionalidad. En este mismo sentido, ofrece a los tribunales de justicia una guía para la imposición de las penas, la gravedad del delito. Esta idea de la proporcionalidad entre gravedad del delito y pena impuesta es fácilmente comprensible por la sociedad, que la considera justa y racional, lógica y éticamente plausible[39].

Ahora bien, en línea con MIR PUIG, si bien es necesario una proporcionalidad entre el delito y la pena, de ello no se deriva inmediatamente la validez de la teoría de la retribución. En este sentido, la proporcionalidad puede funcionar como un límite a la función punitiva del Estado, pero no necesariamente fundamenta la función de la pena[40]. Por lo demás, cabe decir que las teorías de la retribución no han sido seguidas ni por la doctrina mayoritaria ni por las legislaciones en su sentido más puro. Las razones para rechazarlas son varias: a) estas teorías tienden a justificar una suma de males; b) aun cuando se aspira al ideal de una proporcionalidad entre el delito y la pena, esta idea en la práctica plantea más problemas de lo que cabría esperar: ¿cuándo una pena es proporcional a la gravedad del delito y cómo se mide esa relación?; c) la idea de libertad y las

---

38 *Ibidem.*

39 CUTIÑO, S., *Fines de la pena…, ob. cit.*, p. 25.

40 MIR PUIG, S, *Derecho penal…, ob. cit.*, p. 86. En un mismo sentido, BAGARIC, M., y AMARASKEKARA, K., «The Errors of Retributivism», en *Melb. U. L. Rev.*, 124, 2000, p. 127: «[…] la opinión de que el castigo debe ser proporcional a la gravedad del delito no proporciona una justificación para el castigo, sino que también actúa simplemente como un freno al mismo. Tal afirmación tampoco es claramente retribucionista. Los utilitaristas también son conocidos por invocar el principio de proporcionalidad».

dificultades que implica la idea misma de libre albedrío; d) el Estado no debe perseguir la realización del ideal de la Justicia, sino que tiene una función protectora de la sociedad[41]. A todas estas críticas cabría añadir una más y que me resulta especialmente relevante: e) estas teorías tienden a quedarse en el mundo de lo ideal, ajenas a la realidad social en la que deben insertarse[42]. En palabras de HASSEMER, «al final este interés en obviar el terreno de lo real no ha sido una buena idea, pues ha impedido que las teorías retributivas hayan alcanzado el nivel de justificación que actualmente se exige a las intervenciones estatales»[43].

---

41 Así, véase BUSTOS RAMÍREZ, J. J., y HORMAZÁBAL MALARÉE, H., *Lecciones de Derecho Penal (Volumen I)*, Editorial Trotta, Madrid, 1997, p. 47; ÁLVAREZ GARCÍA, F. J., *Consideraciones…*, *ob. cit.*, pp. 92 y ss.; también VILAJOSANA, J. M., *Las razones…*, *ob. cit.*; o SILVA SÁNCHEZ, J. M., *Aproximación…*, *ob. cit.*, p. 322.

42 De este modo, para SCHÜNEMANN, «a pesar de que la teoría del derecho penal angloamericano también se da en la actualidad esa sorprendente "eterna vuelta de lo mismo", yo comparto el profundo escepticismo del homenajeado respecto todos los intentos de poder fundar completamente la pena sobre base filosófica trascendental» (SCHÜNEMANN, B., «Aporías de la teoría de la pena en la filosofía. Pensamientos sobre Immanuel Kant», en *Indret*, núm. 2, 2008, p. 3).

43 HASSEMER, W., *¿Por qué castigar…*, *ob. cit.*, p. 76. En un sentido similar, explica VORMBAUM que la teoría penal alemana y la dogmática jurídico-penal están caracterizadas por una "espiritualización de lo social". Los conocimientos científico-sociales acceden sólo en forma muy sublimada al edificio teórico, a diferencia de lo que acontece en Francia y en los países anglosajones" (VORMBAUM, T., *Historia moderna del Derecho penal alemán*, Tirant lo Blanch, Valencia, 2018, p. 87).

2.2. Teorías relativas

Por lo que se refiere a las teorías relativas[44], se dice que éstas miran hacia el futuro[45].. Esto es, a la necesidad de que el Derecho penal pueda evitar la comisión de nuevos delitos por medio de la pena, bien sea mediante la influencia que la pena pueda ejercer en la comunidad (prevención general), bien sobre la influencia que la misma pueda tener en una persona que ya ha cometido el delito y ha sido castigado para evitar que vuelva a cometer un hecho delictivo (prevención especial), estableciendo unos objetivos para la pena mucho más terrenales que las teorías absolutas[46]. Se justifica la pena porque la misma tiene una utilidad[47]. Son ahora «teorías del fin, de la protección o de la prevención»[48]. En estos supuestos, el prevencionismo descansaría sobre tres principios inmanentes: «la posibilidad de enunciar un juicio de pronóstico mínimamente seguro respecto a la conducta futura del sujeto; la de que la pena pueda incidir de tal manera en la peligrosidad diagnosticada que ciertamente produzca un efecto preventivo; que mediante la pena pueda lucharse eficazmente contra las inclinaciones y tendencias criminales»[49]. Así, podríamos decir

---

44 Son relativas porque, a diferencia de las teorías absolutas, la pena no es sino un medio para conseguir un fin de prevenir el delito que es relativo, es decir, cambiante (Zugaldía Espinar, J. M., «¿Otra vez la vuelta a von Listz?, Listz, F. V., *La idea del fin en el Derecho penal. Programa de la Universidad de Marburto (1882)*, Comares, Granada, 1995).

45 García-pablos de Molina, A., *Introducción…*, ob. cit.

46 Cutiño, S., *Fines de la pena…, ob. cit.*; Hassemer, W., *¿Por qué castigar…, ob. cit.*

47 Cobo del Rosal, M., y Vives Antón, T. S., *Derecho penal…, ob. cit.*, p. 815.

48 Sauer, W., *Derecho penal (Parte General) (*traducido de la 3ª edición alemana por Juan del Rosal y José Cerezo Mir), Bosch, Barcelona, 1956)

49 *Ibid.*, p. 237.

que los elementos nucleares de las teorías de la prevención son la necesidad de la pena, la utilidad de esta y el entendimiento de la pena como un mal necesario[50].

En este otro bloque son dos las propuestas fundamentales[51]: la prevención general y la prevención especial[52]. En este apartado consideraremos solamente la prevención general negativa cuyo máximo exponente o propuesta arquetípica en el Derecho penal continental es FEUERBACH, y la prevención especial cuyo autor por antonomasia es VON LISTZ. La razón de dejar fuera a la prevención general positiva, a diferencia de la manualística, es que la misma será tratada en el siguiente subapartado como una de las teorías que podríamos llamar «modernas»[53] y la incluiremos dentro de las teorías comunicativas de la pena.

Así, siguiendo el planteamiento de la prevención general negativa, la pena es un medio que se dirige a la generalidad para evitar que se cometan delitos en el futuro[54]. En este sentido, la

---

50 TORRES ORTEGA, I., «La alternativa...», *ob. cit.*, pp. 411-412.

51 Al igual que con las teorías retribucionistas, JIMÉNEZ DE ASÚA también distingue entre distintas teorías relativas. Así, como dan cuenta COBO DEL ROSAL, M., y VIVES ANTÓN, T. S., *Derecho penal...*, *ob. cit.*, p. 815: «Jiménez de Asúa clasifica las teorías relativas o utilitarias según se funden en la prevención general por intimidación (Filangieri, Klein), en la prevención general por coacción psíquica (Feuerbach, Impallomeni), en la prevención general por la advertencia (Bauer), en la prevención general por medio de la defensa (Romagnosi, Bentham), en la prevención especial y general (von Liszt), a las que pudiera añadirse la teoría correccionalista (Roeder, Dorado Montero)»

52 COBO DEL ROSAL, M., y VIVES ANTON, T. S., *Derecho penal...*, *ob. cit.*

53 Siguiendo a MIRÓ LLINARES, F., «La función de la pena ante el "paso empírico" del Derecho penal», en *Revista General de Derecho Penal*, núm. 27, 2017, quien también le añade tal adjetivo.

54 MIR PUIG, S., *Derecho penal...*, *ob. cit.*, p. 88

pena constituye un mal con el que se amenaza a los ciudadanos para que se abstengan de realizar delitos. Para FEUERBACH la pena coacciona psicológicamente a los ciudadanos y lo importante es la coacción que se produce con la conminación penal[55], siendo la imposición un mal necesario en aras de la credibilidad de dicha conminación. Por su parte, la prevención especial[56] no se dirige a la generalidad, sino que se centra en el individuo que ya ha cometido un delito con el objetivo de que no lo vuelva a realizar. A diferencia del caso anterior en el que el momento central era la conminación, en la prevención especial la pena ejerce su función central en el momento de la imposición y la ejecución de la pena. Para VON LISTZ, en este sentido, la pena solo puede justificarse por su capacidad preventiva[57]. Quizás la propuesta más conocida al respecto de VON LISTZ sea el programa de Marburgo en el que dejó asentadas las siguientes ideas sobre la pena: «1) la pena correcta, es decir, la justa, es la pena necesaria, la que se determina con arreglo a la prevención especial; 2) la finalidad de la prevención especial

---

55 FEUERBACH, P. J. A R. V., *Tratado de Derecho penal común vigente en Alemania* (traducido de la 14ª edición alemana por Eugenio RAÚL ZAFFARONI e Irma HAGEMEier), Hammurabi, Buenos Aires, 1989.

56 Aunque aquí solamente se haga referencia a VON LISTZ, es necesario tener en cuenta que las tesis preventivo-especiales se articularon en torno a tres grandes tendencias: «el "Correccionalismo" español, basado en un Derecho protector de los criminales (ARENAL y SILVELA); el "Positivismo criminológico" italiano, que llegaría a proponer la sustitución de las penas por medidas de seguridad (LOMBROSO, GAROFALO Y FERRI); y, por último, la denominada "Dirección moderna alemana" o "Dirección político-criminal", encabezada por VON LISTZ ("Positivismo naturalista")» (MIRÓ LLINARES, F., *Proyecto Docente*, no publicado, manuscrito cedido por el autor, p. 29).

57 Véase VON LISZT, F., *Tratado de Derecho Penal* (Traducido por Luis JIMÉNEZ DE ASÚA), 4ª edición, Reus, Madrid, 1999.

se cumple de forma distinta según las tres categorías de delincuentes que muestra la Criminología»[58].

En relación con la primera, a la prevención general negativa se le han criticado fundamentalmente tres aspectos. El primero, y que se contrapone a lo argumentado por KANT, es que con ella se utiliza al hombre como un medio para conseguir un fin[59]. El segundo aspecto que se le reprocha a esta teoría es que es demasiado simple porque no atiende a las características de

---

58 MIR PUIG, S, *Derecho penal…, ob. cit.*, pp. 91-92. Los tipos de delincuentes eran los siguientes: el delincuente ocasional, el no ocasional pero corregible y el delincuente habitual incorregible. La función de la pena para el primero era la intimidación, para el segundo la corrección o resocialización y, para el tercero la inocuización.

59 BACIGALUPO, E., «Filosofía e ideología de las teorías de la pena», en *Derecho y* Humanidades, vol. 1, núm. 16, 2010, p. 21. En un mismo sentido, FRISCH, W., «Pena, delito …», *ob. cit.* Incluso FEUERBACH intentó zafarse de esta objeción, pero, como describe GRECO, finalmente tuvo que admitir que, aunque de forma indirecta, se estaba utilizando al hombre como un medio y no como un fin. «Irónicamente, el propio Feuerbach se sirvió de esta objeción contra otras teorías. Las "teorías de la intimidación", así llamadas por él, que ven el fin de la imposición de la pena en la intimidación general, a su entender no trata al condenado como un fin en sí mismo. Su propia teoría no tendría este problema, pues la intimidación sería el fin de la conminación penal, no de la imposición de pena. La imposición de pena sólo apuntaría a confirmar la realidad de la conminación, pero no a intimidar directamente a otros. Aunque ante el hecho de que la pena sirviera para confirmar la seriedad de la conminación podría parecer poco claro que efectivamente se evadiera la objeción, poco tiempo después Feuerbach pasó a una formulación que ni siquiera pretendía eludir ese reparo: en su manual reconoció que "el fin indirecto (meta final) de la imposición de pena es, asimismo, la mera intimidación de los ciudadanos mediante la ley"» (GRECO, L., *Lo vivo y lo muerto en la teoría de la pena de Feuerbach. Una contribución al debate actual sobre los fundamentos del Derecho penal,* Marcial Pons, Madrid, 2015).

cada sujeto: es una teoría que ignora sobremanera la psicología del sujeto infractor[60]. Por último, la crítica, quizá de mayor peso para la dogmática, es que una concepción de la pena de estas características podría llevar en la práctica al ejercicio del terror penal[61]. Del mismo modo, contra la prevención especial también se han objetado diversas cuestiones. Entre ellas que, al poner el foco en el momento de la imposición y la ejecución de la pena, esta teoría no podría fundamentar el momento de la conminación legal abstracta ni la institución de la pena como tal[62]. Por otro lado, las propias ideas de «peligrosidad» y «resocialización» son cuestionables tanto desde un punto de vista normativo como empírico[63].

De otro lado, si respecto a las teorías absolutas se ha indicado que suelen quedarse en el ámbito de lo ideal, es decir, que no necesitan atender a la realidad porque la justificación del castigo basada en la retribución no lo requiere, y esto las convierte en teorías débiles para justificar la pena en el marco de un determinado Estado, concretamente un Estado social y democrático de Derecho al que se le asigna al Derecho penal una finalidad protectora y preventiva, también es cierto que asumir estos fines implica que los defensores de

---

60 García-Pablos de Molina, A., *Introducción..., ob. cit.*

61 García-Pablos de Molina, A., *Introducción..., ob. cit.;* Rodríguez Horcajo, D., *Comportamiento humano..., ob. cit.;* Mir Puig, S., *Derecho penal..., ob. cit.,* Silva Sánchez, J. M., *Aproximación..., ob. cit.*; Gil Gil, A., Lacruz Lóez, J. M., Melendo Pardos, M., y Núñez Fernández, J., *Curso de Derecho..., ob. cit.,* Bustos Ramírez, J. J., y Hormazábal Malarée, H., *Lecciones de Derecho..., ob. cit.*

62 García-Pablos de Molina, A., *Introducción..., ob. cit.,* p. 288

63 *Ibid.* De ahí también todas las problemáticas que surgieron a nivel empírico y que propiciaron el declive del ideal resocializador (Silva Sánchez, J. M., *Aproximación...,* ob. cit., p. 323). Sobre el rechazo a este ideal, también véase Díez Ripollés, J. L., *La política criminal en la encrucijada,* BdeF, Buenos Aires, 2007.

algún fin prevencionista están en cierta medida «atados» a las consecuencias evaluadas empíricamente. Así, para Hassemer mientras que las teorías retributivas, como se ha apuntado anteriormente, tienden a obviar la realidad en la que se insertan porque no le es necesaria una referencia a ella, las tesis preventivas tienen que lidiar con «dos incómodas afirmaciones con las que tienen que enfrentarse»[64]. Por un lado, demostrar «que la conminación penal, la imposición de la pena y la ejecución de esta realmente producen los efectos preventivos especiales y generales que se pretenden; es decir, que en verdad mejoran al delincuente y apartan a los demás de la comisión de un delito»[65]. Por otro, verificar «hasta qué punto estos efectos positivos no son neutralizados o incluso perjudicados de forma notable por los daños colaterales que producen»[66]. Sin embargo, pese a tal reconocimiento, como se sostendrá en el segundo capítulo de este trabajo, lo cierto es que no cabe decir que los penalistas (salvo muy contadas excepciones) que han defendido la función preventiva del Derecho penal y han afirmado que la pena puede tener tales efectos preventivos, hayan partido efectivamente del conocimiento empírico para evaluar tales afirmaciones fácticas[67]. Más bien han tendido a partir de la asunción de que la pena tiene capacidad para conminar a la ciudadanía en abstracto y también en concreto, pese a que el hecho de que tenga capacidad en abstracto no tiene que significar necesariamente que lo logre en concreto.

---

64 Hassemer, W., *¿Por qué castigar…*, *ob. cit.*, p. 76.

65 *Ibidem.*

66 *Ibid.*, p. 77.

67 Miró Llinares, F., «La función…», *ob. cit.*; Miró Llinares, F., «Aproximación a la función de la pena desde las evidencias sobre el cumplimiento normativo», en Silva Sánchez, J. M., Queralt Jiménez, J. J., Corcoy Bidasolo, M., Castiñeira Palou, M. T. (Coords.), *Estudios de Derecho Penal: Homenaje al profesor Santiago Mir Puig*, B de F, Uruguay, 2017.

2.3. Teorías mixtas

La «evidencia» de que no resulta plausible sostener un principio u otro como único criterio legitimador y distributivo de la pena propicia[68] el surgimiento de las posiciones mixtas, unitarias y eclécticas que tratan de acoger los aspectos positivos y suprimir los negativos de las anteriores[69]. Estas posiciones mixtas parten de un presupuesto común: el de «asignar al Derecho penal la función de la protección de la sociedad»[70]. A partir de ahí podemos distinguir dos grandes direcciones[71]: por un lado, las teorías que entienden que lo que justifica la imposición del castigo es un principio retributivo (merecimiento), pero que viene limitado por el principio de la prevención, y por otro las teorías que mantienen que la justificación de la imposición de

68 Así, ante las críticas que cabía objetar a cada una de las posiciones en el debate de la función de la pena, surge la «lucha de escuelas». Siguiendo a Mir Puig, S., *Derecho penal…, ob. cit.*, p. 94: «tuvo lugar a principios del siglo XX en Alemania dejara paso a una dirección ecléctica, iniciada por Merkel, que desde entonces ha venido constituyendo la opinión dominante en aquel país» Asimismo, véase Cobo del Rosal, M., y Vives Antón, T. S., *Derecho penal…, ob. cit.*, pp. 818 y ss.

69 Para Rodríguez Horcajo, D., «Pena (Teoría de la)», en *Eunomía. Revista en Cultura de la Legalidad,* núm. 16, 2019, p. 228.

70 Mir Puig, S., *Derecho penal…, ob. cit.*, p. 94.

71 Aunque como explica también Silva Sánchez, dentro de esta categoría también se engloban diferentes conjuntos de teorías. Por un lado, las teorías que parten de un fin retributivo pero que se completan con fines preventivos; las teorías que parten de un fin preventivo pero que establecen límites retributivos. Asimismo, dentro de estas también cabe distinguir entre aquellas teorías que en la parte preventiva se refieren a la prevención general o especial. Por otro lado, también se pueden clasificar este tipo de teorías en función de si se enuncian los criterios sin establecer un orden entre ellos, y las teorías que establecen tal orden en función de los diferentes momentos de la pena (Silva Sáchez, J. M., *Aproximación…, ob. cit.*, p. 325).

la pena viene dada por el principio de la prevención limitado por un principio retributivo[72].

Particularmente exponentes de las teorías *eclécticas* han sido ROXIN[73] y SCHMIDHÄUSER[74], aunque son mayoría los autores

---

72 MAÑALICH, J. P., «La pena como retribución...», *ob. cit.*, p. 22. En un mismo sentido MIR PUIG, S, *Derecho penal...*, *ob. cit.*, pp. 94-95.

73 Así, ROXIN atribuye a la pena una función diferente dependiendo del momento temporal de la misma. Indica que «la teoría de los fines de la pena debe tomar en cuenta la dimensión temporal de la realización del Derecho Penal. Esta dimensión temporal va desde la pura prevención general en las conminaciones penales, pasando por la conminación entre la prevención general y prevención especial al momento de imponer la sanción, hasta llegar a la clara preeminencia de la prevención especial en la ejecución de la pena y de las sanciones no privativas de libertad» (ROXIN, C., «Cambios en los fines de la teoría de la pena» en la *Teoría del delito en la discusión actual* (traducción de Manuel ABANTO VÁZQUEZ), Editorial Grijley, 2007, p. 85. Para ROXIN, «la pena sirve a las finalidades de prevención especial y general. Está limitada en su intensidad por la medida de la culpabilidad, pero puede quedar por debajo de este límite, en la medida en que las necesidades de prevención especial lo hagan necesario y no se opongan a ello necesidades de prevención general. Caso de entrar en contradicción ambos fines, la finalidad preventivo-especial de resocialización pasa al primer lugar. Aun teniendo en cuenta esto, la prevención general domina las amenazas penales y justifica por sí sola la pena aun cuando falle o fracase la finalidad de prevención especial. Sin embargo, no podría darse una pena preventivo-especial carente de toda finalidad preventivo-general, a pesar del absoluto dominio del fin de resocialización en la ejecución» (ROXIN, C., Strafrecht, *ATi, I, Grundlagen, Der Aufbau der Verbrechenslehre, 21 ed.*, 1994, citado por BOTTKE, W., «La actual discusión sobre las finalidades de la pena», en SILVA SÁNCHEZ, J. M. (ED.), *Política Criminal y nuevo Derecho Penal. Libro Homenaje a Claus Roxin, Bosch* Editor, Barcelona, 1997). Véase también MEINI, I., «La pena: función y presupuestos», en *Derecho PUCP*, núm. 71, 2013, pp.154-155.

74 En el caso de SMIDHÄUSER, tal y como explica MEINI, I., «La pena...», *ob. cit.*, pp. 153 y ss., este diferenciaba entre la teoría de la pena en

que acaban defendiendo una posición unitaria. Sin embargo, las posiciones mixtas tampoco han estado exentas de críticas. Entre ellas destaca la que argumenta que el intento de unir ideas que, en realidad, resultan incompatibles, da lugar a antinomias[75]. Así, en lugar de superar las dificultades de las posiciones anteriores, lo que producirían es la suma de las contradicciones[76].

---

general de los momentos de la pena. Así, «en el marco de la "teoría de la pena en general", diferencia el sentido (*Zweck*) de la pena, que es combatir la criminalidad, del fin (*Ziel*) de la pena, que sería mantener la criminalidad dentro de los límites que permitan la convivencia social. En este escenario adquiere especial importancia la prevención general: la condena sirve de amenaza a la colectividad de lo que ocurre en dicho ordenamiento jurídico ante un hecho semejante (prevención general negativa), y muestra al mismo tiempo la validez de la norma (prevención general positiva). Se descarta aquí la prevención (resocialización), porque llevaría a prescindir de la pena cuando no existiesen probabilidades de reincidencia y extendería el tratamiento penitenciario hasta alcanzar la mejora del interno».

75 En este sentido SILVA SÁNCHEZ: «Las teorías de la unión no pueden estimarse el punto final de la evolución de las doctrinas legitimadoras de la intervención final. Si bien limitan los aspectos negativos de cada una de las teorías preexistentes, fracasan en la resolución de las antinomias de fines que, sin duda, aparecen, y, al menos a mi juicio, infravaloran la significación del Derecho penal como institución garantística» (SILVA SÁNCHEZ, J. M., *Aproximación...*, ob. cit., p. 326).

76 MIRÓ LLINARES, F., *Proyecto Docente...*, *ob. cit.*; BUSTOS RAMÍREZ, J. J., y HORMAZÁBAL MALARÉE, H., *Lecciones de Derecho...*, *ob. cit.*, pp. 53 -54.

3. BREVE APROXIMACIÓN AL DEBATE MODERNO

Las teorías expresivas y comunicativas[77] suponen un cierto aire renovador en las teorías de la pena[78]. Como expresa RODRÍGUEZ HORCAJO,

> [...] mientras que en el mundo de influencia germánica se seguía, y se sigue, como decíamos antes, identificando a grandes rasgos teorías absolutas con teorías retributivas, desde el mundo anglonorteamericano, que obvia en mayor medida la discusión sobre etiquetas y clasificaciones, se ha avanzado una nueva visión de la pena, las teorías expresivas, que cada vez tiene más eco entre los teóricos con independencia de su procedencia[79].

---

77 La diferencia entre expresiva y comunicativa es que, mientras que la expresión implica unidireccionalidad, la comunicación implica bidireccionalidad, un diálogo. Para ANDERSON y PILDES, por ejemplo, cuando se expresa se está simplemente manifestando algo. En cambio, cuando se comunica lo que se pretende es conseguir que los demás reconozcan aquello que se está comunicando (ANDERSON, E., y PILDES, R. H., «Expressive theories of law: a general statement», en *University of Pennsylvania Law Review*, vol. 148, núm. 2, 2000, p. 1565).

78 Así, para PÉREZ BARBERÁ, «gracias a estas teorías pudo apreciarse en la doctrina europeo-continental contemporánea que la identificación de la retribución con una teoría "absoluta", y de la prevención con teorías "relativas" de la pena simplificaba demasiado la discusión, y ello contribuyó a enriquecer el panorama bibliográfico sobre el tema», PÉREZ BARBERÁ, G., «Problemas y perspectivas de las teorías expresivas de la pena. Una justificación deontológica de la pena como institución», en *Indret*, 4, 2014, p. 2; CARUSO FONTÁN, V., «¿Qué pueden aportar a día de hoy las teorías sobre los fundamentos y fines de la pena? Reflexiones en torno a la dirección político criminal de nuestro sistema penal», en *Revista Electrónica de Ciencia Penal y Criminología*, RECPC 21-24, 2019.

79 RODRÍGUEZ HORCAJO, D., *Comportamiento humano..., ob. cit.*, p. 42. Si bien para algunos autores, esto no siempre ha sido así. De acuerdo con KAHAN, la visión sobre la dimensión expresiva de la pena como la de FEINBERG o NOZICK no es una visión ortodoxa. En su opinión,

Llevar a cabo una taxonomía de todas las teorías expresivas y comunicativas y sus diferentes formulaciones escapa del propósito del libro, por lo que se ha optado por hacer una diferenciación básica entre la teoría comunicativa de la pena orientada a la norma, las teorías expresivas deontológicas y las teorías expresivas consecuencialistas[80]. A mi juicio, lo que diferencia a este debate del anterior es, por un lado, el elemento esencial de la expresión de censura, desaprobación o indignación que la pena transmite; y, por otro, la centralidad de la pregunta sobre el papel de las consecuencias (las que tienen que ver con la evitación del delito) en la justificación del castigo, y la graduación de las posiciones con respecto a si estas consecuencias son irrelevantes, secundarias o esenciales.

---

la disuasión y el retribucionismo son las dos grandes teorías que han acaparado la teorización de la pena. En este sentido, hasta un tiempo relativamente reciente, las teorías expresivas de la pena habían sido ignoradas deliberadamente por la literatura (KAHAN, D., «What Do Alternative Sanctions Means?», en *The University of Chicago Law Review*, vol. 63, núm. 2, 1996, p. 595).

80 Otros autores, por ejemplo, clasifican estas teorías en función de si dependen de una determinada audiencia que puede ser el propio delincuente o la sociedad, o no. Así, WRINGE explica que algunos autores justifican el castigo dependiendo de si la norma penal expresa un determinado mensaje al delincuente, otros autores entienden que el mensaje va más bien dirigido a esa sociedad en la que se inserta el delincuente, y otros autores justifican la expresión en que consistiría el castigo con independencia de ninguna audiencia (WRINGE, B., «Rethinking expressive theroies of punishment: why denunciation is a better bet than communication or pure expression», en *Philos Stud*, 2017, p. 682). MCADAMS, en cambio, atendiendo a los efectos directivos de la pena diferencia entre teoría expresiva de los efectos de la ley, teoría político-expresiva de la ley, teoría normativa de la ley expresiva y la teoría normativa de la conducta expresiva (MCADAMS, R., *The expressive powers of law: Theories and limits*, Harvard University Press, 2015, p. 13).

3.1. La teoría comunicativa de la pena orientada a la norma[81]

Una de las formulaciones del debate moderno en torno a la función de la pena, y que en la manualística se suele encuadrar dentro de las tesis preventivo-generales, es la teoría de la prevención general positiva. Esta corriente sostiene, en términos generales, que la prevención no solamente debe buscarse en la intimidación (aspecto negativo), sino también mediante la afirmación positiva del Derecho penal: como una afirmación de las convicciones sociales y de la «conciencia social» de la propia norma (aspecto positivo)[82]. Esta concepción de la pena implica que la prevención general positiva es «una reacción estatal a hechos punibles, que al mismo tiempo aporta un apoyo y un auxilio para la conciencia normativa social, esto es, la afirmación y el aseguramiento de las normas fundamentales»[83]. Por ello, entre los posibles efectos de la pena estaría el que mediante ésta la ciudadanía mantiene la

---

81 Con ello, acogemos la clasificación de las teorías expresivas de la pena de Hörnle, T., *Teorías de la pena…*, cuando explica que «las teorías expresivas subrayan la función comunicativa de las sentencias penales. Se pueden diferenciar planteamientos expresivos orientados a la norma y planteamientos expresivos orientados a la persona. Las concepciones expresivas orientadas a la persona son aquellas conforme a las cuales el mensaje de reprobación contenido en la sentencia penal se dirige a determinadas personas. Estas pueden ser las personas que han sabido de la comisión de este delito concreto o el autor o la víctima del hecho. En cambio, las teorías expresivas de la pena orientadas a la norma subrayan el mensaje que se dirige a los destinatarios indeterminados, esto es, a la generalidad en un sentido más abstracto y amplio (palabra clave: confirmación de la norma)». Esta misma organización sigue Beltrán Calfurrapa, R., «Víctima, reparación y proceso penal: una proyección desde las teorías expresivas de la pena», en *Rev. Bras. De Dereito Processual Penal*, vol. 5, núm. 1, 2019.

82 Mir Puig, S., *Derecho penal…*, *ob. cit.*, p. 89.

83 García-Pablos de Molina, A., *Introducción…*, *ob. cit.*, p. 274-275

confianza en la inviolabilidad del Derecho penal y la protección del propio ordenamiento jurídico frente a las infracciones de los delincuentes[84].

Dentro de la categoría «prevención general positiva», en realidad, cabe englobar diversas concepciones y teorizaciones sobre la pena. Así, por ejemplo, cabe identificar diferentes corrientes como la que defiende que la función de la pena es la reafirmación psicológica de una determinada conciencia de la norma. Esta concepción que se encuadra dentro de un funcionalismo político-criminal teleológico que entiende que el Derecho penal cumple una función de protección de bienes jurídicos, limita los fines de la pena a la prevención general y especial. En segundo lugar, también hay una concepción de la prevención general positiva entendida ésta como la reafirmación de los valores ético-sociales que estarían integrados en las normas. Según esta última concepción, también se parte de la función del Derecho penal de proteger los bienes jurídicos, y se entiende que el efecto preventivo general se consigue por medio de la afirmación de ese valor que ha sido infringido y que se da con la imposición de una pena justa. En cambio, otra corriente denominada «sistémica» es aquella que entiende que lo que se pretende conseguir por medio de la pena no es tanto un efecto psicológico como una afirmación de la vigencia de las normas[85]. Si bien estas teorías merecerían una mayor

---

84 Cutiño S., *Fines de la pena…, ob. cit.*, p. 58

85 Gil Gil, A., «Prevención general positiva y función ético-social del Derecho penal», en Díez Ripollés, J. L., Romeo Casabona, C. M., Gracia Martín, L., e Higuera Guimerá, J. F. (Eds.), *La Ciencia del Derecho Penal ante el nuevo siglo. Libro Homenaje al Profesor Doctor Don José Cerezo Mir*, Tecnos, 2002, pp. 9-10. Para un análisis pormenorizado véase Pérez Manzano, M., *Culpabilidad y prevención: las teorías de la prevención general positiva e la fundamentación de la imputación y de la pena*, Servicio de Publicaciones de la Universidad Autónoma de Madrid, Madrid, 1990. Igualmente, véase Durán Migliardi, M., «La

atención puesto que las mismas suponen un cierto intento de renovar el debate sobre la función de la pena[86], en el presente apartado nos centraremos especialmente en la contribución de uno de los mayores exponentes como es Günter JAKOBS[87].

---

prevención general positiva como límite constitucional de la pena. Concepto, ámbitos de aplicación y discusión sobre su función», en *Revista de Derecho,* vol. 29, núm. 1, 2016.

86 PÉREZ MANZANO, M., «Aportaciones de la prevención general positiva a la resolución de las antinomias de los fines de la pena», en SILVA SÁNCHEZ, J. M. (ED.), *Política criminal y nuevo Derecho Penal. Libro Homenaje a Claus Roxin,* Bosh Editor, Barcelona, 1997.

87 Como se verá a continuación, la creación de un apartado distinto dentro de las teorías expresivas y comunicativas para encuadrar únicamente la posición de JAKOBS se debe principalmente a la necesidad de diferenciar esta postura con respecto a las teorías del debate clásico, pero también con respecto a las teorías expresivas procedentes en su mayoría del ámbito anglosajón. Este posicionamiento en particular tiene una relevancia considerable en el ámbito de la discusión sobre las teorías de la pena hispanohablante (SILVA SÁNCHEZ, J. M., «La influencia de la obra de Günter JAKOBS en el espacio jurídico-penal hispanohablante», en *Indret,* núm. 1, 2019), tanto que no hay manual que no lo trate. Pero, asimismo, la postura del autor, y más considerando las diferentes variaciones, es lo suficientemente compleja como para que dependiendo del autor que analiza la cuestión se encuadre en un sitio u otro (CUTIÑO, S., *Fines de la pena…, ob. cit.*). Son muchos los que han visto en el autor una clara referencia a la retribución jurídica de HEGEL, una retribución funcional o un neorretribucionismo. Pero también y especialmente a la luz de sus últimas aclaraciones o «giro fáctico» (a las que SILVA SÁNCHEZ respondió con un «Bienvenido de nuevo al mundo real, querido Prof. Jakobs» [SILVA Sánchez, J. M., «Del Derecho abstracto al Derecho "real". Recensión a Günter JAKOBS, *La pena estatal: significado y finalidad* (traducción y estudio preliminar de M. CANCIO MELIÁ y B. FEIJÓO SÁNCHEZ), Thomson-Civitas, Madrid, 2006, 182 págs.», en *Indret,* núm. 4, 2006, p. 6]), lo acercan a una posición ecléctica, o como sostiene RODRÍGUEZ HORCAJO, a una posición muy cercana a las teorías expresivo-consecuencialistas (RODRÍGUEZ HORCAJO, D., *Comportamiento…*, ob. cit., p. 78). En cualquier caso, a

Para este autor «la pena pública existe para caracterizar el delito como delito, lo que significa lo siguiente: como confirmación de la configuración normativa concreta de la sociedad»[88]. Aquí con prevención no se quiere decir que lo que se busque es que la norma penal esté orientada a evitar delitos, sino que tiene una finalidad comunicativa general, a todos los ciudadanos, y que tiene la función de alcanzar la fidelidad al Derecho, mantener la confianza en la norma y la aceptación de sus resultados[89]. La prevención, por tanto, no lo es con respecto a la futura comisión de delitos, sino que lo que se previene con

---

mi juicio, esta teoría merece un apartado distinto en la medida en que, si bien es cierto que el elemento de la comunicación es totalmente esencial, como sería en el caso de DUFF, también lo es que en el planteamiento de JAKOBS no está presente esa carga retribucionista moral que apela a una censura incluso emotiva al delincuente. Asimismo, si bien es cierto que en su último planteamiento da una importancia a la prevención general intimidatoria y a los efectos de esta para persuadir a los delincuentes de evitar la realización de delitos que lo acerca también a posturas expresivo-consecuencialistas, sigue faltando esa parte importante de carga emotiva de la censura. Quizás porque mientras que las teorías expresivas utilizan ese elemento como la comunicación o expresión de la indignación y la censura de toda la sociedad hacia el delincuente, la postura de JAKOBS en cuanto a la comunicación es mucho más aséptica, pues la comunicación la hace el Estado o el ordenamiento jurídico, desprovisto de esa carga emocional y expresiva.

88 JAKOBS, G., «Sobre la teoría de la pena», en *Cuadernos de conferencias y artículos*, núm. 16 (traducción de Manuel CANCIO MELIÀ), Universidad de Externado de Colombia, 1998, p. 15. Asimismo, JAKOBS, G., *El lado comunicativo y el lado silencioso del Derecho penal. Expectativas normativas, intervención delictiva, Derecho penal del enemigo* (Edición de Miguel POLAINO-ORTS), Universidad de Sevilla, Sevilla, 2014.

89 MARÍN DE ESPINOSA CEBALLOS, E. B., «El debate actual sobre los fines de la pena y su aplicación práctica», en *Revista de Derecho Penal y Criminología*, núm. 11, 2014.

la pena son los efectos negativos que para el propio sistema social puede generar el delito[90].

Este fin de la confirmación de la vigencia de la norma no es posible extenderlo a todas las fases de esta, siendo necesario atender también a las necesidades de prevención especial, en particular, en lo que se refiere a la fase de la ejecución de la pena que, en todo caso, no debe sobrepasar la culpabilidad del autor[91]. La pena será adecuada a la culpabilidad del autor cuando la misma se conciba necesaria para asegurar la estabilización de la norma. Como interpreta MARÍN DE ESPINOSA CEBALLOS, «para JAKOBS, la función de la culpabilidad no puede reducirse a servir de límite de la pena, sino que también debe fundamentarla»[92].

Más allá de la evolución del pensamiento de JAKOBS[93] y de su teoría, a la que se le ha criticado no solo un exceso de normativismo[94], sino también su cercanía con las posiciones retribucionistas (especialmente citada es la conexión de su postura con la teoría de la pena hegeliana[95]) y la subordinación absoluta

---

90 JAKOBS, G. *La pena esatal: significado y finalidad* (traducción y estudio preliminar de M. CANCIO MELIÁ y B. FEIJÓO SÁNCHEZ), Thomson-Civitas, Madrid, 2006, p. 154.

91 MARÍN DE ESPINOSA CEBALLOS, E. B., «El debate actual…», *ob. cit.*

92 MARÍN DE ESPINOSA CEBALLOS, E. B., «El debate actual…», *ob. cit.*, p. 121.

93 Véase CUTIÑO, S., *Fines de la pena…*, *ob. cit.*; RODRÍGUEZ HORCAJO, D., *Comportamiento…*, *ob. cit.*; SILVA SÁNCHEZ, J. M., *Aproximación…*, *ob. cit.*

94 MIR PUIG, S., «Límites del normativismo en Derecho penal», en VV. AA., *Libro Homenaje al profesor Dr. Gonzlo Rodríguez Mourullo*, Civitas, Madrid, 2005.

95 En este sentido, para DEMETRIO CRESPO: «como consecuencia la pena no se dirige a prevenir futuras infracciones (al estilo de la prevención general negativa) sino que tiene por objeto restablecer según el pensamiento clásicamente hegeliano la vigencia de las

del individuo a la norma prescindiendo por tanto de los bienes jurídicos que llegó a defender[96], lo que aquí nos interesa es su concepción de la pena como acto comunicativo, algo que, con variaciones y en sus distintas formulaciones, ha seguido manteniendo. En este sentido, la postura actual de JAKOBS con respecto a la función de la pena podría resumirse en que: a) «las normas son expectativas que configuran el orden social»[97], b) «el delito es la defraudación de esas expectativas»[98], c) «la pena tiene el significado de mantener las expectativas»[99], d) «la imposición de la pena es la forma en que el sistema social procesa las defraudaciones a costa del infractor y tiene como fin asegurar la probabilidad de seguimiento de la norma»[100] y e) «el límite de este fin es tratar al autor como persona (culpabilidad, sujeto responsable). Pero sólo si el delincuente garantiza su fidelidad en el futuro, si no será tratado como enemigo»[101].

---

normas quebrantadas. Se trataría en este sentido *más de una teoría retributiva que preventiva*» (DEMETRIO CRESPO, E., «Crítica al funcionalismo normativista», en *Revista de Derecho Penal y Criminología*, núm. 3, 2010, p. 15).

96 Así, como explica SILVA SÁNCHEZ, si bien algunos autores de la doctrina asumieron la función comunicativa de la pena de JAKOBS «la mayoría de la doctrina no siguió este punto de vista. Debe tenerse en cuenta que, cuando la posición de JAKOBS entra en el espacio jurídico hispanohablante, en éste apenas ha finalizado un proceso despenalizador, que ha tenido como criterio rector el de bien jurídico (penal). La eliminación de este criterio es considerada, pues, como la admisión de la posibilidad de que el Derecho penal proteja cualesquiera estados de cosas que el legislador positivo introduzca en una ley penal, renunciando al "potencial crítico" de la noción de bien jurídico» (SILVA SÁNCHEZ, J. M., «La influencia de la obra...», ob. cit., p. 10).

97 CUTIÑO, S., *Fines de la pena..., ob. cit.*, p. 72

98 *Ibidem.*

99 *Ibidem.*

100 *Ibidem.*

101 *Ibidem.*

En todo caso, el aspecto comunicativo y simbólico de la pena es realmente importante en esta concepción. Es necesario porque expresa a la generalidad que la norma sigue vigente[102]: «El autor [del delito] ha determinado y ejecutado su conducta sin consideración de la vigencia del Derecho. En la medida en que ello implique la afirmación de que la norma no le vincula, se le contradice a través de la pena (ese es el significado de la pena)»[103]. Ahora bien, ante la cuestión sobre en qué medida esta finalidad no daría lugar a un exceso de la pena en tanto en cuanto el fin es asegurar la expectativa de la vigencia de la norma, como se ha indicado, el autor recurre al elemento retributivo de la culpabilidad. Y, por otro lado, con respecto a la justificación del uso de la pena con la dimensión aflictiva que el acto comunicativo supone sobre el propio delincuente, apela a la necesidad de una intimidación para que el delito no merezca la pena[104].

---

102 Como explica MAÑALICH, «esta versión de la teoría de la prevención general positiva concibe la imposición de la pena como un acto expresivo cuyo sentido es la confirmación de la vigencia de la norma quebrantada o, en términos un poco más esotéricos, la confirmación de la identidad normativa de la sociedad", (MAÑALICH, J. P., «La pena como retribución. Primera parte: La retribución como teoría de la pena», en *Derecho Penal y Criminología*, vol. 28, núm. 83, 2007, p. 55)

103 JAKOBS, *La pena estatal..., ob. cit.*, p. 142.

104 Así, sostiene el autor que «la contradicción pública del injusto por sí sola no puede remediar la desorientación; pues esta contradicción constituiría una directriz determinante para la voluntad de seres racionales desarrollados, pero los delincuentes sólo son racionales conceptualmente, y no conforme a la idea, es decir, no en la realidad. De este modo -siguiendo a Feuerbach- sólo queda la posibilidad "de influir a través de lo sensual en la propia sensualidad de eliminar la tendencia mediante la tendencia opuesta, el impulso sensual hacia el hecho mediante otro impulso sensual", y eso significa que hay que gravar el injusto con tal "coste consecuencial" que la comisión de un delito aparezca en el juicio general como algo

Si bien algunos de los aspectos mencionados anteriormente son constitutivos de afirmaciones fácticas con respecto a los efectos de la sanción, como podría ser el efecto negativo que para el ordenamiento jurídico tendría la comisión de delitos o, si quiera, la intimidación que pudiera tener lugar para que, como decíamos antes, el delito no merezca la pena, del grueso de la propuesta de JAKOBS no se desprende el más mínimo ánimo de imbricar los datos empíricos sobre tales efectos en su teoría de la pena. Y, de este modo, su posición se debilita igual que lo hacen las posiciones prevencionistas vistas anteriormente que no dan el segundo paso tras enunciar los supuestos efectos de la sanción penal, especialmente con respecto a su conminación, que no sería otro sino la comprobación de estos.

3.2. Teorías expresivas de la pena deontológicas

Posiblemente el autor con el que más fácil es identificar las teorías expresivas de carácter deontológico es el filósofo del Derecho norteamericano Joel FEINBERG. FEINBERG, en su ensayo *The Expressive Function of Punishment*[105], parte del reconocimiento de que en algunos trabajos especializados se había empezado a diferenciar entre la definición y la justificación del castigo (de HART, FLEW y BENN). En estas definiciones tradicionales del castigo (*punishment*), el autor observaba que se había tendido a relacionar éste con la irrogación de un mal; sin embargo, para FEINBERG ello no diferenciaba adecuadamente el castigo punitivo de las meras multas (*penalties*). Así,

---

que no merece la pena» (JAKOBS, G., «La pena como reparación del daño», en REVES ALVARADO, A. (ED.), *Dogmática y Criminología. Dosvisiones complementarias del fenómeno delictivo. Homenaje a Alfonso Reyes Echandía,* Legis, Bogotá, 2005, p. 347, citado en RODRÍGUEZ HORCAJO, D., *Comportamiento…, ob. cit.*, p. 78).

105 FEINBERG, J., «The Expressive Function of Punishment», en *Philosphy of Law*, vol. 49, núm. 3, 1965.

por ejemplo, el castigo consistente en encarcelar a alguien por un delito grave puede coincidir con la definición general de *punishment*, pero no sería posible, o al menos intuitivamente no lo es, atribuir ese mismo significado a una multa de aparcamiento, que podría servir como ejemplo de una *penalty*[106]. *Desde este punto de vista, la diferencia entre ambas definiciones es importante porque para Feinberg, el castigo tiene un significado simbólico que no tienen la mayoría de las penalties*, significado que se identifica con una función esencial que, a su juicio, debe cumplir la pena. De esta forma, la pena supone la expresión de la condena e indignación de la comunidad[107], algo que tal y como afirma el autor, en cierta medida ya se venía reconociendo por autores como HART[108]. A saber, el castigo no deja de ser un medio «convencional» para expresar las actitudes de resentimiento de la sociedad hacia la persona que ha cometido un delito tipificado expresamente como tal[109]. Ahora bien, si la pena se justifica por la necesidad de mostrar la desaprobación social, ¿por qué imponer efectivamente la misma? La imposición sería innecesaria para atender al fin de la expresión de la condena. Sin embargo, para FEINBERG es precisamente la imposición (*condemnatory aspect*) la que

---

106 FEINBERG, J., *Doing and Deserving: Essays in the Theory of Responsibility*, Princeton University Press, Princeton, 1970, p. 86.

107 BILZ, K., «Testing the Expressive Theory of Punishment», en *Journal fo Empirical Legal Studies*, vol. 13, 2016, p. 360: «Sostuvo que el tratamiento duro *(hard treatment)* del castigo penal tiene una función simbólica que transmite desaprobación e incluso resentimiento hacia el infractor y su comportamiento. Esta condena es tanto merecida como funcional. Es fundamental distinguir la función condenatoria del castigo de la mera pena, que se limita a regular el comportamiento. En su opinión, la teoría expresiva define el castigo, pero también lo explica y justifica, al menos en parte».

108 FEINBERG, J., *Doing and Deserving…*, *ob. cit.*, p. 98.

109 FEINBERG, J., «The Expressive…», *ob. cit.*, p. 400.

permite desplegar la función simbólica de «desaprobación», «no aquiescencia», «vindicación» y «absolución»[110].

Por su parte, desde la perspectiva de Jean HAMPTON, la pena constituye un acto de comunicación moral con el autor del delito, aunque también con la comunidad, algo que para la autora es «intuitivamente muy natural y atractivo»[111]. Para HAMPTON la pena tiene una funcionalidad eminentemente educativa. Y aunque comparte que la justificación del castigo tiene que estar conectada con la idea de que el castigo es una herramienta necesaria para prevenir delitos y promover de ese modo el bienestar del público, no se compromete con una justificación del castigo basada en la disuasión. De acuerdo con la autora, la pena y el dolor asociado a la misma es un acto comunicativo con el autor del delito mediante el que se le expresa que la trasgresión de la norma está moralmente mal, es decir, es un injusto moral[112].

Para explicar esto, HAMPTON utiliza el símil de los animales que se encuentran dentro de un pasto vallado y en el que las

---

[110] FEINBERG, J., *Doing and Deserving...*, *ob. cit.*, p. 115. Una dura crítica a esta concepción y a los elementos distintivos de las teorías expresivo-retributivas como la de FEINBERG puede encontrarse en HANNA, N., «¿Say what? A critique of expressive retributivism», en *Law and Philos*, vol. 27, 2008, donde se llega a tildar a las premisas más importantes de estas teorías de falsas.

[111] HAMPTON, J., «The Moral Education. Theory of Punishment», en *Philosophy & Public Affairs*, vol. 13, núm. 3, 1984, p. 216

[112] En palabras de ENGEN: «El aspecto de tratamiento duro (*hard treatment*) lo convierte en un medio adecuado para comunicar al delincuente la maldad de su acto, según HAMPTON el castigo interrumpe la búsqueda de sus propios intereses por parte del delincuente y, al perjudicarle, le hace reflexionar sobre el daño que infligió a su víctima» (ENGEN, A., «Communication, Expression, and the Justification of Punishment», en *Athens Journal of Humanities & Arts*, vol. 1, 1984)

vallas están electrificadas. El animal que pretenda ir más allá de la valla se encontrará con una descarga eléctrica que le transmitirá el mensaje de que no puede ir más allá, y posiblemente tras este estímulo negativo no lo volverá a hacer. Ahora, lo que diferencia el castigo en los animales del que es aplicable sobre las personas es que éstas últimas tienen la capacidad de razonar que el castigo está asociado a la comisión de un hecho inmoral y de reflexionar sobre las razones para la restricción de su libertad[113]. De esta manera el Derecho penal comunica lo que es considerado una barrera moral que los individuos no debemos traspasar, y en caso de que lo hagamos o nos veamos tentados a ello, el Derecho penal nos «electrificará» para que entendamos y aprendamos la lección de que no debemos hacerlo. En definitiva, «la teoría sostiene que el castigo pretende ser una forma de enseñar al infractor que la acción que hizo (o quiere hacer) está prohibida porque es moralmente incorrecta y no debe hacerse por esa razón»[114]. Pero con la imposición de ese castigo no solamente se educa moralmente al delincuente, sino que también se manda un mensaje educativo a la comunidad. En este sentido, el castigo se justifica precisamente en el mensaje educativo que se manda con la pena.

Análogamente, Anthony Duff es otro autor que justifica el castigo sobre la base del mensaje comunicativo de condena a la persona que es castigada. Este autor desarrolla lo que se ha denominado la versión comunicativa del expresivismo[115]. A diferencia de Hampton, rechaza la idea de que la pena sirva para educar al delincuente porque en términos generales los trasgresores de las normas ya saben que lo que están haciendo está

---

113 Hampton, J., «The Moral Education...», *ob. cit.*, p. 212 y ss.

114 *Ibidem.*

115 Glasgow, J., «The expressivist theory of punishment defended», en *Law and Philosophy*, vol. 34, núm. 6, 2015.

mal[116]. Más bien, el Derecho penal refleja los valores que son o deberían ser interiorizados por los ciudadanos y la comunidad, prohíbe determinadas conductas que los ciudadanos deberían evitar. El Derecho penal habla (se comunica con) a los ciudadanos como miembros de una comunidad normativa: no solo busca la obediencia, sino un diálogo que los ciudadanos entiendan y acepten lo que se les requiere como tales[117]. El juicio penal también supondría un acto de comunicación al que es llamado el delincuente para que responda por sus hechos, y mediante la condena también se le comunica tanto a él como a la comunidad la pena, entendida ésta como la censura de la comunidad que merece el delincuente por su delito[118]. A este respecto, la comunicación del castigo no solamente busca el entendimiento y aceptación de este por parte del infractor, sino que también afecte a su conducta futura[119]. Al mismo tiempo, mediante la imposición de ese castigo lo que se persigue es que el delincuente se arrepienta de lo que ha hecho, y que ese arrepentimiento sirva para que no vuelva a delinquir. Esto, tal y como advierte el propio autor, podría implicar asignar ciertos objetivos consecuencialistas al Derecho penal. Sin embargo, aclara que este fin disuasorio es meramente contingente. En sus palabras: «decir esto no es, sin embargo,

---

116 DUFF, R. A., *Punishment, communication and community*, Oxford University Press, New York, 2001, p. 91.

117 Cabe la posibilidad de argumentar que la justificación del castigo decaería en aquellos supuestos en los que el autor del delito no acepte ese diálogo, que no sea receptivo al mismo. En ese caso, según ENGEN (ENGEN, A., «Communication...», *ob. cit.*) podría seguir justificándose el castigo en el caso en que, en lugar de entender la pena como una comunicación, la entendamos como una expresión tal y como la entendía FEINBERG, puesto que la expresión es unidireccional y esa es la censura que se dirigiría al denominado «delincuente no receptivo» (*unreceptive wrongdoer*).

118 DUFF, R. A., *Punishment..., ob. cit.,* p. 80.

119 DUFF, R. A., *Punishment..., ob. cit.,* p. 90

plantear un objetivo consecuencialista para el Derecho penal o para las penas, sino presentarlos como medios contingentemente eficientes para el fin independientemente identificable de la prevención del delito»[120]. El fin es, en realidad, que los ciudadanos reconozcan y acepten lo que dice el Derecho como justificado y se abstengan de realizar el delito solo por esa razón, o bien que los delincuentes reconozcan el mal de su acto (*the wrongfulness of their past crimes*) y se abstengan de realizar otros delitos en el futuro sobre la base de ese entendimiento y reconocimiento[121]. La pena es, por tanto, una expresión de censura al comportamiento delictivo que busca en última instancia el arrepentimiento. Y este es, según el autor, uno de los propósitos del tratamiento duro (*hard treatment*) que supone el castigo. Es «una forma de centrar su atención en su delito, proporciona una estructura dentro de la cual, esperamos, podrá pensar la naturaleza y las implicaciones de su delito, enfrentarse a él de forma más adecuada de lo que lo podría hacer de otra forma (siendo humano), y así llegar a un arrepentimiento más auténtico»[122]. Añade el autor que «como agentes morales falibles, necesitamos esas penitencias para ayudar y profundizar en el arrepentimiento». Con todo, el castigo busca producir los siguientes tres resultados: arrepentimiento, reforma y reconciliación.

---

120 *Ibid.*, p. 80.

121 *Ibid.*, p. 81.

122 *Ibid.*, p. 108. Anticipando la posible crítica que se le pueda hacer desde el consecuencialismo sobre que su planteamiento busca generar una innecesaria e insana culpa y que se obsesiona demasiado con el comportamiento pasado en lugar de mirar hacia el futuro: «no hay nada intrínsecamente insano o inapropiado en tratar de afrontar y comprender el mal que he hecho. De hecho, una preocupación adecuada por los valores contra los que he ofendido, por aquellos a los que he perjudicado, se expresará en mi arrepentimiento y remordimiento».

Lo cierto es que, pese a ese aire renovador del que se hablaba en un principio, no se puede afirmar que las teorías expresivas, en este caso las de carácter eminentemente deontológico o normativo hayan superado a las teorías retributivas en cuanto definitivas y estén exentas de críticas. Más bien al contrario, también adolecen de una serie de puntos débiles que podrían resumirse en los siguientes puntos: a) en primer lugar, el exceso en la expresión. Esta es una crítica dominante hacia este tipo de teorías[123], y se concreta en la pregunta sobre por qué se elige el castigo para expresar la condena hacia el delincuente, cuando podría haber otros medios para hacerlo. Asimismo, estas teorías también tienen que lidiar con la cuestión de la (des) proporcionalidad. Una vez aceptado que la pena o el castigo es el mejor modo de expresar esa condena, deben responder a cómo dentro de ese sistema expresivo es factible la proporcionalidad en la respuesta penal[124]; b) en segundo lugar, otra objeción común es la denominada «expresión promiscua» (*the promiscuous express*)[125], y hace referencia a que hay determinadas conductas que a nivel social merecen todo el reproche pero que, por el hecho de no estar tipificadas en la ley, no pueden ser objeto de esa condena moral social (e.g., piénsese en aquellos supuestos en los que la sociedad entiende que el discurso del odio es despreciable, pero el mismo no está penado en la ley); c) en tercer lugar, entre las críticas más comunes también está aquella que se ha denominado la de los «múltiples mensajes»[126], según la cual se critica que las teorías expresivas tienden a aglutinar la expresión social de condena hacia un acto o persona. Sin embargo, teniendo en cuenta que las sociedades democráticas son plurales, ¿cuál de todos los mensajes es el

---

123 Glasglow, J., «The expressivist...», *ob. cit.*

124 Rodríguez Horcajo, D., *Comportamiento...*, *ob. cit.*, p. 44.

125 Glasgow, J., «The expressivist...», *ob. cit.*, p. 620.

126 *Ibid.*, p. 622.

que se está expresando?; d) por último, estas teorías adolecen igualmente de una falta de imbricación de los conocimientos sobre el comportamiento humano acumulado en las ciencias sociales sobre cómo responden las personas frente al mensaje comunicativo en que consiste la norma penal y el castigo. Es cierto que la mayoría de los anteriores autores parten de la realidad, de los efectos que entienden o asumen que tiene el mensaje normativo sobre los delincuentes o potenciales delincuentes (i.e. poder de hacer recapacitar y reflexionar, disuasión colateral, etc.) y que justificarían su imposición, pero son posturas sobre un poder y efectos de la sanción penal que parecen no necesitar de comprobación empírica y que parten de un hombre ideal, con una racionalidad completa que hará que entienda el mensaje en que consiste la norma en la dirección que la misma pretende, entenderá la reprobación de la sociedad que en ese mensaje se halla y eso le ayudará a casi una superación existencial del delito[127].

[127] De hecho, si bien es cierto que la propuesta de DUFF ha tenido una muy buena acogida entre los autores de la dogmática, también lo es que ha habido diferentes estudios empíricos que han tratado de poner a prueba las asunciones fácticas que el autor asume con respecto a los efectos de la comunicación del castigo. Así, SCHINKEL realizó entrevistas a 27 personas condenadas a penas de prisión de larga duración en diferentes ocasiones a lo largo de su condena. De las entrevistas, el trabajo concluye que la propuesta de DUFF del castigo penal como comunicación moral no coincide con la realidad, ya que las personas durante el juicio están más pendientes de la duración del castigo que se les impone y no tanto de la expresión de reproche y durante el tiempo de condena lo que se da es una aceptación de la misma, pero para poder sobrellevarla mejor y no tanto por esa comunicación moral (SCHINKEL, M., «Punishment as moral communication: The experiences of long-term prisoners» en Punishment & Society, vol. 16, núm. 5, 2014).

3.3. Teorías expresivas de la pena consecuencialistas

A diferencia de las anteriores teorías, en las que el elemento expresivo o comunicativo es lo que justifica la propia pena porque ésta se entiende como el único o el mejor medio para expresar la condena moral hacia el delincuente, el conjunto de autores que aquí se van a tratar exponen enfoques en los que ese elemento expresivo está orientado también a producir consecuencias que van más allá de la expresión por sí misma de esa censura o indignación moral. Así pues, están orientadas además a dirigir el comportamiento de las personas hacia el cumplimiento de las normas. En este grupo de teorías he englobado a VON HIRSCH, NARAYAN, KAHAN y a ROBINSON. Si bien lo que tienen en común estas posiciones es su atención a las consecuencias de la expresión o comunicación, también las diferencia que no todas estas posiciones lo hacen en el mismo grado ni con la misma claridad.

En primer lugar, VON HIRSCH mantiene una justificación de la pena basada en la censura y para él la sanción penal «expresa claramente un reproche»[128]. La pena entendida de esta forma es fácilmente comprensible, «ya que reprochar es algo que hacemos en nuestros juicios morales cotidianos. Una explicación basada en la censura es también más fácil de vincular a la proporcionalidad»[129]. En este sentido, para este autor la reprobación o la censura por el delito cometido adquiere su justificación en la responsabilidad del sujeto que ha delinquido. A tal efecto, «la censura consiste en expresar este juicio, más el sentimiento consiguiente de desaprobación que se dirige al

---

128 VON HIRSH, A., *Censurar y castigar* (Traducción de Elena Larrauri), Trotta, Madrid, 1998, p. 34

129 VON HIRSH, A., *Censurar..., ob. cit.,* p. 35. En este sentido, resulta necesario advertir que la preocupación de VON HIRSCH que le lleva a justificar la pena en la censura es precisamente la desproporcionalidad y arbitrariedad del sistema penal.

autor porque él o ella son la persona responsable»[130]. Pero además de esta función (negativa) de la censura, esto es, de expresar el reproche por su delito mediante la pena, ésta última tendría también las siguientes funciones morales positivas: a) mediante la censura se está considerando a la víctima, es decir, no solamente se está reconociendo que se ha lesionado un bien a la víctima, sino que al expresar la censura se le está reconociendo que su agravio ha sido culpa de otro; b) también se está considerando al causante en la medida en que a través del juicio de desaprobación se le está comunicando que ha dañado a otro y que se le desaprueba por este acto; c) con la censura se le da la oportunidad al autor de que muestre un reconocimiento del daño provocado o que se proponga enmendarse; y, finalmente, d) la censura también se dirige a terceras personas, ofreciéndoles razones para desistir. VON HIRSCH entiende, asimismo, que en Derecho penal no deberían caber las sanciones neutrales, esto es, aquellas que no suponen o significan un reproche moral, y ello porque sin ese reproche «se negaría el estatus de persona al afectado, aunque fuesen eficaces desde el punto de vista de la intimidación. Una sanción neutral trataría al autor o a los posibles autores como animales de circo, como criaturas que deben ser enjauladas, intimidadas o amaestradas»[131]. VON HIRSCH, a diferencia de DUFF, no entiende que con la pena se busque la evocación de sentimientos en el delincuente: «si el objetivo primordial fuera inducir un arrepentimiento, como pretende R. A. DUFF, no tendría ningún sentido censurar a los actores ya arrepentidos o desafiantes. Y aun así no quisiéramos exonerar de culpa ni al arrepentido ni

---

130 *Ibidem.*

131 VON HIRSCH, A., «Retribución y prevención como elementos de justificación de la pena», en ARROYO ZAPATERO, L., NEUMANN, U., y NIETO MARTÍN, A. (COORDS.), *Crítica y justificación del Derecho Penal en el cambio de siglo*, Ediciones de la Universidad de Castilla-La Mancha, Cuenca, 2003, p. 134.

al desafiante»[132]. Si este fuera el objetivo principal del Derecho penal, tal y como indica el autor, bastaría con que el juzgador indagara en la personalidad y estilo de vida del infractor para facilitar estos cambios de actitud. Sin embargo, en Derecho penal «uno atribuye el daño (*wrongdoing*) a una persona y expresa desaprobación —limitando su investigación a la capacidad de elegir de la persona—»[133]. Ahora, si bien lo que fundamenta principalmente la pena es la expresión de esa censura, para VON HIRSCH la imposición del mal en que consiste la pena basada en el reproche sí que tiene funciones preventivas en la medida en que la imposición suministra lo que él denomina una razón prudencial (*prudential reason*) para la no realización de los hechos delictivos. Dicho con otras palabras, la mera comunicación normativa no es suficiente para comprender las razones morales por las que no se deben realizar determinados hechos y abstenernos en consecuencia, sino que, más bien, somos seres «capaces de motivarse normativamente pero también con tentaciones de infringir estas apelaciones»[134], y «si la

---

132 VON HIRSH, A., *Censurar…*, *ob. cit.*, p. 36

133 *Ibidem.* p. 37. Así, aunque con la pena el autor del delito tiene una oportunidad para la reflexión, ésta no cabe exigírsele desde fuera: «el reproche penal sólo concierne al autor externamente. La desaprobación que se expresa a través de la sanción ofrece al autor la oportunidad de reflexionar acerca de sus comportamientos. Ahora bien, adoptar esta reacción es algo que queda en sus manos, en cuanto que aquí no se mantiene ninguna teoría del arrepentimiento, en la que justamente la reacción estaría encaminada a provocar en el autor determinados sentimientos, ya sean de vergüenza, de arrepentimiento o de cualquier otro tipo» (VON HIRSCH, A., «Retribución…», *ob. cit.*, p. 133).

134 VON HIRSCH, A., «Retribución…», *ob. cit.*, p. 138. En este sentido, VON HIRSCH vendría a sostener una posición mixta en cuanto a la pena. En esta medida, es cierto que lo que justifica la pena es la expresión del reproche, pero también entiende que la pena debe servir para la prevención de conductas: «en este ensayo he desarrollado

sanción expresa un reproche, su forma y modo adopta una forma que actúa al mismo tiempo como intimidación y como apoyo contra tentaciones»[135].

Uma NARAYAN entiende igualmente que la pena expresa una censura hacia el autor del delito, sin embargo, su planteamiento difiere radicalmente de DUFF en que la pena se justifique solamente sobre la base de esa censura y critica duramente que el Derecho penal deba buscar el arrepentimiento a través de la imposición de la pena (*hard treatment*)[136]. Sin

---

un análisis del reproche penal el cual convierte a esta reacción en deontológica: como apelación normativa, dirigida a un actor que es considerado susceptible a consideraciones morales. Este carácter de censura es el que justifica los límites requeridos por el principio de culpabilidad en el derecho penal material y por el principio de proporcionalidad con el hecho, en el derecho de medición de la pena. A la causación de un mal la he descrito como un «desaliento» ante la realización de hechos punibles que actúa en el interior de un concepto general orientado al reproche. A mi juicio, la razón para introducir este «desaliento», en vez de reaccionar únicamente mediante un reproche simbólico, a mi juicio, es preventiva: la pena debe también servir para ayudar al hombre, ser capaz de orientarse moralmente, pero también falible, a vencer la tentación de lesionar a otros». Para VON HIRSCH «las instituciones penales requieren de una justificación normativa y no únicamente instrumental; si bien estos argumentos deben dirigirse a una concepción de la pena como institución social, mediante la que el Estado ejercita su violencia y que se oriental al fin pragmático del bienestar de los ciudadanos» (pp., 144-145).

135 *Ibid.*, p. 139.

136 NARAYAN, U., «Appropriate Responses and Preventive Benefits: Justifying Censure and Hard Treatment in Legal Punishment», en *Oxford Journal of Legal Studies*, vol. 13, núm. 2, 1993, pp. 174-175: «El papel del Juez censurador es diferente al del sacerdote. A través de la censura, el juez emite la condena que el proceso legal ha determinado que merece el delincuente. Aunque puede esperar que el delincuente responda de una manera determinada, no tiene por

embargo, más allá de las críticas e inconsistencias que señala en torno a la teoría de la comunicación del castigo de DUFF, ella conviene en la línea de las teorías expresivas en que efectivamente la pena manifiesta una censura hacia la persona que ha cometido un delito. Esta censura no puede ir más allá de la culpabilidad del sujeto, y la misma se justifica porque es moralmente permisible realizarla sobre la base de la ilicitud (*wrongfulness*)[137]. Pero NARAYAN discrepa radicalmente de que la pena, el *hard treatment*, se justifique únicamente sobre la base de esa censura. Por ello, la autora expresa claramente que hay que hacer que la censura sirva para algo (*making censure matter*). A este respecto, entiende que el *hard treatment* puede servir para hacer que la censura importe y permite, asimismo, expresar diferentes grados de censura en atención

---

qué preocuparse principalmente por el bienestar moral y spiritual del delincuente, como debe hacer el sacerdote. El Juez puede considerar que ha llevado a cabo con éxito su función censuradora, independientemente de que el delincuente considere que merece la censura o no, se arrepienta o no, intente reformarse moralmente o no, e incluso si el delincuente opta por ajustarse a la ley en el futuro simplemente porque ser sometido a la censura del juicio es algo desagradable que preferiría evitar. Sin embargo, el sacerdote del delincuente no podría considerar que ha cumplido con éxito su misión a menos que el delincuente se arrepienta y se ajuste a la ley en el futuro sobre la base de convicciones morales reforzadas». Una expresión similar se puede encontrar en la crítica de VON HIRSCH a la teoría de DUFF, concretamente al aspecto de que el Derecho penal tiene como fin primordial buscar el arrepentimiento del autor del delito. (VON HIRSH, A., *Censurar...*, *ob. cit.*, p. 36-37)

137 La justificación de la censura según NARAYAN se encuentra en que el sistema legal «solo prohíbe las conductas que se consideran apropiadamente como injustos legales, se esfuerza por asegurarse de que el acusado cometió el acto ilícito y de manera responsable, antes de emprender la censura, y hay buenas razones para que la maquinaria legal del Estado sea el órgano que tiene la capacidad de censurar» (NARAYAN, U., «Appropriate...», *ob. cit.*, p. 169.

a la gravedad del delito[138]. En todo caso, el *hard treatment* no solo se justifica en atención a la expresión de la censura que implica sino por los beneficios en materia de prevención del delito que el mismo pueda conllevar. La prevención del crimen es para esta autora un fin que es valioso e inteligible y que las penas que implican un *hard treatment* pueden ayudar a conseguir[139]. En consecuencia, para esta autora, la censura de los infractores y la prevención del crimen no son dos objetivos independientes, sino que es posible castigar de tal manera que se consigan ambos[140].

Para Dan KAHAN el delito siempre expresa una falta de respeto por algún valor o interés que es digno de protección en atención a las normas sociales[141] y, además, esa falta de respeto es graduable. KAHAN ejemplifica esta idea diciendo que violar a una mujer es peor que cualquier otro ataque físico hacia ella porque con el delito de violación se está expresando el poco valor que tiene la misma. De igual manera, entre un homicidio cometido con motivación de odio y otro cometido sin esa motivación, el que se basa en un motivo racial expresa mucha más falta de respeto hacia la persona que el otro tipo de homicidio. Frente a lo anterior, el castigo sería la expresión de una condena moral por haber afectado a los intereses que la sociedad previamente ha determinado como importantes: «Al imponer la forma y el grado de aflicción adecuados al infractor, la sociedad dice, en efecto, que la evaluación del infractor sobre el interés de quién cuenta es errónea»[142]. En este sentido, el significado social de las acciones tiene una relevancia crítica en

---

138 *Ibid.*, p. 179.

139 *Ibid.*, p. 180.

140 *Ibid.*, pp. 180 y ss.

141 KAHAN, D., «What do alternative sanction means?», en *The University of Chicago Law Review*, vol. 63, núm. 2, 1996.

142 *Ibid.*, p. 591.

el Derecho penal, y aquí el rol de las epistemologías empíricas sería determinar cuáles son esos valores: «Los economistas hablan del Derecho penal como un mecanismo para ponerle precio a las malas conductas, pero los ciudadanos de a pie piensan en él como una convención para condenarlas moralmente»[143].

El Derecho penal también delimita determinados significados. Dice KAHAN que lo que el Derecho penal castiga puede decirnos qué tipo de vida es la que la sociedad considera como virtuosa, cómo castiga los comportamientos (i.e. con prisión, penas corporales, multas) puede decirnos qué tipo de aflicción es considerada apropiada y cómo de severo sea el castigo (i.e. pena de muerte, cadena perpetua, etc.) nos dice cómo de valiosos son determinados intereses y valores. En este sentido, según KAHAN el Derecho penal puede expresar significados sociales a través de dos vías: a) puede expresar significados mediante la toma de posiciones (ej. leyes como la que protegía la bandera estadounidense, aunque se supiera que no tenía capacidad para detener la quema de banderas, pero sí que transmitía una serie de significados en torno a la virtud del patriotismo); o b) puede expresar significados a través de la regulación de las normas sociales. A tal respecto utiliza el ejemplo de la posesión de armas en las escuelas públicas del siguiente modo:

> [...] este comportamiento está impregnado de significado social. Poseer un arma confiere un estatus porque expresa la confianza y la voluntad de desafiar a la autoridad. Del mismo modo, no poseerla indica miedo y, por tanto, invita a la agresión. Las políticas que pretenden suprimir la posesión suelen fracasar; de hecho, cuando las autoridades buscan y castigan agresivamente a los estudiantes que poseen armas, su comportamiento refuerza el mensaje de desafío asociado a las armas[144].

---

143 KAHAN, D., «Social Influence, Social Meaning, and Deterrence», en *Virginia Law Review*, vol. 83, núm. 2, 1997, p. 362.

144 *Ibid.*, p. 363-365.

Una política efectiva al respecto sería interferir en la norma social. Así, por ejemplo, parece más efectivo dar un incentivo (pagar) a quien denuncie a alguien que tenga un arma. Así, cuando los jóvenes teman que sus compañeros los delatarán, dejarán de tener un incentivo para enseñar el arma, y cuando dejen de enseñarla, las armas en ese contexto resultarán menos valiosas y los estudiantes tendrán menos motivos para llevarlas consigo. No es que el arma cambie de significado, es que se ha interferido en la norma social que hacía que llevar un arma fuera algo valioso[145]. En este sentido, según este autor, se puede generar disuasión a través de la regulación de las normas sociales, y por ello cuestiona la clásica estrategia disuasoria[146], y propone que se castigue con penas que se hayan seleccionado específicamente para que expresen la condena pública del crimen. Este argumento le lleva a decir a KAHAN que las propuestas para reemplazar algunas penas de prisión por penas alternativas como las multas o el servicio a la comunidad no resultan atractivas en tanto en cuanto éstas últimas no tienen la fuerza expresiva que tiene la pena de prisión. Mientras que la pena de prisión simboliza la condena moral por el delito

---

145 Aunque no se le puede clasificar como una teoría expresiva ni una teoría de la pena, David KENNEDY propone políticas o intervenciones estratégicas similares en su concepción de la disuasión focalizada que aboga por adaptar las sanciones a aquellas que son relevantes para los propios delincuentes con el objetivo de disuadirles de realizar determinados crímenes. Véase KENNEDY, D., *Disuasión y prevención del delito. Reconsiderando la expectativa de pena*, Marcial Pons, Madrid, 2016.

146 En primer lugar, porque la teoría de la disuasión desde la visión económica no tiene en cuenta que los delitos tienen significados de indignación moral por parte de la sociedad y, por otro, porque según RODRÍGUEZ HORCAJO las personas no actuarían como el *homo economicus* que tiene en mente el modelo económico, sino más bien responden a un *homo reciprocitator* (RODRÍGUEZ HORCAJO, D., *Comportamiento...*, ob. cit., p. 80).

cometido, las penas alternativas no suponen la misma condena moral, la cual a su vez es necesaria porque se basa en la trasgresión de los valores constituidos a partir de las normas sociales. O lo que es lo mismo, si el legislador penal quisiera sustituir la pena de prisión porque la misma resulta muy costosa, las penas alternativas deberían contener el mismo grado de condena moral a través de penas que conlleven un grado suficiente de estigmatización (*shaming*)[147].

---

[147] Concretamente indica que: «El castigo no es solo para hacer sufrir a los infractores; es una convención social especial que significa una condena moral. No todos los modos de imponer el sufrimiento expresan la condena o la expresan de la misma manera. El mensaje de condena es muy claro cuando la sociedad priva al delincuente de su libertad. Pero cuando se limita a ponerle una multa por el mismo acto [o le impone una pena de servicios a la comunidad], es probable que el mensaje sea diferente: no puedes hacer lo que has hecho, pero debes pagar por el privilegio... Este desajuste entre el sufrimiento que impone una sanción y el significado que tiene para la sociedad es lo que hace que las sanciones alternativas sean políticamente inaceptables. [...] En cambio, las penas de vergüenza expresan inequívocamente la condena y son una alternativa viable a la prisión para muchos delitos» (KAHAN, D., «What do alternative...», *ob. cit.*, p. 593). Sin embargo, en un artículo posterior modificó su opinión reconociendo que su posición inicial sobre las sanciones estigmatizadoras estaba equivocada, pero no por las críticas que se habían argüido contra su propuesta. Así, entre ellas se han argumentado las siguientes: a) que los delincuentes no tienen ese sentido de la vergüenza (*shameless*) y por tanto es poco probable que la humillación sirva como elemento disuasorio (MASSARO, T. M., «The Meanings of Shame», en *Psychol. Pub. Pol'y & L.*, vol. 3, 1997); b) que una pena de esas características atentaría contra la dignidad de la persona (NUSSBAUM, M., *Hiding from Humanity: Disgust, Shame, and the Law*, Princeton University Press, Princeton, 2004); c) Que las penas estigmatizadoras de ese tipo abrirían una especie de pendiente deslizante en la que se exacerbaría el apetito de degradar a los delincuentes o que generaría una indiferencia hacia los delitos que son los más comunes (POSNER, E. A., *Law and Social Norms*, Harvard

Junto a los anteriores, otro de los teóricos de la pena que en los últimos años ha ganado especial protagonismo con su propuesta del «merecimiento empírico», incluso entre nuestra dogmática[148], es Paul H. Robinson. Robinson también mantiene que el Derecho penal busca transmitir mensajes a la ciudadanía: «Cada vez que la responsabilidad penal es impuesta, nos recuerda la norma prohibida de la conducta del delincuente y confirma su naturaleza condenable. La condena pública que se expresa como reacción al delito apoya y refuerza los esfuerzos de aquellos que han resistido la tentación y han continuado obedeciendo a la ley»[149].

University Press, Cambridge, 2000). Su cambio de postura deviene porque, desde su propia premisa, la vergüenza o estigmatización está afectada en su significado social por un hándicap que, «como cuestión política práctica, hace que sea una sanción alternativa inaceptable para un segmento significativo e influyente de nuestra sociedad» (Kahan, D., "What's *Really* Wrong with Shaming Sanctions", en *Tex. Law. Review*, 2005). Este *hándicap* es que las penas estigmatizantes son profundamente partidistas: «cuando la sociedad las elige, elige un bando, alineándose con los que se adhieran a las normas que privilegian la comunidad y la diferenciación social en lugar de la individualidad y la igualdad». En cambio, a su juicio, la pena de prisión es mucho más pluralista porque todas las personas, con independencia de su visión sobre el mundo, pueden afirmar simultáneamente que con la prisión se afirman sus valores. En este sentido, Kahan acaba siguiendo de nuevo el argumento de la búsqueda de la condena moral equivalente por la justicia restaurativa como sustitutivo de la prisión, pero equivalente en cuanto a la condena social necesaria.

148 Gracias especialmente a la traducción de su obra Robinson, P. H., *Principios distributivos del Derecho penal. A quién debe sancionarse y en qué medida* (Traducción de Íñigo Ortiz de Urbina Gimeno y Manuel Cancio Melià, Marcial Pons, Madrid, 2012.

149 Robinson, P. H., y Darley, J. M., «The Utility of Desert», en *Northwestern University Law Review*, vol. 91, 1997, p. 472.

De este modo, incluso la severidad de la sanción impuesta a un delincuente informa a la sociedad de la gravedad moral de su delito, y de ahí que el Derecho sea un vehículo por medio del cual se acaban expresando tanto los valores comunitarios como las normas sociales de la comunidad. En palabras de ROBINSON, «nuestro Derecho penal es, para nosotros, el lugar donde expresamos nuestras creencias compartidas sobre lo que es verdaderamente condenable»[150]. A partir de las dificultades que tiene la disuasión como principio distributivo de la pena[151] y de la demostración, por medio de una vasta literatura, de la existencia de unas intuiciones de justicia compartidas por la comunidad, y el poder que las mismas tienen para el control del delito, ha construido un principio distributivo basado en el merecimiento empírico[152]. Algunos autores de nuestra doctrina, precisamente por haber empleado ROBINSON un objeto de trabajo como son las intuiciones de la ciudadanía lega en torno al merecimiento de determinados delitos ha entendido que

150 *Ibid.*, p. 474.

151 ROBINSON ha evidenciado a través de distintos trabajos las dificultades operativas de la disuasión. Así, indica que son tres los requisitos que requiere la disuasión para poder funcionar y que en la práctica no se dan. (ROBINSON, P. H., «¿Una tregua en la guerra de los principios distributivos? Merecimiento empírico, credibilidad moral y la interiorización de las normas sociales» (Traducción de Ana B. GÓMEZ BELVÍS), en MIRÓ LLINARES, F., FUENTES OSORIO, J. L. (Dirs.), y GÓMEZ BELLVÍS, A. B. (Coord.)., *El Derecho penal ante «lo empírico». Sobre el acercamiento del Derecho penal y la Política Criminal a la realidad empírica,* Marcial Pons, Madrid, 2021). Si bien es cierto, que ROBINSON ha sido criticado con respecto a este extremo. Véase el capítulo «The difficulties of deterrence as a distributive principle» y las críticas de varios autores al texto del autor en ROBINSON, P. H., GARVEY, S. P., y KESSLER FERZAN, K. (Eds.), *Criminal Law Conversations,* Oxford University Press, 2011.

152 ROBINSON, P. H., *Intuitions of Justice and the Utility of Desert,* Oxford University Press, 2013.

este autor fácilmente puede ser considerado un retribucionista[153]. Sin embargo, no coincido con ello en la medida en que para Robinson el merecimiento que atribuye la ciudadanía a los sujetos responsables por determinados hechos es importante en tanto en cuanto éste puede servir (y de hecho sirve) para prevenir el delito[154].

Como se ha visto, si bien estas teorías no olvidan el plano comunicacional y expresivo como elemento esencial de la pena, añaden el objetivo socialmente deseable que consiste en que la misma sirva a la prevención, y ya no como un efecto contingente de la comunicación sino como objetivo a conseguir casi principalmente. Asimismo, en relación con las dos últimas propuestas, no solamente se indica un objetivo de la pena como es la prevención de conductas disvaliosas, sino que además se fundamenta tal objetivo en lo que los datos empíricos han mostrado sobre el funcionamiento del castigo, forma de proceder que no está presente en las anteriores posturas y que, precisamente por utilizar la realidad medida empíricamente en sus planteamientos, hacen que estos adquieran cierta robustez.

---

[153] Herrera Moreno, M., «Nuevo naturalismo punitivo: aspectos de controversia en torno a los discursos penales de base evolucionaria», en *Revista Electrónica de Ciencia Penal y Criminología*, RECPC 20-09, 2018.

[154] Y, al respecto, no es necesario indagar en una interpretación del autor puesto que él mismo así lo ha manifestado: «los retribucionistas tampoco pueden reclamar la victoria porque la distribución del merecimiento en la que se confía no es la del merecimiento deontológico elaborado por los filósofos morales. Por el contrario, es la distribución del merecimiento empírico elaborada por el estudio por parte de los psicólogos sociales sobre la gente común y se justifica por su eficacia en el control de la delincuencia, y no por una noción trascendente del merecimiento justo como valor en sí mismo» (Robinson, P. H., «¿Una tregua en la guerra…», *ob. cit.*, p. 45). En el mismo sentido, Miró Llinares, F., «La función…», *ob. cit.*; Miró Llinares F., «La salud del debate…», *ob. cit.*

Pero también tendrán que hacer frente a las preguntas sobre por qué tales objetivos de prevención cabe conseguirlos con la pena, en concreto, la pena de prisión y, por otro lado, qué es lo que va a limitar esa pena[155], a lo que, además, habría que añadir las críticas que se le han ido realizando a las teorías de la prevención general positiva como, por ejemplo, la que se refiere la subordinación del individuo a la norma, en este caso a la norma social dominante.

4. A BENEFICIO DE INVENTARIO

A partir de aquí y con lo que respecta a nuestra doctrina y el debate sobre las teorías de la pena, es habitual expresar que el mismo se ha convertido en ocioso y lleva décadas enconado[156]. Pudiera pensarse, en primer lugar, que la tradicional clasificación entre teorías absolutas y relativas suponía en sí misma un obstáculo y un etiquetamiento demasiado encorsetado como para permitir posicionamientos diferentes a los previos. Asimismo, se podría pensar que la literatura angloamericana ha tenido más libertad, o menos prejuicios, a la hora de proponer diferentes teorías de la pena. Por todo ello, podría parecer que las teorías expresivas y comunicativas habían venido a «solucionar» la discusión al mirar la pena desde otro ángulo. Sin embargo, como se ha analizado anteriormente, los elementos sobre los que se justifica la pena no terminan de diferir demasiado de los elementos normativos nucleares del debate clásico, especialmente en cuanto a los problemas identificados, por lo que resulta difícil afirmar que, en realidad, esos nuevos posicionamientos o debate «moderno» no puedan incluso encuadrarse,

---

155 Véase RODRÍGUEZ HORCAJO, D., *Comportamiento…, ob. cit.*

156 MOLINA FERNÁNDEZ, F., *Prólogo*, en RODRÍGUEZ HORCAJO, D., *Comportamiento humano y pena estatal: disuasión, cooperación y equidad*, Marcial Pons, Madrid, 2016.

si se quisiera, en la clasificación tradicional[157] con la que se ha venido trabajando en la doctrina continental. Ahora bien, parece importante resaltar un aspecto «novedoso» con respecto a los posicionamientos consecuencialistas tradicionales que habría venido de la mano de las propuestas angloamericanas, tal y como las hemos visto *ut supra* en posturas como las de Kahan o Robinson. No es que éstos, hayan aportado nuevos elementos normativos al debate, que en realidad ya existían o se podían encontrar en otros autores[158], sino que han incorporado los conocimientos procedentes de otras ramas del conocimiento, especialmente de las ciencias sociales, al debate sobre las teorías de la pena para, por un lado, entender realmente los efectos que produce la pena en la

---

157 Miró Llinares, F., «La salud del debate...», *ob. cit.*, pp. 43-44. En este mismo sentido, con un lenguaje irónico Bilz y Darley explican que el estudio sobre el castigo al final, con independencia de cómo se le denomine, acaba cayendo en dos campos: el de los consecuencialistas que fundamentan el castigo en la necesidad de conseguir algún objetivo, y el de los retribucionistas, que consideran que el castigo es un bien en sí mismo. Y señalan: «Si usted está en cualquiera de estos campos (y la sabiduría común insiste en que debe estarlo), entonces está en una muy buena compañía, tanto antigua como moderna» (Bilz, K., y Darley, J. M., «What's Wrong with Harmless Theories of Punishment», en *Chicago Kent Law Review*, vol. 79, 2004, p. 1215).

158 Así, Rodríguez Horcajo, D., *Comportamiento...*, *ob. cit.*, p. 85, pone de manifiesto, tras un análisis de las distintas teorías de la pena tanto en el ámbito continental como en el anglosajón, que «tanto la doctrina continental como la anglo norteamericana, que comparten, en el mejor de los casos, fuentes históricas comunes, pero que se insertan en tradiciones jurídicas considerablemente divergentes, han llegado a soluciones relativamente similares sin que ello se deba a un análisis recíproco de las distintas posturas, lo que parece indicar que los pasos avanzados en este campo no han sido totalmente equivocados y que nos encontramos en la senda de dar una solución más o menos definitiva a este problema».

realidad; y, por otro, establecer una función de la pena lo más cercana posible a la misma o, como mínimo, conocer qué objetivos de la práctica de penar deben abandonarse por resultar irracionales en la medida en que sean imposibles[159]. En nuestro panorama doctrinal, aunque incipiente, también se ha empezado a notar esta tendencia en nuevas proposiciones sobre la teoría de la pena. Me refiero a propuestas como la de RODRÍGUEZ HORCAJO[160] y su justificación (puramente) consecuencialista de la pena o a la de MIRÓ LLINARES y su triple función confirmatoria de la pena[161]. Estas posiciones suponen, si no quiere calificarse de «avance», al menos, una perspectiva distinta de abordaje de los fines y la justificación del castigo a como tradicionalmente se había venido haciendo. Ese abordaje distinto, radica en que estas posiciones, en lugar de proponer teorías abstractas, recogen la información empírica sobre qué efectos tiene el castigo y cómo funciona en realidad la pena para posteriormente proponer una teoría lo más ajustada posible a ese funcionamiento, a la vez que proponen límites normativos para evitar excesos punitivos. Pese a lo anterior, cabe decir que esta forma de proceder puede hacer saltar, como normalmente lo hace, dos alarmas: la de la falacia naturalista[162] y la de la confusión entre la explicación del castigo y la justificación de este[163]. En relación con ello, en la dogmática se suele señalar que hay que diferenciar entre el «ser» y el «deber ser» para no caer en el error lógico de la falacia naturalista. Para DEMETRIO CRESPO, por ejemplo,

---

159 PAREDES CASTAÑÓN J. M., «Recensión a Daniel Rodríguez Horcajo: Comportamiento humano y pena estatal: disuasión, cooperación y equidad, Marcial Pons, Madrid, 2015, 350 págs.», en *Revista de Derecho Penal y Criminología,* núm. 21, 2019.

160 Ibid.

161 MIRÓ LLINARES, F., «La función de la pena...», *ob. cit.*

162 FERRAJOLI, L., *Derecho y razón,* Trotta, Madrid, 1995, p. 325.

163 RODRÍGUEZ HORCAJO, D., *Comportamiento...*, *ob. cit.*

> [...] el problema de los fines de la pena, como el más amplio de los fines del Derecho Penal en general, puede hacerse en dos niveles fundamentales de razonamiento totalmente distintos y que conviene aclarar desde el principio: el nivel del "ser", que corresponderá a los análisis empíricos sobre las funciones sociales que el Derecho Penal cumple realmente, y el nivel del "deber ser", es decir, el análisis de los fines de la pena y del Derecho penal que deben cumplir a la luz del derecho positivo y los principios que lo informan[164].

Asimismo, añade el autor que en la medida de lo posible es algo positivo que ambos planos coincidan, ello sería bueno en virtud de una mayor coherencia y racionalidad del sistema penal. Pero diera la sensación de que, aunque se reconoce que es deseable que ambos planos estén alineados, a poco que se trate de integrar el conocimiento empírico sobre los efectos de la sanción penal en la teoría sobre la pena, salta la luz roja de la «posible» falacia lógica. Por ello, quizás es más habitual encontrar teorías abstractas sobre la función de la pena, propias del plano del «deber ser», incluso a sabiendas de que posiblemente en el otro plano los mecanismos no funcionen como se explica que «debieran» funcionar. Quizá se supone que esto es lo que en el ámbito del Derecho penal y la dogmática es lo que hay que hacer, ocuparnos de ese plano, ya que lo que nos pueda aportar el conocimiento científico de tales efectos, si lo integramos, podría resultar en una teoría falaz[165]. Esto, sin embargo, también podría dar lugar a lo que se ha denominado

---

164 DEMETRIO CRESPO, E., *Prevención general e individualización judicial de la pena*, BdF, Buenos Aires, 2016, p. 43-44

165 Por ello, a juicio de MIRÓ LLINARES, el malentendido que hay con respecto a la falacia naturalista no es en torno a lo que ella significa o implica, sino más bien con respeto a su alcance (MIRÓ LLINARES, F., «Hechos en tierra de normas: una introducción epistemológica a la relevancia de la realidad fáctica en el Derecho penal», en SUÁREZ LÓPEZ, J. M., BARQUÍN SANZ, J., BENÍTEZ ORTÚZAR, I. F., JIMÉNEZ DÍAZ, M. J., SÁINZ CANTERO CAPARRÓS, J. E. (COORDS.),

la falacia normativista[166]. No procede entrar aquí a exponer el debate sobre la falacia naturalista[167] y su contraria, pero baste

---

Estudios Jurídico Penales y Criminológicos en Homenaje al prof. Dr. Dr. H. C. Mult. Lorenzo Morillas Cueva, Dykinson, Madrid, 2018).

166 Así, Molina Fernández, F., «Justicia penal y pensamiento científico», en *RJUAM,* núm. 23, 2011: «Todavía hoy es muy mayoritaria entre los juristas la, no por extendida menos discutible tesis de la especificidad, en un sentido fuerte, de lo normativo. Por sentido fuerte puede entenderse no la (trivialmente correcta) afirmación de que el mundo del Derecho es un mundo de normas, y por ello relativo a lo que debe ser, sino de que este deber ser no puede derivarse del ser sin incurrir en una supuesta falacia naturalista. Claro está que no se aclara a continuación de dónde debería entonces derivarse, sin apelar a la metafísica o incurrir en circularidad, pero eso no parece ser un obstáculo para las teorías normativas más radicales. Que a estas alturas se siga poniendo en duda la ciencia -toda ella, también la que se dedica a investigar cómo deben ser las cosas-, tiene que ver con la realidad y solo con la realidad, es una primera quiebra en la aceptación del método científico, imputable en este caso a los juristas». Por su parte, Zúñiga, L., «Dogmática funcionalista y política criminal: una propuesta fundada en los Derechos Humanos», en *Derecho,* núm. 81, 2018: «la dogmática no puede aceptar acríticamente las proposiciones que le plantea la política criminal porque caería en la *falacia naturalista*: "el ser" sería considerado "deber ser". Pero tampoco puede la dogmática plantear soluciones sin atender a la política criminal porque caería en la *falacia normativista*: "deber ser" como "el ser". En el primer caso, sería una propuesta sociologista y en el segundo, idealista. Así, por ejemplo, no podría darse una criminalización ni un aumento de penas porque lo piden las encuestas, porque le faltaría ser tamizada por el componente normativo de los principios y categorías penales. Mientras que en un supuesto idealista sería seguir manteniendo posturas que no corresponde con la realidad, como sería admitir la resocialización en todos los casos, cuando hay supuestos en que esta no es posible».

167 Véase por ejemplo Hoerster, N., *Problemas de ética normativa,* Distribuciones Fontamara, México, 2009.

con apuntar que ya desde SEARLE[168] se han esbozado distintas estrategias para no caer en la primera. Así, si bien es cierto que el que derive enunciados valorativos *únicamente* a partir de enunciados descriptivos cae inevitablemente en esta falacia, también lo es que, en muchas ocasiones, si se «araña» un poco, cabe ver que entre esos enunciados descriptivos desde los que se parte también hay enunciados valorativos o de «deber ser», por lo que, a partir de esa identificación, el razonamiento se vuelve formalmente válido[169], cancelando ese supuesto error lógico.

---

168 SEARLE, J., *Actos de habla: ensayo filosófico de filosofía del lenguaje,* Cátedra, Madrid, 1990.

169 Así lo explica con claridad VALIENTE IVÁÑEZ, V., «El cruce de caminos entre la filosofía moral experimental y el estudio del Derecho penal. Una primera aproximación al problema», en MIRÓ LLINARES, F., FUENTES OSORIO, J. L. (DIRS.), GÓMEZ-BELLVÍS, A. B. (COORD.), *El Derecho penal ante "lo empírico". Sobre el acercamiento del Derecho penal y la Política Criminal a la realidad empírica,* Marcial Pons, Madrid, 2021, p. 160: «Esta objeción debe ser atendida no solo por los planteamientos que sugieren el estudio del Derecho desde una perspectiva empíricamente informada, sino también por todo aquel desde el que se pretenda argumentar y conocer en un ámbito normativo. Sin embargo, ello no debiera servir como pretexto para que el ámbito de lo normativo diese la espalda al ámbito de lo empírico, pues «lo que somos no puede ser irrelevante para lo que debemos ser». Además, son numerosas las estrategias que se han ideado para evitar o desmitificar la falacia naturalista. En este último sentido cabe entender la noción de «falacia de la falacia naturalista», célebremente propuesta por Searle y según la cual en ocasiones constituye una falacia la acusación de que «es lógicamente imposible que algún conjunto de enunciados del género usualmente llamado descriptivo entrañe un enunciado del género usualmente llamado evaluativo». Muy brevemente, la idea es que enunciados que son claramente casos que los teóricos en cuestión considerarían «descriptivos» entrañan, si uno repara en ellos con mayor detalle, enunciados que son claramente casos de lo que los teóricos en cuestión

Por otro lado, y en cuanto a la confusión entre explicación y justificación, estoy de acuerdo con RODRÍGUEZ HORCAJO en que ello no es una barrera infranqueable. En su opinión:

> [...] aunque tradicionalmente se haya pretendido separar la explicación y la justificación de la pena, resulta llamativo que la mayoría de las teorías de la pena acaben considerando como criterio de justificación cuestiones que tienen que ver con el funcionamiento de la pena, de tal manera que ni ahora quedan entremezclados estos dos estadios, ni antes estuvieron tan separados. Lo cierto es que ni mezclados ni separados, los momentos de la explicación y la justificación están irremediablemente unidos sin poderse distinguir nítidamente dónde termina uno y empieza el otro, sin tener demasiado sentido establecer una distinción tajante entre ambos[170]

En definitiva, que en la doctrina a veces se confundan ambos planos no es justificación suficiente para establecer que la separación entre ellos no sea relevante, pero sí lo es que, como asume también el autor, si se acepta o se parte de que la pena está justificada, es decir, está establecida la finalidad última de la misma, también lo estarán los fines instrumentales para su consecución, sin que ello implique dejar de lado los correspondientes límites valorativos[171].

---

considerarían evaluativos». Igualmente lo explican AGUIAR, F., GAITÁN, A., y VICIANA, H., *Una introducción a la ética experimental*, Cátedra, Madrid, 2020.

170 RODRÍGUEZ HORCAJO, D., *Comportamiento...*, *ob. cit.*

171 RODRÍGUEZ HORCAJO, D., *Comportamiento...*, *ob. cit.*

Capítulo II

La racionalidad instrumental del derecho penal y la pena

1. EL DERECHO PENAL ORIENTADO A LAS CONSECUENCIAS Y SU ESENCIA INSTRUMENTAL

Como se señalaba en el anterior capítulo, es habitual tildar al debate sobre las teorías de la pena de ocioso en la medida que, a pesar de los intentos por formular teorías que traten de superar los problemas, esencialmente normativos, de las precedentes no parece que se dé con una solución definitiva, dando la sensación al lector interesado en la cuestión de una circularidad inacabable. No obstante, sería injusto no reconocer un cierto avance en lo que a la consideración de los efectos o consecuencias de la pena medidas empíricamente se refiere[172], bien para reformular posturas, bien para determinar el alcance real (cómo de acertadas son) de las hipótesis que tradicionalmente asumen las teorías de la pena que parten de

---

172 MIRÓ LLINARES, en una revisión sistemática sobre las publicaciones en torno a la función de la pena, mostró que aunque todavía es incipiente, «el esquema tradicional de división entre teorías absolutas y relativas está ya superado; la terminología clásica está claramente en revisión; y aparecen nuevos métodos usados para la reflexión, habiendo pasado de despreciar el marco de comprensión empírica de la pena y su aplicación en relación con el debate sobre su función y justificación, a comenzar a tenerlo en cuenta, bien como fundamento esencial o bien como apoyo argumental secundario» (MIRÓ LLINARES, F., «La salud...», *ob. cit.*, p. 67).

presupuestos fácticos (i.e. la prevención general negativa intimidatoria[173] o aspectos de la prevención general positiva). Se apuntaba anteriormente que los nuevos planteamientos parten de la necesidad de acercar el debate lo máximo posible a la realidad. De entender los mecanismos que operan entre el ser humano y la pena con el objetivo último de formular una teoría que sea acorde o se acerque a la máxima capacidad preventiva posible o, si se prefiere, para «determinar los límites de lo que es posible alcanzar a través de la conminación con penas» y no exigir funciones a una teoría de la pena que sean imposibles[174]. Estos planteamientos tienen a su vez como premisa de base la orientación a las consecuencias del Derecho penal, esto es, el entendimiento de que el Derecho penal sirve a fines que son beneficiosos para la protección de la sociedad y sirve como un medio de control social del que dispone el Estado para mantener el delito dentro de unos límites tolerables[175]. Siguiendo el argumento, si entendemos que el Derecho penal debe estar orientado a las consecuencias[176], ello implica, por

---

173 MIRÓ LLINARES, F., y BAUTISTA ORTUÑO, R., «¿Por qué cumplimos las normas penales? Sobre la disuasión en materia de seguridad vial», en *Indret*, núm. 4, 2013; MIRÓ LLINARES, F., «La función de la pena...», *ob. cit.*

174 PAREDES CASTAÑÓN, J. M., «Recensión a Daniel Rodríguez Horcajo...», *ob. cit.*, p. 381

175 MIRÓ LLINARES, F., y GÓMEZ BELLVÍS, A. B., «Capítulo 1: Aproximación a la política criminal y las instituciones del control del delito en España», en MEDINA ARIZA, J. (Coord.), *Instituciones de control del delito*, Dykinson, Madrid, 2022.

176 Cuando se hace referencia al Derecho penal orientado a las consecuencias se está haciendo referencia a tener en cuenta el impacto o repercusión que las instituciones, conceptos y principios del Derecho penal tendrán en la realidad social, esto es, tener en cuenta la «aptitud funcional» que tienen las instituciones para resolver problemas (BORJA JIMÉNEZ, E., "Sobre el concepto de política criminal. Una aproximación a su significado desde la

un lado, que debemos rechazar la justificación de la pena en los términos expuestos por una teoría absoluta y, por otro, que los mecanismos por medio de los cuales se puede averiguar el alcance motivador o directivo de la norma penal nos deben importar, y esto último pasa inexcusablemente por atender a los datos empíricos[177].

O lo que es lo mismo, que el Derecho penal tenga como objetivo la noble finalidad de la protección de los bienes jurídicos o de los intereses sociales más relevantes implica que la finalidad, en todo o en parte, de la pena debe adecuarse a la prevención de conductas disvaliosas[178]. Y ello nos hace atender a la realidad también para analizar la función de la pena y sus efectos[179], especialmente ahora que las ciencias sociales están lo suficientemente desarrolladas como para ofrecernos algunas respuestas a las hipótesis sobre la función de la pena

---

obra de Claus Roxin", en *ADPCP*, vol. LVI, 2003). En este sentido, debemos tener en cuenta que el consecuencialismo es aquella corriente de las teorías de lo correcto de conformidad con la cual, una vez determinados los valores de los sujetos o una institución, las acciones o respuestas a tales valores deben ir dirigidos a su fomento (Pettit, P., «El consecuencialismo», en *Compendio de Ética*, Alianza, Madrid, 1995, pp. 324-326). En el ámbito del Derecho penal, entonces, una vez establecida la importancia de la protección de bienes jurídicos o intereses sociales relevantes, la pena debe orientarse a tal fin.

177 Alcácer Guirao, A., «Los fines del Derecho penal...», *ob. cit.*, p. 379.

178 Mir Puig, S., *Derecho penal...*, *ob. cit.;* Lascuraín Sánchez, J. A. (Coord.), *Manual de Introducción al Derecho Penal*, Agencia Estatal Boletín Oficial del Estado, Madrid, 2019; Morillas Cueva, L., *Sistema de Derecho Penal. Parte General*, Dykinson, 2018, entre otros.

179 Miró Llinares, F., «La función de la pena...», *ob. cit.*, pp. 30-31. Asimismo, Alcácer Guirao, R., «Facticidad y normatividad. Notas sobre la relación entre ciencias sociales y Derecho penal», en *ADPC*, vol. 52, 1999, p. 179.

que se han venido dando por sentadas[180]. En este sentido, posiblemente no haya terreno más fértil para la comprobación empírica de los elementos nucleares del Derecho penal como la relativa a cuál es la función que la pena cumple[181] en la realidad, a saber, la de la comprobación empírica de las hipótesis que se encuentran detrás de aquellas teorías que defienden la capacidad directiva de la norma penal[182].

Asentar lo anterior le podrá resultar al lector de este texto tan evidente, por repetitivo, que a penas merecería

---

180 PAREDES CASTAÑÓN, J. M., «Recensión a Daniel Rodríguez Horcajo...», *ob. cit.*, p. 379; GARCÍA-PABLOS DE MOLINA, A., *Introducción...*, *ob. cit.*, p. 324.

181 En este sentido, autores como MIRÓ LLINARES abogan por un paso empírico en la dogmática, poniendo de relieve la necesidad de atender a la realidad de forma ordenada a través del método científico. Si bien matiza que esto no significa defender automáticamente que todos los conceptos en Derecho penal deban someterse a la contrastación empírica, pero sí algunos de ellos (MIRÓ LLINARES, F., «Hechos en tierra de normas...», *ob. cit.*)

182 Para HÖRNLE, T., *Teorías de la pena...*, *ob. cit.*, ante la pregunta «¿cuál es el fin de las normas de las leyes penales?», indica que «es difícil poner en duda que las leyes penales están al servicio de un fin: se trata de un acto de comunicación [...] Las leyes penales deben expresar formal y públicamente valores esenciales de la comunidad y dar a los ciudadanos buenas razones para comportarse de una determinada manera. Con independencia de si se parte de la existencia de normas primarias de comportamiento, hay que partir de que, en todo caso, las normas de sanción deben operar dirigiendo el comportamiento». Igualmente, MIR PUIG, S., *Función de la pena...*, *ob. cit.*, p. 43-44: «En efecto el entendimiento de la pena como medio de prevención, al servicio de la protección efectiva de los ciudadanos, supone atribuir un significado directivo (en este sentido, "imperativo"), de la regulación social, a la norma jurídico-penal, asignándole la función de crear expectativas sociales que motiven a la colectividad en contra de la comisión de delitos»; MIR PUIG, S., «Límites...», *ob. cit.*, pp. 17-18.

dedicarle unas páginas a esta premisa. Si la mayoría de la dogmática y la doctrina coincidiría con este presupuesto, ¿por qué molestarse si quiera en evidenciarlo y repetirlo una vez más? En mi opinión, porque, aunque se dé por asumido, lo cierto es que se obvia o se olvida con cierta comodidad en el debate sobre la justificación de la pena que si las consecuencias (la prevención) son importantes y el Derecho penal debe atender a la mismas, éstas, salvo excepciones, ni se observan ni se integran en la discusión debate que sigue llevándose a cabo en términos conceptuales[183], relegando lo fáctico en demasiadas

---

[183] Como afirma Ortiz de Urbina Gimeno en relación con la escasa observación por parte de la dogmática del Análisis Económico del Derecho pero cuya crítica se puede hacer en general con respecto a la observación de la información proporcionada por las ciencias sociales empíricas: «como en tantas otras ocasiones, la proclamada apertura a las ciencias sociales de los juristas penales resulta no ser sino un expediente retórico sin consecuencias prácticas: a la hora de la verdad, el interés por entenderlas y evaluar el alcance de sus propuestas para el quehacer jurídico se quedan en nada, y el derecho penal continúa al margen de otras disciplinas. Una situación de aislamiento que, se nos dice, caracteriza a las disciplinas atrasadas» (Ortiz de Urbina Gimeno, I., «Análisis Económico del Derecho y Política Criminal», en *Revista de Derecho Penal y* Criminología, núm. 2, 2004, p. 34). Sobre este aislacionismo de la dogmática penal, véase en profundidad la crítica esgrimida por Miró Llinares, F., «Cientismo, dogmatismo y Derecho penal», en de Vicente Remesal, J., Díaz y García Conlledo, M., Paredes Castañón, J. M., Olaizola Nogales, I., Trapero Barreales, M. A., Roso Cañadillas, R., y Lombana Villalba, J. A. (Dirs.), *Libro Homenaje al Profesor Diego-Manuel Luzón Peña con motivo de su 70ª aniversario,* Reus, 2020. En un sentido igualmente crítico, Donini recuperando y coincidiendo con la crítica de Hassemer en este sentido: «Hassemer ha observado en diversas ocasiones que la dogmática orientada en sentido político-criminal a las consecuencias adolece de una *auténtica* orientación a las consecuencias, esto es, falta de sensibilidad respecto al banco de pruebas que constituye el saber empírico, la verificación. Si individualizamos "rationes", "fines", o bien, "funciones" de forma

ocasiones[184]. Como señala Ortiz de Urbina Gimeno contundentemente, la mayoría de la manualística en Derecho penal que parte de esta misma premisa y procede a la exposición sobre las teorías de la pena sigue tres pasos: en primer lugar, se describen, como se ha hecho aquí en la aproximación al debate clásico, las justificaciones retributivas que apelan al valor intrínseco de la imposición del castigo para posteriormente concluir por qué estas teorías son rechazables. En segundo lugar, se abordan las teorías preventivas, pero desde un punto de vista más conceptual a pesar de que son tesis eminentemente fácticas. En tercer lugar, el análisis termina con la exposición de las teorías mixtas. Sobre este particular, señala el autor que la situación es tan grave que:

> [...] ni siquiera se hace uso alguno de los numerosos textos que proporcionan útiles revisiones de la investigación en la materia [...] En lugar de ofrecer referencias criminológicas, la mayoría de los penalistas citan textos de otros penalistas, que

---

puramente idealista, teórico-abstracta o ideológica, se opera con valores, con fines, con el "debe ser" pero no se verifican nunca las auténticas funciones preventivas a la luz de investigaciones empíricas. Esta "prevención", sino está sujeta a verificación y a falsabilidad, no es más que un puro disfraz ideológico, una organización intelectual de lo que existe para que sea culturalmente aceptable» (Donini, M., «La relación entre derecho penal y política: método democrático y método científico» en Arroyo Zapatero, L., Neumann, U., y Nieto Martín, A. (Coords.), *Crítica y justificación del Derecho penal en el cambio de siglo*, Ediciones de la Universidad Castilla-La Mancha, Cuenca, 2003, p. 87).

184 A este respecto considera Miró LLinares que este acercamiento a la realidad, a los datos científicos que interesan al Derecho penal no se han realizado de una manera metodológicamente adecuada. Así, tanto la dogmática como los legisladores y responsables de la política criminal se habrían acercado a la realidad incurriendo en tres defectos: mediante observaciones asistemáticas, de segundo orden y con cierto atrincheramiento y sesgo cognitivo (Miró LLinares, F., «Hechos en tierra de normas...», *ob. cit.*, p. 460).

> a su vez citan mayormente textos de penalistas anteriores, algunos de los cuales recogen información criminológica de su época ya desfasada[185].

Si bien lo anterior parece una caricatura de lo que realmente es el debate sobre la justificación de la pena, resulta difícil encontrar actualmente un manual en Derecho penal que no siga

---

185 ORTIZ DE URBINA GIMENO, I., «¿Consecuencialismo sin consecuencias? ¿Deontología sin merecimiento? Acerca de algunas aporías de la teoría de la pena en el Derecho penal continental», en CARNEVALI RODRÍGUEZ, R. (COORD.), *Derecho, sanción y justicia penal*, BdeF, Buenos Aires, 2017, p. 421, nota a pie de página número 6. No obstante, parece que esto no es algo que únicamente suceda en los manuales de Derecho penal del ámbito continental. MEARES, KATYAL y KAHAN realizan una crítica similar cuando explican que: «Inundados por una doctrina tras otra, muchos estudiosos del derecho penal se contentan ahora con aceptar normas jurídicas técnicas en lugar de preguntarse si esas normas se ajustan a los conocimientos modernos sobre el comportamiento humano. En los últimos años se ha producido un enorme flujo de investigación en economía, psicología, sociología y otras disciplinas sobre cómo las instituciones, los incentivos y las normas afectan realmente al comportamiento. Esta investigación ha tenido un impacto significativo en los estudios de derecho penal. Sin embargo, no ha tenido casi ninguna repercusión en los libros de texto populares de derecho penal y, por tanto (sospechamos), casi ninguna en la formación de los abogados penalistas. La estrechez del derecho penal convencional es desafortunada. La implosión puede dar lugar a respuestas incompletas a antiguas cuestiones de derecho penal, y ha disuadido a los abogados penalistas de plantear preguntas que son habituales en otras áreas del derecho. Y lo que es más importante, el hecho de no abordar plenamente en el aula el tipo de cuestiones que se plantean en la doctrina contemporánea hace que nuestros estudiantes corran el riesgo de estar mal equipados para abordar las cuestiones apremiantes de la política criminal» (MEARES, T. L., KATYAL, N., y KAHAN, D. M., «Updating the Study of Punishment», en *Standford Law Review*, vol. 56, 2004, pp. 1171-1172).

este esquema y no caiga en las carencias que señala el autor. En resumidas cuentas, pese a que se asume que hay que atender a las consecuencias, la exposición del tema en estos términos cae en la contradicción que implica asumir un modelo de justificación consecuencialista y no tener en cuenta los datos empíricos sobre las propias consecuencias[186]. «Esto es: se indica el criterio que permitiría determinar si la pena está justificada, pero no se molesta en verificar si el criterio se cumple o no. En este extremo el modelo resulta incompleto»[187]. Esta falta de verificación generalizada en nuestra dogmática es lo que GARCÍA AMADO ha denominado «la paradoja básica de la dogmática penal» que reza como sigue:

> Al fundamentar la pena en sus efectos preventivos, pierde congruencia práctica, congruencia externa (si así se puede decir), congruencia entre fines y medios, ya que se desentiende grandemente del análisis de los efectos individuales y sociales de las sanciones. Ese desajuste entre proclamación de fines como fundamento del castigo penal y análisis de efectos para ver si las penas alcanzan o no los objetivos que las justifican, me parece que se debe ante todo al modo como la dogmática se cierra sobre sí misma, sobre sus conceptos internos y el puzle que componen, y a la desatención hacia los resultados de las ciencias empíricas que podrían proporcionarle los datos decisivos para la evaluación real de las políticas penales. Una vez que el dogmático penalista convencional o al uso ha proclamado que la razón de ser de la pena no está en la venganza ni en forma alguna de retribución, sino en alguna manera de prevención o en una combinación de varias, deja de prestar atención a qué penas y en qué delitos surten o

---

186 CANCIO MELIÁ, M., y ORTIZ DE URBINA GIMENO, I., «Introducción», en Robinson, P. H., *Principios distributivos del Derecho penal. A quién debe sancionarse y en qué medida*, Marcial Pons, Madrid, 2012.

187 ORTIZ DE URBINA GIMENO, I., «¿Consecuencialismo...», *ob. cit.*, p. 422? Igualmente, GARCÍA-PABLOS DE MOLINA, A., *Introducción...*, *ob. cit.*, p. 325.

> no un efecto preventivo mayor o menor, o a las razones empíricas de por qué unas veces las penas disuaden y otras no[188]

Puesto así de manifiesto, asumir un Derecho penal en clave consecuencialista[189], esto es, asumir su carácter instrumental pasa también por asumir la racionalidad instrumental de la pena. Hacerse cargo de lo primero y desatender lo segundo

---

188 GARCÍA AMADO, J. A., «Derecho penal y análisis económico del Derecho. ¿Vale la pena lo que cuesta?», en USCANGA BARRADAS, A., y REYES DÍAZ, C. H. (COORDS.), *Estduios contemporáneos de teoría y dogmática jurídica en Iberoamérica,* Universidad Nacional Autónoma de México, México, 2020, p. 20. Una crítica similar encontramos en GARRIDO, V., STANGELAND, P., y RENDONDO, S., *Principios de Criminología,* 2ª edición, Tirant lo Blanch, Valencia, 2001, p. 188: «Es sorprendente que la doctrina del derecho penal nunca haya intentado verificar sus postulados básicos, pero la verdad es que los pocos estudios que existen, los han realizado psicólogos, sociólogos y criminólogos, mientras que los penalistas, los jueces y los fiscales han circunscrito su actividad a crear, interpretar y aplicar las leyes, sin tomar en consideración qué efectos producen». A esta crítica contesta GARCÍA-PABLOS DE MOLINA, cuando expresa que «en efecto, la crítica desconoce que la Ciencia del Derecho, a pesar de su indiscutible aproximación a la realidad social, a los sistemas sociales y al mundo empírico durante los últimos lustros, no es ni puede ser una ciencia *empírica,* sino *normativa.* No corresponde, pues, a la misma la verificación empírica de la capacidad disuasoria real de la pena y sus variables, sino a otras disciplinas. Debiera -eso sí- interesarse por los resultados qué estas obtienen y reflexionar sobre los mismos, extrayendo las consecuencias» (GARCÍA-PABLOS DE MOLINA, A., *Introducción…, ob. cit.,* p. 327).

189 ORTIZ DE URBINA GIMENO, I., «¿Consecuencialismo…», *ob. cit.,* p. 473: «resulta sin embargo evidente que la justificación del Derecho penal con base en sus posibilidades preventivas es una justificación basada en las consecuencias (en concreto, en el hecho de que su intervención servirá para reducir la criminalidad futura) y, de tal modo, inevitablemente y en la medida en que sea preventivista, al mismo tiempo consecuencialista».

no resulta un planteamiento, valga la redundancia, consecuente. En este sentido, explica HÖRNLE que «al igual que ocurre con cualquier concepto orientado a las consecuencias, hay que aclarar si dicho concepto se basa en suposiciones acertadas sobre el comportamiento humano y si se producen efectivamente los efectos esperados»[190].

Pero además del interés que esto último pueda suponer para la discusión dogmática sobre la función de la pena, a mi juicio, la necesidad de atender efectivamente a la racionalidad instrumental de la pena tiene un valor añadido que va más allá de la cuestión sobre quién está mejor situado epistémicamente para establecer el fin preventivo de la pena en atención a los datos empíricos, o sin atender a los mismos[191], la cual ya es una cuestión de relevancia. A saber, la mejor disposición que la dogmática puede tener desde estas bases para la crítica a la legislación penal. Al respecto, una omisión deliberada de los efectos de la pena porque no se consideren relevantes para establecer su fin, ya que se argumenta que éste corresponde a una cuestión del *deber ser*[192]*, puede suponer dar un «cheque en blanco para la política criminal efectivamente llevada a cabo, que resultaría siempre justificada mediante la apelación a unos efectos cuya*

---

190 HÖRNLE, T., *Teorías de la pena…, ob. cit.*

191 APT, B. L., «Do we know how to punish?», en *New Criminal Law Review*, vol. 19, núm. 3, 2016.

192 SILVA SÁNCHEZ, J. M., *Aproximación…, ob. cit.*, que ante la crítica que HASSEMER arguye contra la teoría de la prevención general intimidatoria relacionada con respecto a la ilusión que supone entender al hombre como un *homo economicus*, el autor indica que «sin embargo, en todo caso, dejando aparte el nivel del *ser*, en el que cabe desde luego imaginar que las normas penales ejerzan primordialmente funciones distintas a la intimidatoria (aunque tampoco dudo de la existencia de ésta, en una medida por determinar), entiendo que en el nivel del *deber ser* las cosas no pueden ser muy distintas de lo que sostiene esta concepción de la prevención general negativa».

existencia, exigida por la teoría, en la realidad se presuponen, sin comprobarse»[193]. *En este sentido, coincido con Donini cuando explica que el principal reto que tiene la ciencia penal es el de cumplir con las promesas (consecuencialistas) del Derecho penal moderno, y ello implica necesariamente atender a las consecuencias reales de la intervención punitiva. Por este motivo, señala el autor que el penalista no solamente puede bastarse con instrumentos normativos, sino que debe observar también los empíricos. En su opinión, si el Derecho penal carece de saberes empíricos no podrá evitar ser un Derecho penal idealista y autopoiético*[194].

Por ello, y tomando en consideración todo lo anterior, en lo que sigue se tratará de poner de relieve qué es lo exigible desde la racionalidad instrumental, y también de dónde obtener el conocimiento para darle contenido a la misma en la medida en que estas cuestiones son relevantes por lo anteriormente expuesto. Sin embargo, antes de entrar en la cuestión conviene realizar una aclaración previa. El hilo conductor que atraviesa todo este capítulo es la necesidad de informar empíricamente tanto al debate de la justificación de la pena, para que los datos empíricos constituyan elementos de base para la argumentación en este ámbito, como también en lo que respecta a la necesidad de que la doctrina adquiera ese tipo de conocimiento empírico sobre el castigo para su importante labor de crítica

---

193 ORTIZ DE URBINA GIMENO, I., «¿Consecuencialismo…», *ob. cit.*, p. 425. En este sentido, destaca este déficit metodológico de la dogmática penal a la hora de abordar la legislación penal MIRÓ LLINARES, F., «Aproximación a la evaluación legislativa penal y a sus exigencias metodológicas», en ABEL SOUTO, M., BRAGE CENDÁN, S. B., MARTÍNEZ-BUJÁN PÉREZ, C., VÁZQUEZ-PORTOMEÑE SEIJAS, F., GUINARTE CABADA, G. (COORDS.), *Estudios penales en homenaje al profesor José Manuel Lorenzo Salgado*, Tirant lo Blanch, Valencia, 2021).

194 DONINI, M., *El Derecho Penal frente a los desafíos de la Modernidad. Estudios de Derecho Penal*, ARA Editores, Lima, 2010, p. 115-16.

hacia el legislador[195]. A tal efecto, este tipo de elementos difícilmente se pueden sistematizar o poner de manifiesto desde el propio debate sobre el castigo pues, como se ha explicado en el capítulo anterior, éste ha transcurrido normalmente en términos conceptuales, en la esfera del *deber ser* y apenas sin fricción fáctica; donde, reiteramos por su carácter crítico, o bien se ha ignorado el conocimiento sobre cómo opera en realidad la pena y sus elementos, o bien se ha considerado que éste no es relevante para establecer la justificación de la pena que «debe ser». Superar esta laguna, o al menos intentarlo, nos obliga a indagar aquellas explicaciones y conceptos que nos interesan en otros ámbitos de estudio como el de la teoría de la legislación o en la propia política criminal basada en la prueba empírica, más familiarizadas y cómodas con las epistemologías de corte empírico.

---

195 Así, RODRÍGUEZ HORCAJO, D., «Retribución...», *ob. cit.*, p. 88, explica con acierto que una adopción consecuencialista de la pena aporta herramientas mejores para, entre otras cuestiones, «orientar de la mejor manera posible una política pública como la política criminal». Con respecto a ello, el autor explica que «es cierto que con esto todavía no quedarían solucionadas las innumerables críticas que, por la ausencia de conocimientos empíricos suficientes, se han realizado a las teorías consecuencialistas. Si se quiere, no es (o no es solo) que las mismas lleven a un ordenamiento que no deseamos, sino que no sabríamos cómo llegar al que sí deseamos porque no conocemos realmente nada del funcionamiento de la pena. Frente a esto, y aun reconociendo que queda mucho camino por recorrer, creo que cabe hacer valer un doble argumento: lo naciente del estudio empírico de la pena (y del Derecho) no impide que comience a haber una base relativamente sólida sobre la que poder construir desde ya, y, por otra parte, dicho sustrato incipiente es algo que ya mejora el punto de partida del abordaje retribucionista de la pena, que no tiene una mínima realidad (por compleja que sea) que observar ni unos instrumentos determinados para proceder a ello» (p. 91).

2. ¿A QUÉ NOS COMPROMETE LA RACIONALIDAD INSTRUMENTAL?

Aunque la esencia instrumental del Derecho penal y la pena viene siendo aceptada[196] desde hace tiempo[197], el desarrollo más concreto[198] sobre a qué nos compromete la misma se debe principalmente al ámbito de estudio de lo que se ha llamado «teoría de la legislación»[199], algo que a nadie extrañaría puesto

---

196 O, quizás, dada por sentada, aunque no realmente asumida si entendemos que asumirla implica imbricar efectivamente los efectos de la sanción penal medidos empíricamente en el debate sobre la pena.

197 Alcácer Guirao, R., «Factividad y normatividad...», *ob. cit.*, p. 177.

198 En este sentido, se plantea Díez Ripollés si tiene sentido elaborar una nueva estructura conceptual en la medida en que en Derecho penal ya dispondríamos de teorías «como la del bien jurídico, la jurídica del delito y la de los fines de la pena, cuya solidez, en especial la de las dos últimas décadas, parece ofrecer expectativas de poder atender directamente a los problemas que nos preocupan. En resumidas cuentas, tales construcciones teóricas ya habrían llevado a término la tarea de plasmar el conjunto de racionalidades en el derecho penal» (Díez Ripollés, J. L., *La racionalidad de las leyes penales,* Trotta, Madrid, 2013, *ob. cit.*, p. 100). A esta pregunta responde, sin embargo, de forma afirmativa por dos razones principales: la primera tiene que ver con «la necesidad de liberar a la reflexión jurídico penal de las ataduras impuestas por las consecuencias del positivismo jurídico, y que le han impedido desarrollar todas sus potencialidades racionalizadoras [...] Eso explica que la legitimación del derecho penal se construya por la doctrina penal desde la *teoría de los fines de la pena*»; la segunda tiene que ver «con la siempre aplazada extensión de la racionalidad jurídico penal a los contenidos susceptibles de ser aportados por el conjunto de las ciencias sociales» (Díez Ripollés, J. L., *La racionalidad..., ob. cit.*, p. 101).

199 Nieto Martín, A., Muñoz de Morales Romero, M., y Becerra Muñoz, J. (Dirs.), *Hacia una evaluación racional de las leyes penales,* Marcial Pons, Madrid, 2016.

que este ámbito menos desarrollado en dogmática penal[200] trata de establecer los criterios racionales sobre los cuales poder determinar cuándo una legislación, en este caso penal, puede ser considerada racional[201]. Dicho de otro modo, se trata de un campo de estudio que ha elaborado toda una serie de criterios o de niveles de racionalidad a partir de los cuales se puede examinar sistemáticamente una determinada legislación y analizar si la misma está justificada racionalmente. Proporciona, por tanto, un instrumento realmente valioso para dos fines: el primero y fundamental, para poder guiar al legislador en la toma de decisiones antes de que éstas se adopten y, en segundo lugar, cuando éstas ya se han adoptado, supone un instrumento importante de crítica legislativa, convirtiéndose en un punto de referencia comparativo con la legislación penal finalmente adoptada. Resulta más natural encuadrar la idea de la racionalidad instrumental y su evaluación en un ámbito como el de la evaluación de las políticas públicas o de la política criminal, pues ésta se antoja como mucho más cercana a la realidad que el debate tradicionalmente ético y filosófico de la teoría de la pena; y de ahí que se pueda considerar que actualmente la evaluación de esa racionalidad instrumental también deba imprimirse en el debate sobre la función y justificación de la pena.

---

200 DÍEZ RIPOLLÉS, J. L., «Bien jurídico protegido en un Derecho penal garantista», en *Jueces para la democracia*, núm. 30, 1997, sobre la necesidad de una teoría de la legislación. Asimismo, BECERRA MUÑOZ, J., «La toma de decisiones legislativas penales», en *Revista Española de Derecho Constitucional*, núm.99, 2013, p. 129, cuando reconoce que el tema de la elaboración de la política criminal ha sido uno al que la doctrina penal no ha prestado mucha atención, supone el autor porque «la vertiente dogmática acapara todo el protagonismo en la formación del penalista».

201 NAVARRO FRÍAS, I., «Técnica legislativa y Derecho penal», en *Estudios Penales y Criminológicos*, vol. XXX, 2010.

En este sentido, en el presente apartado no se desarrollarán los distintos modelos de racionalidad legislativa o de la racionalidad de las leyes penales, puesto que excede con creces el propósito de esta investigación[202], pero sí parece oportuno traer a colación dos de los modelos maximalistas de racionalidad de las decisiones legislativas penales en los que se tienen en cuenta las consecuencias empíricas y que han tenido un notable impacto en el ámbito del que nos ocupamos ahora. Ello nos permitirá analizar primero en qué situación o nivel se sitúa a la racionalidad instrumental y, segundo, qué demanda esa racionalidad instrumental de la pena.

2.1. La racionalidad instrumental

Uno de los modelos de racionalidad legislativa penal al que nos referíamos *supra* es el elaborado por Díez Ripollés en varias de sus publicaciones previas[203], pero que consolida especialmente en su obra *La racionalidad de las leyes penales.* Este autor, partiendo del modelo de Atienza[204] establece

---

202 Véase Becerra Muñoz, J., *La toma de decisiones en política criminal: bases para un análisis multidisciplinar,* Tirant lo Blanch, Valencia 2013; Nieto Martín, A., Muñoz de Morales Romero, M., y Becerra Muñoz, J. (Dirs.), *Hacia una evaluación racional..., ob. cit.,* Díez Ripollés, J. L., *La racionalidad..., ob. cit.*; Corral Maraver, N., *Racionalidad legislativa y elaboración del Derecho penal en la Unión Europea,* Tirant lo Blanch, Valencia, 2020, entre otros.

203 E.g., Díez Ripollés, J. L., «Exigencias sociales y política criminal», en *Claves de Razón Práctica,* núm. 85, 1998; Díez Ripollés, J. L., «Un modelo dinámico de legislación penal», en Díez Ripollés, J. L., Robemo Casabona, C. M., Gracia Martín, L., higuera Guimerá, J. F. (Eds.), *La ciencia del Derecho penal ante el nuevo siglo. Libro Homenaje al profesor don José Cerexo* Mir, Tecnos, 2002; Díez Ripollés, J. L., «Presupuestos de un modelo racional de la legislación penal», en *Doxa: Cuadernos de Filosofía del Derecho,* núm. 24, 2001.

204 Atienza, M., *Contribución a una teoría de la legislación,* Civitas, 1997. Si bien, Díez Ripollés propone hacer el análisis de las racionalidades

cinco niveles de racionalidad: a) racionalidad ética, racionalidad teleológica, racionalidad pragmática, racionalidad jurídico-formal y racionalidad lingüística. Veamos en detalle cada una de ellas.

Por lo que se refiere a la racionalidad ética, que se encuentra en la cúspide de los cinco niveles de racionalidad, una ley será irracional si no es conforme a esos principios éticos previamente determinados. Así, dentro de este nivel de racionalidad el autor establece tres principios que se deben tener en cuenta y guían las «tres decisiones político criminales básicas que fundamentan el derecho penal»[205]: a) *principios de la protección* que guiarán el establecimiento de los contenidos de esa tutela penal. Estos principios son el de lesividad, esencialidad o fragmentariedad, interés público y correspondencia con la realidad; b) *principios de la responsabilidad*, en los que regirán los principios de certeza o seguridad jurídica; el de la responsabilidad por el hecho; el de imputación, el de reprochabilidad o culpabilidad, y el de jurisdiccionalidad; c) *Principios de la sanción*, entre los cuales se deberá respetar el principio de humanidad de las penas, el principio teleológico o de los fines de la pena, el principio de proporcionalidad de las penas y el principio del monopolio punitivo estatal. Pero a la racionalidad ética también le corresponde lo que el autor denomina el criterio democrático, esto es, «el criterio que, una vez aseguradas con los principios estructurales las referencias

---

de modo inverso al de ATIENZA, entendiendo que «si lo que queremos establecer un procedimiento racional de elaboración de leyes, y no simplemente uno instrumental de análisis racional de leyes ya existentes, la racionalidad ética marcaría el ámbito de juego de las restantes racionalidades, la teleológica establecería los objetivos a satisfacer dentro de ese marco, y las restantes se sucederían en un orden de proyección decreciente de instrumentalidad» (DÍEZ RIPOLLÉS, J. L., *La racionalidad...*, *ob. cit.*, p. 91).

205 *Ibid.*, p. 136.

éticas, va a permitir legitimar decisiones concretas controvertidas en las subsiguientes racionalidades o en la interrelación entre ellas»[206].

Al nivel de la racionalidad teleológica corresponde el debate sobre cuáles son los fines u objetivos que debe perseguir una norma penal. Una vez descubiertos los principios considerados mayoritariamente asumidos, en este nivel de racionalidad se trata «de sentar las bases para un discurso ético-político en el que, presupuestos los principios anteriores, se produzca una confrontación racional entre contenidos éticos de segundo orden, es decir, carentes de una aceptación libre de cualquier desacuerdo en la colectividad, e intereses particulares y grupos de presión de amplio espectro»[207]. Esa confrontación exigirá la búsqueda de compromisos y la utilización del criterio democrático. Fruto de este segundo nivel se podrá obtener el acuerdo ético-político alcanzado «sobre la importancia de lo protegido, la intensidad de la obediencia exigida, las repercusiones negativas derivadas de tal desobediencia y su interrelación»[208].

---

206 *Ibid.*, p. 93.

207 *Ibid.*, p. 94.

208 *Ibid.*, pp. 94-95. Crítico con el protagonismo que Díez Ripollés le da al principio democrático Silva Sánchez: «a diferencia de *Díez Ripollés*, me inclino por asignar un mayor peso al principialismo constitucionalista frente al legalismo de las mayorías. Como también me inclinaría por la búsqueda de modelos de racionalidad con capacidad de vigencia universal y no ceñidos a una sociedad dada en el espacio. En fin, y por lo mismo, intentaría hallar modelos de racionalidad vinculados a una concepción trascendente de lo justo y no inmanentes a un concreto sistema histórico de creencias compartidas (o incluso, en defecto de éstas, a las mayoritarias en dicho sistema» (Silva Sánchez, J. M., "Díez Ripollés, José Luís: *La racionalidad de las leyes penales*, Madrid (Trotta), 2003, 205 pp.", en *Revista de Derecho Penal y Criminología*, núm. 16, 2005, p. 388).

En tercer lugar, en el seno de la racionalidad pragmática se buscará compaginar o ajustar los objetivos determinados en la racionalidad teleológica y las posibilidades reales de intervención. En este nivel deben darse respuestas positivas a lo siguiente:

> [...] que el mandato o la prohibición sean susceptibles de ser *cumplidos*, satisfaciendo así la función de la norma como directiva de conducta. Que se va a estar en condiciones de reaccionar al incumplimiento del mandato o la prohibición mediante la *aplicación* coactiva de la ley, satisfaciendo así su función como expectativa normativa; [...] que el directo *cumplimiento* de la norma es presumible que produzca los efectos de tutela perseguidos. Que la *aplicación* contrafáctica de la norma va a producir indirectamente esos mismos efectos de tutela. Y que la *aplicación* de la norma se va a poder mantener dentro de la delimitación de la responsabilidad de la sanción[209].

Mientras que las dos primeras cuestiones se refieren a la efectividad de la norma, las otras se refieren a su eficacia. Finalmente, por lo que respecta a la racionalidad jurídico-formal, ésta exige la coherencia del sistema penal y, por último, la racionalidad lingüística exige que las leyes se formulen claramente para sus destinatarios. Por tanto, se podrá decir que una ley penal incurre en la irracionalidad ética cuando no atiende a los criterios o principios éticos que son incuestionados o cuando se renuncie al criterio democrático; será irracional desde el punto de vista teleológico cuando los objetivos de la ley no han sido acordados siguiendo el criterio democrático; será irracional desde la racionalidad pragmática cuando bien las leyes no sean susceptibles de ser cumplidas o bien cuando no logran los objetivos pretendidos; será irracional desde la perspectiva jurídico-formal cuando no sean consistentes o sean incoherentes con el sistema penal; y, finalmente, se incurrirá en una irracionalidad lingüística cuando

---

209 DÍEZ RIPOLLÉS, J. L., *La racionalidad...*, *ob. cit.*, p. 95.

la propia formulación dificulta o impide la comunicación de los contenidos a sus destinatarios[210].

2.2. La justificación instrumental

Otro de los modelos propuestos de racionalidad legislativa ha sido el elaborado por PAREDES CASTAÑÓN en su obra *La justificación de las leyes penales.* Este autor que desarrolla un modelo maximalista[211] de la racionalidad de las leyes penales elabora una serie de criterios desde la Teoría del Derecho que permitirían argumentar y justificar la racionalidad de una determinada ley penal. Para PAREDES CASTAÑÓN justificar significa «aportar razones suficientes -las más posibles- en favor de la conclusión de que, de entre todas las alternativas de decisión que estaban disponibles para el legislador (en un momento y lugar dados), la adoptada (dictar, en ese momento y en ese lugar, esa norma jurídica, con ese contenido prescriptivo) fue la

---

210 *Ibid.*, p. 106.

211 Como explica CORRAL MARAVER, N., *Racionalidad legislativa..., ob. cit.*, pp. 302-203 cabe diferenciar entre modelos de racionalidad que parten de posturas maximalistas o bien de posturas minimalistas. La diferencia entre ambos tipos de postura estriba en que mientras que en los enfoques minimalistas no se tienen en cuenta valores o fines a los que la norma debe aspirar a conseguir, puesto que «este enfoque parte de una postura de escepticismo o relativismo moral, que duda de que pueda desarrollarse una teoría completa de la legislación. Se parte de una posición escéptica en materia de razón práctica, ya que los juicios de valor no son cognoscibles a través de la ciencia ni, por tanto, son susceptibles de validación o falsación», las posturas que parten de un enfoque maximalista en cambio entienden que «existe una conexión entre razón práctica y legislación. Así, en la elaboración legislativa también deben considerarse los fines y valores en los que se basa la norma jurídica. Dicha postura parte de la confianza en que pueden ser justificados los juicios de valor y cree en la posibilidad de control racional de la actividad política».

más racional»[212]. En atención a lo anterior, el autor nos indica que hay cuatro sentidos diferentes en los que la justificación de las leyes penales puede (y añade el autor «debe») abordarse:

i. La justificación moral o de justicia, que supone la «justificación última (moral) de la racionalidad del contenido directivo de la ley»[213].

ii. La justificación jurídica o de validez que implica la «justificación de la compatibilidad del contenido directivo de la ley con el sistema jurídico al que pretende incorporarse»[214].

iii. La justificación política o de legitimidad, de conformidad con la cual se busca la justificación de la «adecuación del contenido directivo de la ley a la estructura social en la que ha de ser aplicada y a las bases del sistema político del que surge»[215].

iv. La justificación instrumental o de eficiencia y eficacia arreglo con la cual se busca la justificación «de los efectos del contenido directivo de la acción legislativa, en términos de costes y de resultados»[216].

A estos efectos, resulta importante resaltar la relevancia que le otorga el autor a la justificación moral o ética de las normas. Para Paredes Castañón las anteriores formas de justificación son en sí mismas preguntas independientes y, en consecuencia, también admiten respuestas independientes e

---

212 Paredes Castañon, J. M., «Vademécum del legislador racional y decente: noventa reglas para una buena praxis legislativa en materia penal», en *Revista Penal México*, núm. 7, 2015, p. 3.

213 Paredes Castañón, J. M., *La justificación…*, *ob. cit.*, p. 31.

214 *Ibidem.*

215 *Ibidem.*

216 *Ibidem.*

incluso pueden ser contradictorias: «así, podremos decir que el contenido directivo de una acción legislativa está justificado en un sentido (el moral, por ejemplo), mas no en otro (el puramente instrumental). Y la acción legislativa estará tanto más justificada cuantas más facetas de justificación queden cubiertas por la argumentación»[217]. Sin embargo, a este respecto añade que «no parece posible afirmar -en sentido estricto- que una acción legislativa está justificada si (cuanto menos) no puede decirse que su contenido directivo resulta moralmente justificado»[218]. En este sentido, «parece claro que, a la hora de legislar, las cuestiones de merecimiento de incriminación y de pena (justificación moral) habrán de tener siempre, *prima facie*, precedencia sobre la necesidad de incriminación y de pena (razón instrumental)»[219]. Llevándolo al ejemplo, el legislador podría decidir limitar el alcance de una prohibición sobre la que se pueden tener argumentos morales razonables si la razón instrumental mostrase que no es necesaria esa incriminación o sanción, pero por el contrario lo que no estaría justificado es aumentar la severidad de la pena más allá de la pena merecida con el objetivo de aumentar la eficacia preventiva de la prohibición.

Ahora bien, en aquellos supuestos en los que no existe ningún conflicto «entre la moralidad y el contenido directivo de la norma jurídico-penal» no puede darse por satisfecha la justificación atendiendo solamente a la justificación moral, la cual es condición necesaria pero no suficiente. Así, para PAREDES CASTAÑÓN «la plena racionalidad de la decisión de crear una norma prohibitiva y sancionadora sólo existe si, además de moralmente justificada [...] la norma resulta además máximamente racional desde el punto de vista de la racionalidad

---

217 *Ibidem.*

218 *Ibid.*, p. 32.

219 *Ibid.*, p. 340.

instrumental»[220]. Efectivamente, el autor parte de que, aunque aquel que mantenga un punto de vista estrictamente ético-normativo podría sostener «una teoría ética puramente deontologista, a tenor de la cual las consecuencias de las acciones resulten completamente irrelevantes»[221], a su juicio, no cree que sea razonable una teoría en este sentido:

> En efecto, una evaluación exclusivamente moral de la racionalidad de una acción legislativa parece poco prometedora, por dejar de lado cuestiones que, no obstante, son vistas -al menos, en nuestra cultura- como de importancia esencial para las funciones que el Derecho debe cumplir en la vida social[222].

Ciñéndonos a la justificación instrumental de las leyes penales, ésta se dará si se cumplen cinco condiciones en la norma penal[223] que serían reconducibles a dos: «realizabilidad y coherencia en los fines perseguidos (de protección del bien jurídico) e idoneidad técnica de los medios (prohibición de acciones, criterios de imputación de infracciones, contenido y criterios de imputación de la sanción) elegidos para lograr

---

220 *Ibidem.*

221 *Ibid.*, p. 32

222 *Ibidem.*

223 Estas serían: 1. «realizabilidad de los fines perseguidos a través de la acción»; 2. «compatibilidad de dichos fines, en el caso de que sean varios y distintos»; 3. «Conocimiento suficiente de los medios causalmente idóneos para la obtención de dichos fines»; 4. «Selección, de entre todos los medios disponibles (causalmente idóneos), de aquellos que *técnicamente* más adecuados, para ser aplicados a la obtención de los fines perseguidos»; y, 5. «finalmente, en el caso de que los distintos fines perseguidos no posean todos el mismo valor (habiendo, pues, algunos que son los 'fines últimos'), supeditación (a la hora de fijar las intenciones, así como ala de seleccionar los medios a emplear) de la obtención de los fines más inmediatos al objetivo -que ha de permanecer siempre predominante – de lograr los fines últimamente perseguidos» (*Ibid.*, 341).

aquellos»[224]. Dejando a un lado la racionalidad instrumental referida a la coherencia en los fines de protección del bien jurídico[225], por cuanto las cuestiones de racionalidad instrumental tienen en más ocasiones que ver con los medios y no con los fines, la racionalidad instrumental de los medios de actuación tiene que ver con la eficacia y la eficiencia de estos.

A tal respecto, para que una norma penal, una intervención del Derecho penal por parte del legislador, esté relacionada con la criminalización de conductas o con el aumento de la severidad de las ya tipificadas, esté justificada máximamente debe existir, además de una justificación moral, una justificación instrumental de la que se pueda decir que «la solución adoptada por el legislador era la más racional desde el punto de vista instrumental», es decir, que se trate de la «solución óptima desde el punto de vista técnico, de entre todas las posibles, a los problemas de qué conductas prohibir, en qué casos

---

224 *Ibidem.*

225 Respecto de esta condición expone Paredes Castañón que la racionalidad instrumental exige, por un lado, la factibilidad de los objetivos de protección del bien jurídico, terreno en el cual, por ejemplo, se rechazaría el Derecho penal simbólico; la factibilidad de los objetivos preventivos, entendiendo que la capacidad preventiva que se le asigne a la sanción (en su conminación, imposición y ejecución) debe efectivamente desempeñarlos. El autor reconoce aquí que «no hace falta que resalte el efecto corrosivo que una aplicación ajustada de estos criterios de racionalidad instrumental de las sanciones producirá sobre las praxis más usuales de nuestro sistema penal: de hecho, uno tiene la impresión de que -aun sin recurrir todavía a argumentos morales – sería posible poner en cuestión la justificación y la racionalidad de una buena parte del sistema de consecuencias jurídicas del delito de nuestro Derecho positiva». Sin embargo, para el autor «la carga de la argumentación ha de recaer siempre en quien defiende la racionalidad de una determinada sanción». Por otro lado, también sería necesaria la coherencia de los objetivos de protección (*Ibid.*, pp. 344-345).

imputar una infracción a dicha conducta y cómo sancionar tal infracción»[226]. Este nivel de racionalidad de los medios nos obliga, asimismo, a examinar la eficacia de la regulación. Se trataría de preguntarnos con respecto a la prohibición «¿cuántos supuestos de acciones subsumibles en la prohibición jurídica tienen lugar en la realidad?», y respecto de la sanción, «¿cuántos casos de conminación y/o aplicación de la sanción dan lugar al efecto (preventivo) perseguido?»[227]. Responder a estas preguntas exige necesariamente un análisis empírico, y si bien es posible una situación en la que se pudiera mantener una determinada norma cuya única justificación es la de índole moral, pero carecer de justificación instrumental, el autor indica que en estos casos la cuestión «debería plantearse en estos términos y no quedar oculto»[228]. Con esto último lo que garantizaríamos es la comprobación de la «relevancia práctica de la norma prohibitiva y sancionadora». A lo anterior, además, hay que añadir el análisis de la eficiencia. Una vez determinado el objetivo de proteger un determinado bien jurídico, ¿qué conductas es necesario prohibir? Una respuesta podría ser: todas. Sin embargo, como sostiene el autor, la cuestión no es tan sencilla ya que prohibir siempre implica costes más allá (y no menores) de los que suponen los costes moralmente relevantes (i.e. afectación a la libertad de los ciudadanos). Estos costes, a juicio de PAREDES CASTAÑÓN, son por lo menos dos:

> a) costes, en términos de recursos, de la actividad de hacer valer la prohibición; y b) costes de oportunidad, dado que la abstención de ciertas conductas impedirá siempre aprovechar ciertas oportunidades de actuación existentes (y que producirían ciertos beneficios, individuales y/o colectivos)[229].

---

226 *Ibid.*, pp. 351-352.

227 *Ibid.*, p. 352.

228 *Ibidem.*

229 *Ibid.*, p. 353.

En atención a estos últimos es necesario acudir al cuerpo de conocimientos empíricos en la materia, ante todo, dice el autor, «porque a través de este método de análisis es posible buscar confirmación (o falsación) empírica a las hipótesis acerca de las consecuencias (en costes y en beneficios) de una regulación dada»[230]. Algo que, como sigue el autor, es perfectamente posible hoy y sin embargo es ignorado por quienes se encargan de legislar, y a mi juicio también por una parte importante de la doctrina en la literatura sobre la justificación de la pena, tal y como se ha venido señalando en apartados anteriores.

2.3. Efectividad, eficacia y eficiencia

De lo anterior cabe concluir que las propuestas o modelos de racionalidad parten de la preeminencia de la racionalidad ética o de la justificación moral de las leyes penales. Hoy sería difícil sostener que puede sacrificarse la racionalidad ética o moral en favor únicamente de una justificación instrumental, aunque en atención a esta última pudiera sostenerse una capacidad preventiva elevada[231]. Sin embargo, no será este caso extremo con el que seguramente nos encontraremos en la realidad y, si acaso, el legislador encontraría límites insoslayables que le pondrían realmente difícil tomar una decisión penal vacía de justificación moral[232]. Así, pues, dando por sentada que la justificación moral de una determinada norma se da en algún grado, resulta un tanto incongruente que

---

230 *Ibid.*, p. 354.

231 En este sentido ALCÁCER GUIRAO, R., «Facticidad y normatividad...», *ob. cit.*, p. 184: «Como acertadamente suele afirmarse, frente a la exclusividad de la racionalidad instrumental (*Zweckrationalität*), la pena y el Derecho penal deben legitimarse también en relación con su conformidad con determinados valores».

232 GARCÍA AMADO, J. A., «Derecho penal...», *ob. cit.*

esa misma norma penal no se mida y se compruebe si está consiguiendo lo que se pretendía con ella. Y esto es lo que precisamente se critica al legislador constantemente[233]: que se base en premisas como la prevención intimidatoria y, sin embargo, no atienda a la realidad; que promulgue una norma o que incremente la severidad de una sanción bajo argumentos preventivos y que luego la deje en el vacío sin atender a si cumple o no con esos objetivos.

Pero de nuevo, esta crítica también se le puede hacer en el mismo sentido a la doctrina penal. Evidentemente, la doctrina no tiene ni en ningún momento se le presupone la misma responsabilidad que la que tiene un legislador, pero la primera estará en una posición débil para argüir la justificación de la pena que es posible si considera que los efectos que la pena tenga en la realidad son irrelevantes para ella. Y si la doctrina está en una mala posición en esos términos, difícilmente podrá criticar al legislador argumentando que los incrementos de severidad en los que normalmente suele incurrir no producirán los efectos preventivos que se espera y que, por tanto, esa toma de decisión es irracional desde el punto de vista instrumental, dificultándose así la tarea de indicar cuándo una norma penal que se pretende encuadrar en el marco teórico de la prevención general, por ejemplo, es irracional desde el punto de vista instrumental, entre muchas otra aportaciones que podría realizar sobre la mejor forma de intervenir sobre una disfunción social como la que generan las conductas disvaliosas para el Derecho penal.

Asentado lo anterior, y contestando a la pregunta sobre a qué nos compromete la racionalidad instrumental, la misma nos fuerza a mirar a la efectividad, eficacia y eficiencia de la

---

233 Sobre la ausencia de la evaluación en este sentido RODRÍGUEZ FERRÁNDEZ, S., *La evaluación de las leyes penales,* Dykinson, Madrid, 2016.

norma penal, la vigente o la que se pretenda adoptar[234]/[235]. A lo anterior, habría que agregar el elemento de la eficiencia, es decir, que la norma cumpla con lo anterior, pero a un coste razonable, que no solamente debe ser medido en términos económicos o de recursos, sino que en ese juicio también cabe la valoración de los costes en términos de restricción de libertad. Asimismo, cabe añadir que, como señala OSSADÓN WIDOW, la eficacia y la efectividad están íntimamente relacionadas, aunque conceptualmente se las pueda diferenciar:

> [...] la eficacia de una norma es condición necesaria, aunque no suficiente, de su efectividad. Porque los objetivos de una norma se consiguen, fundamentalmente, cuando ella induce a sus destinatarios a seguir el comportamiento exigido, y las consecuencias de ese comportamiento irrumpen en la realidad social con el logro efectivo de aquello que pretendía. Así, para que una norma sea efectiva tiene que ser eficaz, de forma que alcance su objetivo como resultado o (causal) de su eficacia[236].

---

234 OSSADÓN WIDOW, M. M., *La formulación de los tipos penales. Valoración crítica de los instrumentos de técnica legislativa*, Tesis doctoral, 2002, p. 361: «Esta íntima ligazón ha llevado a que, ambos términos -eficacia y efectividad- sean utilizados de modo indistinto. Más aún, no resulta extraño que la acepción de *eficacia* sea empleada en un sentido amplio, abarcando los dos fenómenos a que se ha hecho referencia. Así, por ejemplo, cuando se alude a la *eficacia preventiva* del Derecho penal, expresión que no parece incorrecta y que se encuentra ampliamente difundida entre los autores. Pero en sentido estricto, eficacia y efectividad son términos que aluden a fenómenos diversos. Incluso es posible encontrar normas eficaces que, sin embargo, no son efectivas, porque están mal diseñadas o no se han considerado convenientemente las consecuencias que pueden producir en la realidad».

235 RODRÍGUEZ FERRÁNDEZ, S., «Efectividad, eficacia y eficiencia de la ley penal», en *Política Criminal*, núm. 7, 2016, p. 140. Véase también RODRÍGUEZ FERRÁNDEZ, S., *La evaluación..., ob. cit.*

236 OSSADÓN WIDOW, M. M., *La formulación..., ob. cit.. 361*

Pese a lo anterior, la doctrina ha tendido a no observar términos o a menospreciar enfoques que vendrían a resaltar esto último, como el del análisis económico del Derecho, precisamente porque se entiende que este enfoque nos llevaría a un Derecho penal de la eficiencia que busca esta última a costa de sacrificar aspectos normativos totalmente irrenunciables. Esto es, el enfoque económico estaría más preocupado de conseguir el objetivo de reducir el crimen que de respetar límites como la proporcionalidad. Sin embargo, esto supone, como entiende ORTIZ DE URBINA GIMENO, un mal entendimiento del enfoque del análisis económico. Así, la eficiencia habría de entenderse en un sentido racional-instrumental. Al respecto, señala con acierto el autor que:

> No sólo el AED no conduce de forma irremediable a políticas criminales de signo draconiano, sino que también hay motivos para replantearse la denominación que se le ha dado al fenómeno detrás de la expresión "derecho penal orientado a la eficiencia: ¿a qué eficiencia? No desde luego a la eficiencia en alguno de sus sentidos económicos, y a no siendo así nos queda la eficiencia como parte de la razón práctica, la eficiencia en sentido racional-instrumental. En este sentido, sin embargo, la eficiencia es un predicado instrumental y no tiene sentido decir que un derecho se orienta a ella: el derecho se orientará a la consecución de ciertos valores/objetivos y pretenderá su eficiente consecución[237].

A modo de corolario, hablar de Derecho penal orientado a las consecuencias, asumir la razón instrumental de la pena, es entender también que «el análisis empírico va, entonces, indisolublemente unido a toda racionalidad utilitarista»[238]. Por ello es necesario obtener esta información de las ciencias sociales empíricas que están en disposición para contestar a las preguntas que se pueden plantear desde el Derecho penal en el ámbito que nos ocupa.

---

237 ORTIZ DE URBINA GIMENO, I., «Análisis Económico…», *ob. cit.*, p. 66.

238 ALCÁCER GUIRAO, R., «Factividad y normatividad…», *ob. cit.*, p. 179

3. EL PAPEL DE LAS METODOLOGÍAS CIENTÍFICO-SOCIALES

3.1. El enfoque basado en la prueba empírica

Este discurso sobre la necesidad de conocer los datos empíricos acerca de la función de la pena, sobre los efectos de las sanciones, en definitiva, de acompañar a la justificación preventiva de la pena de «sólidos conocimientos y buena teoría sobre causas y efectos, tanto en el plano de la psicología individual (si el eje se pone en la prevención especial) como en el plano de la psicología social y la sociología (si la mira se coloca en la prevención general)»[239], nos hace pasar por el resonado concepto de política criminal basada en la prueba empírica[240]

---

239 García Amado, J. A., «Derecho penal...», *ob. cit.*, p. 19-20

240 Aprovecho esta nota a pie de página para dejar constancia de una observación que me hizo el profesor Díez Ripollés sobre la obra y que gira en torno al término de «evidencia». Antes de revisar este manuscrito para su publicación, en lugar de utilizar el término «datos empíricos» / «prueba empírica», había empleado el término «evidencias» entendiendo inicialmente que estos conceptos eran sinónimos e intercambiables. Posiblemente, porque gran parte de las lecturas en las que se basó mi trabajo de investigación fueran en inglés y me resultaba la traducción más natural. Igualmente, porque hay autores españoles de la doctrina que también habían traducido el término «*evidence*» como «evidencia» sin mayores reparos. Sin embargo, creo que asiste razón a Díez Ripollés cuando me explicaba que no se trata de una buena traducción, puesto que «evidencia» en castellano hace referencia a algo que es obvio o incluso, en el ámbito procesal, puede hacer referencia a la prueba, mientras que el término «dato/s empírico/s» se adaptaba mejor a lo que se pretendía expresar. Creo ahora no solo que es más acertado el término «dato empírico» que el de «evidencia» por preciso, sino que además es más respetuoso con una lengua especialmente rica como es el castellano que en raras ocasiones necesita acudir a otras lenguas para conseguir transmitir un concepto.

o el *Evidence Based Policy* (*EBP*)[241] en su acepción angloamericana. El *EBP* es una corriente que vino a impulsar a finales de los 90 la necesidad de basar las decisiones en política penal (de prevención del crimen) en los mejores datos empíricos disponibles[242]. Dicho de otra forma: este movimiento aboga por la necesidad de tomar decisiones en materia de prevención del crimen basadas en lo que los estudios empíricos (la mejores disponibles[243]) nos indican[244] (*What Works*). Este enfoque fue impulsado por un grupo de conocidos profesores de la Universidad de Maryland[245], autores del célebre informe *Preventing Crime: What Works, What Doesn't, What's Promising*[246] *que surge*

---

241 PARKHURST, J., *The Politics of Evidence. From evidence-based policy to the good governance of evidence*, Routledge, London and New York, 2017; STRASSHEIM, H., «When does evidence-based policy turn into policy-based evidence? Configurations, contexts and mechanisms», en *Evidence & Policy*, vol. 10, núm. 2, 2014.

242 En realidad, este término enfoque y surge desde el ámbito de la medicina, pero se ha ido extendiendo a otros ámbitos de la política pública, entre los cuales se encuentra también la toma de decisiones en el sistema de justicia penal, tanto las que toman los legisladores como aquellas que toman los propios jueces y otros operadores como la policía (GARRETT, B., L., «Evidence-informed criminal justice», en *George Washington Law Review*, vol. 86, núm. 6, 2018)

243 DAVIES, P. T., "What is Evidence-Based Education?", en *British Journal of Educational Studies*, vol. 47, núm. 2, 1999.

244 Así, se entiende que «la política criminal debe ser racional y basarse en las mejores pruebas de investigación posibles» (WELSH, B. C., y FARRINGTON, D. P., «Evidence-based Crime Policy», *The Oxford Handbook of Crime and Criminal Justice*, 2012, p. 24).

245 MELENDO PARDOS, M., y LACRÚZ LÓPEZ, J. M., «Evidencia empírica y política criminal», en MELENDO PARDOS, M., CALLEJO GALLEGO, M. J., y LACRUZ LÓPEZ, J. M., *Apuntes de Política Criminal*, Dykinson, Madrid, 2019, p. 214.

246 SHERMAN, L. W., GOTTFREDSON, D. C., MACKENZIE, D. L., ECK, J., REUTER, P., y BUSHWAY, S. D., "Preventing Crime, What Works, What Doesn't, What's Promising", *National Institute of Justice*, Washington D. C., Julio 1998.

como consecuencia de la petición por parte del Congreso de los Estados Unidos al fiscal general para evaluar la efectividad de los programas de prevención del delito sobre los que se estaba invirtiendo una ingente cantidad de dinero[247]*, y que posteriormente actualizarían en su obra Evidence-Based Crime Prevention*[248]*. Más allá de las recomendaciones concretas que llevaron a cabo, lo realmente interesante es el enfoque y objetivo del mismo informe, que no es sino indicar al Congreso qué es lo que funciona en materia de prevención para que las decisiones puedan ir en esa dirección, mediante el análisis de los estudios empíricos disponibles. A tal respecto, afirman los autores del informe que,*

> [...] el arte de prevenir la delincuencia (como el arte de la medicina) puede ser evaluado y guiado por la ciencia de la medición de los efectos del programa. Las evaluaciones científicas de la prevención del delito tienen tanto limitaciones como puntos fuertes. La principal limitación es que el conocimiento científico es provisional, porque la precisión de las generalizaciones a todos los programas extraídas de una o incluso varias pruebas de programas específicos es siempre incierta. El principal punto fuerte de las evaluaciones científicas es que las reglas de la ciencia proporcionan una forma coherente y razonablemente objetiva de sacar conclusiones sobre la causa y el efecto[249].

Pero ¿qué debe entenderse por prueba empírica?, ¿cómo se determina ésta? Y, en materia de prevención, ¿cuándo es relevante? En el informe fundacional no se presta especial atención, como es lógico, a la cuestión de qué es una prueba empírica, dando por sentado que ésta es la que se obtiene de

---

247 Melendo Pardos, M., y Lacrúz López, J. M., «Evidencia empírica...», *ob. cit.*, p. 315.

248 Sherman, L., W., MacKenzie, D. L., Farrington, D. P., y Walsh, B. C. (Eds)., *Evidence-based Crime Prevention*, Routledge, Londres, 2002.

249 Sherman, L. W., Gottfredson, D. C., MacKenzie, D., Eck, J., Reuter, P., y Bushway, S. D., «Preventing Crime: What Works, What Doesn't, What's Promising», en *Research in Brief*, National Institute of Justice, 1998, p. 2.

la aplicación de los métodos científicos[250]. Sin embargo, sí se le presta atención a cómo se determina y cuándo la misma es relevante para los objetivos de prevención del crimen, según la metodología y diseños de investigación empleados para su

---

[250] En este sentido, a pesar de que en realidad existen otro tipo de conceptos de evidencia o de tipos de conocimiento, el conocimiento empírico es el que provendría de un procedimiento sistemático para establecer la fiabilidad y confiabilidad de los conocimientos y también para evaluar y determinar la superioridad de una afirmación sobre otra (BECKER, S., BRYMAN, A., y FERGUSON, H. (EDS.), *Understanding Research for Social Policy and Social Work. Themes, methods and approaches*, The Policy Press, Bristol, 2012, p. 57 y ss.). Al respecto explica MULGAN que, en realidad, la política basada en la prueba no es algo nuevo. En otras épocas ya se utilizaba el conocimiento, desde los datos empíricos de la academia hasta la inteligencia en todas sus formas. Concretamente, según este autor «hoy en día, la amplitud de los tipos de conocimiento ha aumentado. Los conocimientos producidos por el análisis clásico de las políticas y las ciencias sociales deben entenderse en el contexto de una gama más amplia de tipos de conocimientos que importan a los gobiernos modernos: * conocimiento estadístico (por ejemplo, sobre el tamaño de la población y la migración); * conocimiento de política pública (por ejemplo, sobre lo que funciona para reducir la reincidencia); * conocimiento científico (por ejemplo, sobre el cambio climático); * conocimiento profesional, a menudo informado por pruebas rigurosas (por ejemplo, sobre el impacto de la vacunación); * conocimiento de la opinión pública (por ejemplo, datos cuantitativos de encuestas y datos cualitativos); * opiniones y conocimientos de los profesionales (por ejemplo, la experiencia de la policía en el manejo de la delincuencia organizada); * conocimiento político (por ejemplo, el equilibrio de la opinión en el partido gobernante); * conocimiento económico (por ejemplo, sobre qué sectores se dan probabilidades de crecer o contraerse); * inteligencia clásica (por ejemplo, sobre las capacidades e intenciones de los estados hostiles o de las redes terroristas» (MULGAN, G., «Government, knowledge and the business of policy making: the potential and limits of evidence-based policy», en *Evidence and Policy*, vol. 1, núm. 2, 2005, p. 219).

obtención. En concreto, desarrollan la conocida Escala científica de Maryland (*The Maryland Scale of Scientific Methods*), la cual asigna un valor a cada estudio analizado que podía ir desde 1 (débil) hasta 5 (robusto) en materia de validez interna, que es la que en definitiva tiene mayor capacidad para determinar la validez de la relación de causa-efecto de las variables que se pretenden medir.

Para la clasificación de estos estudios en dicha escala, se tenían en cuenta, entre otras cuestiones, que en los estudios se hubieran controlado otras variables en los análisis. Esto resulta importante porque no controlarlas puede significar que la relación de causa-efecto entre el crimen y el programa que se pretende analizar sea espuria. Por ello, es necesario controlar otras variables que pudieran explicar esa relación de causa-efecto. También que se hubieran medido errores como los procedentes de las tasas de respuestas en los estudios o cualesquiera otros errores de medición. Y, por supuesto, el poder estadístico[251].

En definitiva, en cuanto a la calidad en términos de fortaleza de los hallazgos, estarían a la cabeza los diseños experimentales y cuasi experimentales (e incluso le precederían los metaanálisis de este tipo de diseños); en segundo lugar, los estudios con observaciones controladas; en tercer lugar; los estudios observacionales o descriptivos; y, en último lugar, las opiniones de los expertos. Una vez establecida esta jerarquía

---

251 En realidad, se trata de aplicar el proceder y las cautelas necesarias de la investigación en ciencias sociales. Véase, por ejemplo, Blalock, H. M., *Introducción a la investigación social*, Amorrortu Editores, 2011; Sani, F., y Todman, J., *Experimental design and statistics for psychology. A first Course*, Blackwell Publishing, 2006; Hernández Sampieri, R., Fernández Collado, C., y Baptista Lucio, P., *Metodología de la investigación*, 6ª edición, McGraw Hill Education, 2014.

de la fortaleza de los hallazgos, clasifican los programas en cuatro categorías: a) *lo que funciona*: se está razonablemente seguro de que los mismos previenen el delito o reducen los factores de riesgo asociados al mismo; b) *lo que no funciona*: son aquellos de los que se está razonablemente seguro de que no previenen el delito o no reducen los factores de riesgo; c) *lo que es prometedor*: el grado de prueba empírica sobre su efectividad es lo suficientemente bajo como para no poder establecer generalizaciones al respecto, pero tienen una base empírica para poder al menos predecir que con más investigación en el mismo sentido se podrían alcanzar las conclusiones; d) *lo que es desconocido*: cualquier programa que no haya podido ser clasificado en alguna de las tres categorías anteriores.

Este enfoque basado en la prueba empírica ha sido acogido ampliamente, sobre todo en la academia y práctica anglosajona[252], pero en general podríamos convenir en que parece bastante razonable que las decisiones orientadas a conseguir determinados efectos deben estar informadas empíricamente[253], y que también es necesario hacer una evaluación empírica de las intervenciones en el sistema de justicia penal con el objetivo de analizar si las mismas están cumpliendo con sus objetivos[254]. Como afirman los principales defensores de este tipo

---

252 MARTÍNEZ GARAY, L., «Evidence-based sentencing y evidencia científica. A la vez, algunas consideraciones sobre las "políticas basadas en la evidencia" y el Derecho penal», en *Teoría y Derecho*, núm. 28, 2020.

253 En este sentido, BECKER, S., BRYMAN, A., y FERGUSON, H. (EDS.), *Understanding Research…, ob. cit.*, p. 89, ponen de relieve críticas como las de Martyn HAMMERSLEY: «¿Quién podría negar que la elaboración de políticas y la práctica deben basarse en pruebas empíricas? A grandes rasgos, la conveniencia de hacerlo es evidente. Sin embargo, la cuestión no es tan sencilla».

254 En este sentido, habría que diferenciar entre investigación para la política (*research for policy*), que trataría la investigación empírica que se ocupa de informar al proceso de la política, es decir, la

de enfoque, en la medida en que ello no sería discutible en el ámbito de la salud, por ejemplo, o en el de la economía, tampoco debería serlo en un ámbito de sobra importante como es el sistema de justicia penal[255]. Este planteamiento, el de incorporar los datos empíricos al debate para conocer más la realidad y cómo interactúa esta con nuestro sistema de justicia penal para tomar las decisiones oportunas, ha escapado en general del ámbito de la política legislativa o de la política criminal y también de la doctrina penal. Si bien hay que reconocer que, aunque de forma incipiente y relativamente reciente, ha empezado a alcanzar a ámbitos que tradicionalmente han estado reservados a la discusión normativa como son algunas cuestiones de Derecho penal[256]

---

investigación empírica que sirve antes de que se tome la decisión para que cuando la misma se tome esté informada empíricamente; e investigación de la política (*research of policy*), que es la investigación que se ocupa de cómo se definen los problemas, cómo se han formulado las políticas, las decisiones que se han tomado, cómo se han implementado y evaluado (BECKER, S., BRYMAN, A., y FERGUSON, H., *Understanding research…*, *ob. cit.*, p. 40)

255 KLEIN, R., «From evidence-based medicine to evidence-based policy?», en *Journal of Health Services Research and Policy*, vol. 5, núm. 2, 2000; GARRETT, B. L., «Evidence-Informed Criminal Justice», en George Washington Law Review, vol. 86, núm. 6, 2018.

256 Quizás, el primer referente en nuestro panorama doctrinal y dogmático haya sido el profesor DÍEZ RIPOLLÉS. Asimismo, MIRÓ LLINARES ha abogado por este enfoque y por la necesidad de un Derecho penal empíricamente informado, y en el que cada vez se contabilizan más penalistas como ORTIZ DE URBINA GIMENO, I., «¿Consecuencialismo…», *ob. cit.*; VALIENTE IVÁÑEZ, V., «El cruce de caminos…», *ob. Cit.*; GÓMEZ BELLVÍS, A. B., y MIRÓ LLINARES, F., «Do or do not, there is no "try": an exploratory quasi-experimental study of intuitions of justice applied to attempt and completion of the crime of homicide», en *Revista Española de Investigación Criminológica*, núm. 17, 2019; GÓMEZ BELLVÍS, A. B., y FALCES DELGADO, C., «Los efectos del contexto en la expresión de las actitudes punitivas: El caso

o de la Filosofía[257], proliferando cada vez más los estudios empíricos académicos que sirven para las discusiones propias del Derecho penal y la política criminal[258]. Frente a lo anterior

---

del apoyo ciudadano a la prisión permanente revisable», en *REC: Revista Electrónica de Criminología,* núm. 1, 2019; RACHLINSKI, J. J., «Evidence-based law», en *Cornell Law Review,* vol. 96, núm. 4., 2011.

257 Así, actualmente existe una línea en filosofía denominada filosofía experimental (KNOBE, J., y NICHOLS, S. (EDS.), *Experimental Philosophy,* vol. 1, OUP, Oxford, 2008), en el ámbito de la ética (AGUIAR, F., GAITÁN A., y VICIANA, H., *Una introducción a la ética…, ob. Cit.*) o la filosofía moral (Viciana, H., Gaitán, A. y Aguiar, F. (Eds.), *Experiments in Moral and Political Philosophy,* Routledge, 2023).

258 En este sentido, por ejemplo, resulta importante la «renovación» de la discusión acerca del dolo como consecuencia del impacto de las neurociencias (DEMETRIO CRESPO, E. (DIR.) y MAROTO CALATAYUD, M. (COORD.), *Neurociencias y Derecho penal. Nuevas perspectivas en el ámbito de la culpabilidad y tratamiento jurídico penal de la peligrosidad,* Edisofer, Madrid, 2013), los estudios sobre cumplimiento normativo (MIRÓ LLINARES, F., «La función de la pena…», *ob. cit.*), el análisis empírico de determinados tipos delictivos como los de propiedad intelectual (GÓMEZ BELLVÍS, A. B., y MIRÓ LLINARES, F., «¿Por qué descargamos contenidos sin autorización en Internet? Un estudio exploratorio de los factores asociados al incumplimiento en el ámbito de la propiedad intelectual en el ciberespacio», en FUENTES SORIANO, O. (DIR.), *Era Digital, Sociedad y Derecho,* Tirant lo Blanch, Valencia, 2020), los de medio ambiente (FUENTES OSORIO, J. L., y FAJARDO DEL CASTILLO, T., «Motivos de absolución en los delitos contra el medio ambiente: Una comparación entre los delitos contra la fauna y contra los recursos naturales», en *Revista Electrónica de Criminología,* vol. 4, 2021) o del delito de denuncia falsa (RAMOS VÁZQUEZ, J. A., «Análisis de la forma de aparición del delito de denuncia falsa (art. 456 CP) a través de una muestra jurisprudencial (2010-2019)», en *Revista Electrónica de Ciencia Penal y Criminología,* núm. 23, 2021), solo por nombrar algunos, o la incorporación de los penalistas al debate sobre las herramientas de valoración del riesgo e inteligencia artificial que actualmente está teniendo lugar (véase por todos, MARTÍNEZ GARAY, L., y MONTES SUAY, F., «El uso de valoraciones del riesgo de violencia en Derecho penal: algunas cautelas necesarias», en *Indret,* núm. 2, 2018).

podría indicarse que la doctrina penal no tiene necesariamente que tomar como referencia un enfoque basado en la prueba empírica, que una cuestión es la política criminal y la toma efectiva de decisiones en materia de política penal y otra muy distinta es la dogmática penal que reflexiona sobre los fundamentos y conceptos del Derecho penal y la pena, no siendo necesario ese enfoque empírico. A mi juicio, sin embargo, mantener esa separación tan nítida entre lo normativo y lo empírico[259] en, por ejemplo, el debate sobre la justificación de la pena no es deseable, especialmente si, como se ha venido sosteniendo, se parte de premisas consecuencialistas y éstas tienen que ver con la necesidad de evitar el delito o contribuir a su prevención mediante la pena. Podríamos decir que en el caso de la justificación de la pena sería un imperativo dual[260] atender tanto a la justificación normativa como empírica de la pena[261].

---

259 Sobre la discusión en el ámbito continental véase Giesen, I., «The Use and Incorporation of Extralegal Insights in Legal Reasoning», en *Utrecht Law Review*, vol. 11, 2015.

260 Este término es empleado por Jacobsen y Landau, si bien con respecto a otro ámbito muy diferente al que se está tratando en este trabajo. Concretamente, el término es utilizado con respecto al ámbito del estudio y la investigación de la migración forzada. Con este concepto se refieren a la idea de que la investigación que se lleva a cabo debería ser relevante tanto desde el punto de vista más académico, pero también desde el punto de vista de la política pública (Jacobsen, K., y Landau, L. B., «The Dual Imperative in Refugee Research: Some Methodological and Ethical Considerations in Social Science on Forced Migration», en *Disasters*, vol. 27, núm. 3, 2003).

261 Que el enfoque empírico cada vez está ganando más protagonismo en nuestro ámbito, el del sistema de justicia penal, resulta ya indiscutible. Si bien en España todavía está limitado al ámbito de la criminología y la psicología social, lo cierto es que en la literatura anglosajona ya son diversos autores los que han puesto de manifiesto un «*boom*» de los estudios empíricos legales. Así, por ejemplo,

HO y KRAMER hablan de «revolución» de lo empírico en el ámbito que interesa a lo legal (HO, D., y KCRAMER, L., «Introduction: the empirical revolution in law», en *Stanford Law Review, 65*, 2013). En una revisión de contenido que DIAMON y MUELLER llevaron a cabo sobre 60 revistas de Derecho llegaron a la conclusión que casi el 50% de los artículos incluían contenido empírico, si bien la producción primaria u original de contenido empírico era mucho menos frecuente (DIAMOND, S., y MUELLER, D., «Empirical Legal Scholarship in Law Reviews», en *Annual Review of Law and Social Science*, núm. 6, 2010). Estos estudios empíricos legales no es que pertenezcan, además, a una única área de conocimiento. Más bien cuando en la literatura americana se utiliza este término se tiene en cuenta que estos estudios tienen raíces en muchas otras disciplinas como la evaluación de estudios, la antropología, la política, el derecho económico, la criminología, la psicología, etc. Ahora bien, tal y como advierte LEEUW «Cuanto más se convierta la investigación jurídica empírica en una "industria en crecimiento", más importante será comprender y debatir sobre los problemas epistemológicos, metodológicos y de traslación de este campo de estudio. Los problemas epistemológicos se refieren al tipo de conocimiento que se produce y a la acumulación de conocimientos a lo largo del tiempo. La metodología aborda cómo se relacionan los problemas de investigación con los diseños de los estudios, el papel de las teorías, la recopilación de datos y el análisis de los mismos, incluida la forma de operativizar los conceptos jurídicos y dónde encontrar los datos (almacenados, pero también "Big Data"). Los problemas de carácter traslacional consisten en cómo sacar a la luz las pruebas empíricas, de manera que puedan ser comprendidas y utilizadas por abogados, legisladores y reguladores. Un elemento crucial de las actividades de traslación es la brecha entre los hechos ("evidencias") y los valores, también conocida como la dicotomía hecho-valor y el "bewertungsproblem": ¿cómo se vinculan las pruebas empíricas (incluidas las causales) con la normatividad de los acuerdos legales y la erudición jurídica?» (LEEUW, F. L., «Empirical Legal Research: The Gap between Facts and Values and Legal Academic Training», en *Utrecht Law Review*, vol. 11, núm. 2, 2015, p. 22).

3.2. Críticas al enfoque basado en la prueba empírica

A pesar de que puede decirse que basar la toma de decisiones en materia de prevención en los estudios científicos, pero también de incorporar los datos empíricos en las discusiones normativas como la de la función de la pena, significa añadir grados de racionalidad (instrumental) a la toma de decisiones o a las propias instituciones de Derecho penal orientadas a las consecuencias, este enfoque no está exento de críticas sobre sus limitaciones y es necesario apuntarlas, aunque sea brevemente. Éstas son, como mínimo[262], de cuatro tipos y tienen que ver con el optimismo científico o con el alcance del propio método científico en ciencias sociales: de tipo metodológico, de tipo valorativo, de tipo epistemológico y de tipo meta-metodológico. Estas limitaciones, como veremos, salvo posiciones totalmente escépticas, en realidad vendrían a hacernos más conscientes de su alcance que no de su desechabilidad al tener en cuenta sus propias limitaciones.

3.2.1. Críticas de tipo metodológico

Una de las críticas hacia este enfoque es que tiende a acoger la jerarquía de los hallazgos procedentes de ámbitos como la medicina y que dan una preeminencia absoluta a los métodos cuantitativos y, dentro de estos, preferentemente a los metaanálisis y los experimentos. A mi juicio, coincido con BECKER,

---

[262] Evidentemente, cualquier aproximación empírica al Derecho penal tal y como se viene sosteniendo aquí con respecto a la función de la pena, también debe atender a los debates propios de la filosofía de la ciencia y que aquí no reproduciremos. Una muestra en CASTRO-TOLEDO, F. J., «Si todo vale, nada vale. Breves apuntes para la delimitación entre la buena y la mala ciencia criminológica», en *PostC: La PosRevista sobre Crimen, Ciencia y Sociedad de la Era PosCovid19*, número de Otoño, 2021.

BRYMAN y FERGUSON al apuntar que resulta más adecuado acoger un enfoque que admita un continuo en el sentido de que se empleen los diseños de investigación y los métodos más adecuados según sea la pregunta de investigación que se pretenda responder, y las necesidades del objeto mismo de investigación[263]. En este sentido, si por lo que nos estamos preguntado es por una relación de causa-efecto, es necesario acudir a los diseños experimentales. Si en cambio lo que interesa es analizar qué factores influyen en un determinado objeto de investigación en un momento concreto, podremos acudir a un diseño no experimental y trasversal; si queremos evaluar los efectos de un determinado tratamiento quizás podamos acudir a los meta-análisis[264]; y si nos preguntamos por cuestiones relacionadas con experiencias, posiblemente los diseños cualitativos como la observación, las entrevistas y grupos de discusión o los análisis documentales se ajusten más al tipo de conocimiento que se pretende obtener[265]/[266]. Este enfoque, a diferencia de

---

263 BECKER, S., BRYMAN, A., Y FERGUSON, H. (EDS.), *Understanding Research…, ob. cit.*, p. 60 y ss.).

264 WILSON, D. B., «Meta-Analytic Methods for criminology», en *Annals AAPSS*, 578, 2001.

265 BECKER, S., BRYMAN, A., Y FERGUSON, H. (EDS.), *Understanding Research…, ob. cit.*, p. 61; OAKLEY, A., *Experiments in knowing: Gender and method in the social sciences*, Cambridge: Polity Press, 2000. De esta forma, el investigador deberá emplear aquel diseño que sea más útil y adecuado para responder a la pregunta de investigación realizada. En este sentido, en el ámbito público ya existen algunas propuestas sobre técnicas de análisis en una evaluación de diseño de una determinada política, y en la que se diferencia entre técnicas cuantitativas, cualitativas y mixtas y cada una de ellas está aconsejada dependiendo del propósito al que sirven. De acuerdo con ello, véase CASILLAS, C., MACÍA, M., y RICO, J., *Guía de Evaluación de Diseño de Políticas Públicas*, Ministerio de Política Territorial y Función Pública, 2020.

266 Así, por ejemplo, y a los efectos que interesa en este trabajo, la investigación empírica sobre la disuasión ha sido abordada desde

la jerarquía en la que se da preeminencia a los métodos y diseños cuantitativos, permite una mejor integración de métodos, «rompiendo con el paradigma de la guerra entre los métodos cuantitativos y cualitativos»[267].

Más allá de la crítica o debate sobre si es más adecuado un modelo basado en la jerarquía de los diseños[268] o un modelo entendido como un continuo, las limitaciones de tipo metodológico tienen que ver con las intrínsecas limitaciones de los propios métodos y diseños de investigación. Así, por ejemplo, los experimentos siempre tienen amenazas a su validez interna que el investigador debe tratar de mitigar, pero debemos ser conscientes de que en ciencias sociales siempre existe la posibilidad de que el diseño de investigación incurra en alguna fuente de amenaza a su validez[269]. Por otro lado, es cierto que los experimentos son el diseño más idóneo para establecer una relación causal entre dos variables, y es por ello por lo que la

---

prácticamente la totalidad de diseños y metodologías de la investigación de las que disponen las ciencias sociales. En este sentido, se ha abordado de análisis cuantitativos, cualitativos, con diseños no experimentales, cuasi experimentales y experimentales (JACOBS, B. A., «Deterrence and Deterrability», en Criminology, vol. 48, 2010, p. 417).

267 BECKER, S., BRYMAN, A., Y FERGUSON, H. (EDS.), *Understanding Research…, ob. cit.*, p. 61. En el mismo sentido LARRAURI, E., *Introducción a la Criminología y al Sistema Penal*, Trotta, Madrid, 2015, p. 40.

268 Una cuestión para nada desdeñable pues constituye actualmente una cuestión en debate que se dirime entre aquellos que defienden en el ámbito de la criminología que los experimentos son un diseño superior a cualquier otro, y aquellos que, asumiendo su valor por la robustez del diseño, entienden que es necesario también darles un papel igual de importante a los demás diseños de investigación (SAMPSON, R. J., «Gold Standard Myths: Observations on the Experimental Turn in Quantitative Criminology», en *Journal of Quantitative Criminology*, vol. 26, 2010, p. 490).

269 Así, HERNÁNDEZ SAMPIERI, R., FERNÁNDEZ COLLADO, C., y BAPTISTA LUCIO, P., *Metodología de la…, ob. cit.*

validez interna es lo que realmente convierte en robusto a este tipo de diseños. Sin embargo, en muchas ocasiones y en favor de mantener intacta la validez interna se deja de lado o se sacrifica la validez externa, que es la que permite la generalización de los datos[270]. Y ello pese a que en el ámbito que nos ocupa, la generalización de los datos y, por tanto, la validez externa, es crucial para la toma de decisiones en materia de política penal. Asimismo, y aunque la criminología experimental sea un ámbito de estudio que parece estar en crecimiento, lo cierto es que por la complejidad de los fenómenos sociales de los que se ocupa este ámbito de conocimiento no siempre va a ser posible llevar a cabo un experimento o,

---

270 CARTWRIGHT, N., «Are RTCs the gold standard?», en *BioSocieties*, vol. 2, núm. 1, 2007. Pero no es que los defensores de este enfoque no conozcan estas limitaciones, sino que, como cualquier científico que emplea el método científico, las tienen muy en cuenta. Así, por ejemplo, en el informe *Preventing Crime*, dejan desde el primer momento asentadas cuáles son las principales debilidades y fortalezas de emplear este punto de vista científico. Precisamente, entre sus debilidades destacan, por un lado, que el conocimiento empírico es siempre provisional. Por otro, que las generalizaciones son inciertas. Al respecto indican que «las reglas de las ciencias son relativamente claras en cuanto a la forma de probar la causa y el efecto en cualquier estudio, un concepto conocido como "validez interna". Las reglas son mucho menos claras, especialmente en las ciencias sociales, sobre cómo juzgar la amplitud de los resultados de cualquier estudio, un concepto conocido como "validez externa". Los resultados de una evidencia muy sólida y con validez interna sobre cómo reducir el maltrato infantil entre las madres adolescentes rurales de raza blanca, por ejemplo, pueden no generalizarse a una población de madres afroamericanas del centro de la ciudad. Las dos poblaciones son claramente diferentes, pero la pregunta de si esas diferencias cambian los efectos del programa puede responderse mejor probando el programa en ambas poblaciones» (SHERMAN, L. W., GOTTFREDSON, D. C., MACKENZIE, D., ECK, J., REUTER, P., y BUSHWAY, S. D., «Preventing Crime: What Works, What Doesn't...», *ob. cit.*, p. 3).

como se denominan en la literatura, *randomized control trials*. Por ello, es más habitual que se empleen diseños cuasiexperimentales, los cuales tampoco están exentos de problemas. Estos tienen básicamente las mismas desventajas que los experimentos, añadiendo la que es inherente al propio diseño cuasiexperimental, esta es, la menor seguridad acerca de la equivalencia de los grupos[271]. Estos son solo dos de los ejemplos, pero cada diseño de investigación tiene sus propias debilidades y limitaciones que el investigador que lo lleva a cabo debe conocer, y también aquel que interpreta los resultados, debiendo ser consecuente al extraer conclusiones de estos estudios empíricos[272].

---

271 Una recopilación de las limitaciones de este tipo de diseños en Reichardt, C. S., *Quasi-Experimentation. A Guide to Design and analysis*, The Guilford Press, New York, 2019.

272 Como Robbennolt pone de relieve: «Existe un gran número de enfoques metodológicos para abordar las cuestiones de investigación que tienen relevancia para el Derecho y la política, cada uno con sus propias ventajas y limitaciones. Al considerar la pertinencia de la investigación empírica para responder a cuestiones jurídicas y políticas, los responsables de la toma de decisiones deberían preocuparse por varios aspectos diferentes de la investigación. Por ejemplo, los que evalúan la investigación empírica deben preocuparse de que las medidas utilizadas para cuantificar los conceptos jurídicos sean suficientes para captar el constructo en cuestión (validez del constructo), el grado en que el diseño de la investigación permite hacer inferencias sobre las relaciones causales entre las variables (validez interna) y el grado en que los resultados de la investigación pueden generalizarse a personas, tiempos y entornos más allá de aquellos en los que se realizó la investigación (validez externa)» (Robbennolt, J. K., «Evaluating Empirical Research Methods: Using Empirical Research in Law and Policy», en *Neb. L. Rev*, vol. 81, 2002, p. 779).

3.2.2. Críticas de tipo valorativo

Quizás una de las críticas más relevantes al enfoque basado en la prueba empírica sea la que he denominado de tipo valorativo. Como explican BECKER, BRYMAN y FERGUSON, la noción de «práctica basada en la prueba empírica» ofrece una ilusión de que aquella decisión que se adopte conforme a este enfoque deriva directamente «del cálculo demostrativo de la investigación empírica». Es más, que, si ello fuera así, podrían tomarse decisiones de política criminal de forma totalmente aséptica, neutral y científica, eliminando así de la ecuación la interpretación y el juicio de los legisladores y de los expertos[273].

Lo cierto es que, a mi modo de ver, esta visión supone una distorsión del alcance real de este enfoque o, si se prefiere, una visión *naif.* Esto es, la prueba empírica en realidad no puede indicarnos qué es lo justo o injusto o que es lo que debe hacerse, ni es algo que pretendieran los propios impulsores de este planteamiento en el ámbito criminológico o el que afecta a la política criminal. Los estudios empíricos, en este sentido, solamente nos pueden proveer de información factual sobre los efectos de una determinada intervención[274]. En efecto, la expresión de «lo que funciona» (*what works*) puede ser engañosa si con ello se confunde lo fáctico con lo normativo (o más

---

[273] BECKER, S., BRYMAN, A., Y FERGUSON, H. (EDS.), *Understanding Research…, ob. cit.*, p. 93.

[274] Como explica SANDERSON, «Por supuesto, se reconoce ampliamente que la elaboración de políticas implica mucho más que referencias a las pruebas de "lo que funciona"; el proceso de formulación de una política de entrega tiene lugar en un contexto político y está sujeto a muchas influencias legítimas de una serie de partes interesadas» (SANDERSON, I., «Intelligent Policy Making for a Complex World: Pragmatism, Evidence and Learning», en *Political Studies,* vol. 57, 2009, p. 699).

bien si se entiende que lo fáctico sustituye a lo normativo), y es necesario tener en cuenta que siempre deberá haber un juicio evaluativo o de valoración detrás[275] (*practical wisdom*[276]). *Señala Martínez Garay con respecto a este enfoque que esta visión que supone expresar «la necesidad de adoptar las políticas 'que funcionan' ('what works')* es engañoso»[277], entre otras razones porque «tiende a presentar los problemas como meras cuestiones técnicas, oscureciendo la naturaleza política de muchas de las cuestiones a resolver»[278]. Así, la autora afirma que, por ejemplo, aunque dispongamos de evidencia científica sobre cómo solucionar un determinado problema, de tal hecho no puede derivarse que este problema sea lo suficientemente importante. La autora añade a lo anterior:

> [...] la investigación científica puede proporcionar evidencia sobre cuáles son las consecuencias de determinadas políticas, pero no es capaz por sí sola de establecer cuál de esas políticas debe considerarse preferible. En las decisiones políticas hay otros factores que legítimamente condicionan las decisiones,

---

275 Efectivamente, como señala García-Pablos de Molina con respecto a la Criminología, que ésta «sea una ciencia empírica solo significa que utiliza un determinado método para obtener información deseada sobre el problema criminal, y para verificarla satisfactoriamente; un método inductivo, basado en el análisis y observación de la realidad individual y social, que por ello -por si cientifismo- garantiza mejor que cualquier otro la fiabilidad y rigor del examen del objeto investigado. Pero nada más. La "corrección" del método criminológico no elimina la problematicidad del conocimiento mismo, ni la necesidad de interpretar y sistematizar los datos y formular las correspondientes teorías» (García-Pablos de Molina, A., «La aportación de la Criminología», en *Eguzkilore,* núm. 3, 1989, p. 80).

276 Sobre el concepto de practical wisdom véase Lacewig, M., «Practical Wisdom», en *Philosophy for A2: Key Themes in Philosophy*, 2009.

277 Martínez Garay, L., «Evidence-based sentencing y evidencia científica...», *ob. cit.*, p. 249.

278 *Ibidem.*

> además del conocimiento científico y sobre ellas debe haber un debate abiertamente político, no (solo) técnico[279].

En relación con esta crítica no cabe si no estar de acuerdo. Los propios impulsores de este enfoque en el ámbito de la prevención del crimen no solamente reconocen los propios límites del método científico y las debilidades metodológicas de los diseños de investigación (incluso de los más robustos), sino que también hacen hincapié en que aunque los resultados de la evaluación científica deberían integrarse en una política de prevención (que sería más racional por ello), de sus resultados no cabe inferir que se pueda seleccionar automáticamente cuál es la mejor política a llevar a cabo[280]. En primer lugar, porque «el hecho de que un programa sea 'efectivo' puede ser irrelevante si su financiación o sus costes sociales son demasiado amplios»[281] y, en segundo lugar, porque efectivamente puede haber objetivos más valiosos por razones distintas a la efectividad científicamente evaluada (e.g. justicia, equidad e igualdad)[282].

---

279 *Ibidem.*

280 GOTTFREDSON, D. C., MACKENZIE, D., ECK, J., REUTER, P., y BUSHWAY, S. D., «Preventing Crime: What Works, What Doesn't…», *ob. cit*

281 *Ibid.*

282 En este sentido también, LAWLESS, R. M., ROBBENNOLT, J. K., y ULEN, TH. S., *Empirical Methods in* Law, Aspen Publishers, 2010. A todo ello, además, habría que sumarle las limitaciones de este enfoque derivadas ya no de los límites de las ciencias sociales, sino de la propia política y Gobierno. Como ha apuntado MULGAN, en este ámbito hay tres limitaciones principales. La primera es la que tiene que ver con la democracia: «En una democracia, el pueblo y los políticos que lo representan tienen todo el derecho a ignorar las evidencias. En algunos casos, tienen buenas razones para ser escépticos sobre el conocimiento de los expertos, que a menudo los llevó por el mal camino en el siglo pasado. En otros casos, pueden preferir confiar en su "instinto". Un buen ejemplo de ello son las cifras de la policía. Los datos existentes no permiten pensar que un mayor número de policías sea una forma eficaz de reducir la delincuencia,

En otras palabras, estos autores no están defendiendo que los datos empíricos dominen la política ni determinen qué es lo relevante en términos penales o político-criminales. Pero, una

---

pero si los ciudadanos consideran que es una buena forma de gastar el dinero público y de aumentar su confianza, sería perverso que los responsables políticos ignoraran su opinión». El segundo límite para MULGAN es la propia ambigüedad: «No es necesario aceptar la definición de Renan de las naciones como forjadas por las cosas que olvidan para reconocer que todas las sociedades se mantienen unidas en parte por ambigüedades y silencios aceptados. En política, como en la vida personal, la revelación total es bonita en teoría, pero puede ser profundamente desestabilizadora y destructora del respeto propio y mutuo. Cuando los diferentes grupos tienen opiniones o intereses diametralmente opuestos, la afirmación de la racionalidad y la evidencia puede tener poco impacto y los buenos políticos entienden esto a menudo mucho mejor que los académicos». Finalmente, el tercer límite relacionado con el gobierno y la política sería, para MULGAN, el tiempo: «El tiempo de investigación es diferente del tiempo de decisión. Los plazos tan ajustados de la acción gubernamental simplemente impiden algunos tipos de pruebas y evaluaciones y dan más importancia a los juicios rápidos en condiciones de incertidumbre. Es probable que estos juicios sean mejores si los políticos y funcionarios han interiorizado su comprensión de cómo funciona el mundo, y a menudo el buen gobierno depende tanto de este conocimiento artesanal tácito como del conocimiento explícito y formal». Estos son problemas a los que se debe enfrentar cualquier política basada en la prueba empírica. Si bien, en nuestra opinión el más problemático de todos es el relativo a la democracia, en el sentido en que estamos de acuerdo en que el principio democrático debe regir, y ello puede implicar ignorar la prueba científica. Pero tal y como reconoce MULGAN, «los que participan en la creación y el uso del conocimiento deben dirigirse tanto al público y a los medios de comunicación como al gobierno. El conocimiento es más atractivo no solo cuando es útil, sino cuando su propia visibilidad hace que los gobiernos no lo utilicen» (MULGAN, G., «Government, knowledge, and the business of policy making: the potential and limits of evidence-based policy», en *Evidence & Policy*, vol. 1, núm. 2, 2005, pp. 224-225).

vez determinado qué es lo relevante por parte de la política, abogan por adoptar un enfoque empírico y racional instrumentalmente, lo cual, a mi juicio, en realidad, no se aleja demasiado de los modelos de racionalidad de las leyes penales señalados más arriba. Y, salvo para aquellos académicos que sostengan una justificación o racionalidad únicamente ética de las normas de Derecho penal, podría decirse que existe consenso sobre la necesidad de establecer la racionalidad tanto ética como instrumental (junto a todas las demás, claro) de las normas penales.

3.2.3. Críticas de tipo epistemológico

Otra limitación o crítica que debemos tener en cuenta con respecto al enfoque «basando en la prueba empírica» es la de carácter epistemológico en el sentido de que puede argüirse, por ejemplo, que los resultados de unos estudios no pueden aplicarse a otro tipo de muestras o poblaciones (no se pueden generalizar) o, también que, aunque se puedan generalizar, esos resultados no nos indican con respecto a cada individuo específico qué es lo que sucede con el tratamiento o la intervención de que se trate. Así, indican BECKER, BRYMAN y FERGUSON que, efectivamente, aunque lo más importante o el objetivo principal pueda ser el saber el resultado medio probable de un determinado tratamiento, ello no indica cuál es el resultado probable de un caso particular de la población. Además, como añaden estos autores, incluso en los ensayos clínicos aleatorizados en los que se muestre un efecto positivo del tratamiento, habrá individuos dentro de la propia muestra del grupo experimental que no muestren ninguna mejora o que mejoren de una forma poco significativa, e incluso puede haber sujetos que sufran efectos secundarios graves que superarían el valor positivo del tratamiento[283]. Por ello, para

---

[283] BECKER, S., BRYMAN, A., Y FERGUSON, H. (EDS.), *Understanding Research...*, *ob. cit.*, pp. 93-94.

MARTÍNEZ GARAY estas generalizaciones que se realizan sobre «lo que funciona» pueden tener más legitimidad en ámbitos como el de la medicina (desde el que surgió todo este enfoque y movimiento) que en ámbitos como el que nos ocupa. En este sentido, indica la autora que

> [...] los cuerpos de todos los seres humanos comparten unas características anatómicas y fisiológicas esencialmente idénticas. Por ello, un medicamento que ha demostrado ser efectivo para bajar la fiebre en una muestra de pacientes de Wyoming producirá básicamente el mismo efecto en pacientes de Berlín. Sin embargo, no tiene por qué ocurrir lo mismo respecto de intervenciones cuyos efectos están mediados por factores contextuales que pueden diferir radicalmente en cada momento y lugar. Un programa de innovación educativa para reducir el fracaso escolar en Berlín no tiene por qué ser igualmente efectivo en Wyoming si las características académicas y socioeconómicas de los estudiantes y de sus familiares no son similares. E incluso si lo fueran, dos individuos que comparten un perfil parecido no reaccionan igual ante determinados estímulos o tratamiento si toman las mismas decisiones porque media siempre la personalidad, las preferencias y las experiencias particulares de cada cual. Dicho de otra manera, desde el punto de vista epistemológico, no es correcto trasladar al ámbito de las políticas públicas el tipo de generalizaciones que sí pueden estar justificadas en medicina[284].

Sin embargo, aquí difiero profundamente con la autora sobre la «incorrección» de trasladar un enfoque como el basado en la prueba empírica a un ámbito como el nuestro por tres motivos principales. El primero, porque creo que derivar la incorrección del enfoque de la dificultad de generalizar los resultados de un estudio a muestras completamente diferentes por el contexto resulta un salto lógico difícilmente asumible. Y ello porque indicar que en dos contextos distintos las muestras son distintas y, por lo tanto, los resultados de una

---

284 MARTÍNEZ GARAY, L., «Evidence-based sentencing y evidencia científica...», *ob. cit.*, p. 249.

muestra no son generalizables a otra completamente diferente no debe suponer la invalidez del enfoque, sino que será necesario estudiar las variables que sean de interés en atención a las características de las distintas muestras. Efectivamente, quizás no sea posible universalizar o trasladar un programa educativo de un país a otro por las diferencias que puedan darse en las características de la población de cada país, pero eso no significa que no haya que analizar qué tratamiento sería adecuado a la muestra que interese en cada momento y contexto. Esto fue indicado también por los propios impulsores del enfoque en materia de prevención del crimen[285], es decir, no es una cuestión que no se tenga en cuenta o que se oculte. De ahí la importancia, igualmente, de replicar los estudios de interés con el objetivo de alcanzar la validez externa y la generalización de los resultados para el contexto concreto de que se trate[286]. El segundo punto de desacuerdo con la autora es que, a mi juicio, es precisamente en nuestro ámbito

---

285 Gottfredson, D. C., MacKenzie, D., Eck, J., Reuter, P., y Bushway, S. D., «Preventing Crime: What Works, What Doesn't…», *ob. cit.*, p. 3.

286 Lo cual, a su vez, no tiene por qué suponer ignorar la propia crisis de la ciencia que supone la propia crisis de la replicabilidad, la integridad y la legitimidad. Así, Benessia et. al., *The rightful place on sicence: science on the verge*, Consortium for Sicence, Policy & Outcomes, Tempe, AZ and Washington, DC, 2016, ponen de relieve esta crisis indicando que la misma tiene varias dimensiones: éticas, epistemológicas, metodológicas e incluso metafísicas. Esta crisis, tal y como describen los autores citados, no solamente se ha hecho notar en ciencias como la medicina, sino que también hay voces que han mostrado su preocupación en el ámbito de las ciencias de comportamiento como ha sido el caso del Nobel Daniel Kahneman. Con respecto a este último, es conocida la anécdota en torno a la poca validez de los resultados de un capítulo de uno de sus libros más célebres y que constituye un *best seller*, como es *Thinking, Fast and Slow.* Puede verse la discusión en el siguiente enlace, donde son los propios protagonistas donde explican la cuestión: https://replicatio-

donde tiene cabida este enfoque. Al menos, tanta cabida como la pueda tener en el ámbito económico, en el ámbito sanitario, etc. ¿Por qué iban a importar menos los datos empíricos a un penalista que a un economista o a un médico, especialmente teniendo en cuenta, lo relevante y sensible del objeto del Derecho penal? Si, como se ha argumentado, se parte de un Derecho penal orientado a la prevención de conductas en aras de una protección de intereses socialmente valiosos y, por tanto, de un Derecho penal orientado a las consecuencias, entonces hemos de convenir en que es necesario informar empíricamente a esas instituciones orientadas a las consecuencias y, especialmente, a la función de la pena. Informar empíricamente el debate es necesario para posteriormente poder indicar al legislador qué tipo de intervención es más aconsejable. El tercer motivo por el que difiero de la postura marcada por MARTÍNEZ GARAY es que, desde mi punto de vista, asumir las dificultades para analizar empíricamente fenómenos sociales y relacionados con el Derecho penal, no debería conducir a la idea de que como no es posible un conocimiento científico perfecto sobre las cuestiones que nos interesan, mejor no considerarlo en absoluto. Si la alternativa es seguir estableciendo normativamente consecuencias que no se verifican y que o intuimos que tienen lugar en la realidad o esperamos que las tenga, a mi juicio es más deseable un conocimiento científico imperfecto. Y esto porque en ningún lugar el enfoque basado en la prueba empírica ha prometido la verdad irrefutable sobre algo. Criticarle eso es más producto, entiendo, de la caricaturización que se ha llevado a cabo de esta forma de proceder por parte autores escépticos con esta corriente que con los compromisos de este enfoque. Con lo que esta corriente sí se compromete es con el análisis de la mejor prueba empírica

---

nindex.com/2017/02/02/reconstruction-of-a-train-wreck-how-priming-research-went-of-the-rails/comment-page-1/#comment-1454

disponible para poder informar la toma de decisiones en la medida en que tal conocimiento sea relevante[287].

3.2.4. Críticas de tipo meta-metodológicas

A este enfoque se le han realizado otro tipo de críticas meta-metodológicas, es decir, que van más allá de señalar las propias limitaciones del método científico y los diseños y procesos de investigación para obtener los datos empíricos, dando un paso más para llamar la atención sobre aspectos relacionados con el vínculo entre la prueba empírica y la política. Así, se ha puesto de manifiesto que abogar insistentemente por este enfoque puede dar lugar a que en vez de tener un legislador o un decisor que atienda a los datos empíricos para tomar sus decisiones o que éstas estén informadas empíricamente, puede resultar en que más bien se lleve a cabo una construcción de la prueba empírica basada en la política[288]. Es decir, pensar

---

287 A ello cabría añadir que resulta llamativo que tal actitud escéptica en torno a la toma de decisiones basadas en la prueba empírica expresada en una parte de la doctrina se manifieste con más o menos intensidad dependiendo de la cuestión concreta a debatir. Por ejemplo, con respecto a los argumentos consecuencialistas en contra de la prisión permanente revisable, se indica en este debate que la decisión de incorporar esta pena en el ordenamiento jurídico es irracional desde el punto de vista instrumental porque «penas más duras no disuaden». No obstante, este tipo de argumentos son realmente escasos en el debate de la pena más «cotidiano». En todo caso, a mi juicio no parece acertado sostener la «incorrección» del enfoque basado en la prueba empírica por lo que implica la alternativa, que no es sino dejar la toma de decisiones en manos de un legislador miope e interesado.

288 MARTÍNEZ GARAY, L., «Evidence-based sentencing y evidencia científica...», *ob. cit.* En este sentido, indican BODEN, R., y EPSTEIN, D., «Managing the research imagination? Globalisation and research in higher education», en *Globalization, Societies and Education,* vol. 4,

que con este enfoque se pondrían límites a los excesos de la política en materia penal es quizás demasiado optimista y que la necesidad de adoptar un enfoque más científico en materia político-criminal por parte del legislador podría dar lugar a que no solamente no se llevara a cabo en la dirección en que piensan los expertos, sino que además le sirva de base a los políticos como argumento de legitimidad de sus decisiones[289]. Es por ello por lo que este enfoque podría llevar a que se hicieran pasar por políticas basadas en datos empíricos lo que en realidad sería una construcción de prueba empírica basada en la política (*policy-based evidence making*). Asimismo, también se menciona que existe igualmente «el peligro de suplantar el debate abierto y legítimo sobre opciones ideológicas y morales contrapuestas ocultando la dimensión política de los argumentos en liza tras la aparente neutralidad de mejores y más consistentes apoyos científicos para alguna de las opciones en disputa»[290]. A lo anterior, se añade que también es importante

---

2006, pp. 223-236, que cuando este enfoque se emplea en Reino Unido con ello se «busca capturar y controlar los procesos de producción de conocimiento hasta el punto de que hay un tipo de "investigación" que puede ser mejor descrita como "evidencia basada en la política"». Al respecto, véase también STRASSHEIM, H., y KETTUNEN, P., «When does evidence-based policy turn into policy-based evidence? Configurations, contexts and mechanisms», en *Evidence and Policy*, vol. 10, núm. 2, 2014, pp. 259-277.

289 Véase GÓMEZ-BELLVÍS, A. B., y FALCES DELGADO, C., «Los efectos del contexto...», *ob. cit.*

290 MARTÍNEZ GARAY, L., «Evidence-based sentencing y evidencia científica...», *ob. cit.*, p. 250. Así, SAREWITZ indica que la ciencia en lugar de venir a proponer soluciones en realidad ha creado más problemas: «en lugar de resolver el debate politico, la ciencia se convierte a menudo en munición en las disputas partidistas, movilizada selectivamente por los bandos contendientes para reforzar sus posiciones» (SAREWITZ, D., «Science and environmental policy: An excess of objectivity», en FROEDEMENT, R. (ED.)., *Earth matters: The earth sciences philosophy, and the claims of community*, Prentice Hall, 2000, pp. 79-98).

el contexto en el que se lleva a cabo la investigación. Así, tal y como señalan BECKER, BRYMAN y FERGUSON, «toda investigación tiene lugar en un contexto de costes, financiación y constreñimientos 'políticos', que inevitablemente influyen en la decisión sobre los métodos a utilizar»[291]. En este sentido, ambas

---

[291] BECKER, S., BRYMAN, A., Y FERGUSON, H. (EDS.), *Understanding Research…, ob. cit.* De hecho, un debate ya clásico en el ámbito de la filosofía de la ciencia el relativo a la relación entre ciencia y valores y, dentro del mismo, una conclusión razonablemente aceptada es que la ciencia también está integrada por valores, esto es, no hay esa objetividad pura o esa neutralidad que muchas veces se le atribuye al hacer científico por una influencia de la obra de Popper esencialmente. En este sentido, tal y como explica claramente CASTRO-TOLEDO «por lo que se refiere a los valores, durante los 70 y con motivo de la tesis mayoritariamente aceptada de la infra determinación de la teoría por los hechos o de los hechos por la teoría, esto es, la constatación del espacio abierto y enormemente problemático entre hechos y teorías, Muguerza (1970, 1971)y otros en la misma línea nos recuerdan que el científico, sea social o no social, no tiene más remedio que hacer juicios de valor en tanto que científico, dado que no es posible verificar concluyentemente ninguna hipótesis. Ciertamente, el tipo de valores que parecen estar aquí en juego son los que han venido a denominarse valores epistémicos o internos (Dorato, 2004). […] la ciencia es algo permeable a los valores provenientes de una sociedad y cultura compartidas por los científicos y que, de acuerdo con esto, van a determinar qué problema o problemas deben ser examinados, cuál va a ser el criterio de interpretación de los datos y qué va a constituir una evidencia (Douglas, 2016). En consecuencia, el método científico aplicado en el vacío de su propia coherencia interna y pensado libre de la influencia de valores externos, tal y como lo concibieron los positivistas y popperianos, presenta una imagen equivocada del funcionamiento de la actividad científica que no sirve de criterio para diferencia entre la buena y la mala ciencia» (Castro-Toledo, F. J., «Si todo vale, nada vale. Breves apuntes para la delimitación entre la buena y la mala ciencia criminológica», en *PostC, Crimen, Ciencia y Sociedad*, Otoño, 2021. Disponible en: https://postc.umh.es/minipapers/si-todo-vale-nada-vale-breves-apuntes-para-la-delimitacion-entre-la-buena-y-la-mala-ciencia-criminologica/

críticas son perfectamente legítimas, especialmente cuando ya se tiene evidencia de que efectivamente en alguna ocasión los políticos se parapetan detrás de lo que parece algún porcentaje que vendría a legitimar su intervención. Este sería el caso, por ejemplo, de la prisión permanente revisable. No obstante, este supuesto no solo pone de manifiesto que el legislador puede utilizar espuriamente argumentos empíricos para apoyar determinadas decisiones controvertidas, sino que el hecho de que la doctrina penal no esté entrenada en este ámbito hace que no se pueda desenmascarar al legislador en este sentido[292].

3.3. ¿Entonces?

Como se ha esbozado someramente, son varias las críticas respecto del empleo del enfoque basado en la prueba empírica para la toma de decisiones en política pública en general, y que también podrían trasladarse al ámbito de las instituciones de Derecho penal que se ha argumentado que deberían estar informadas empíricamente como es la función de la pena. Estas críticas tratan de señalar acertadamente las principales debilidades de este enfoque. Entiendo que, además, son totalmente necesarias, porque evitan que entendamos que la prueba empírica es la solución a todos nuestros problemas, que seamos ingenuos con lo que en realidad nos puede ofrecer este enfoque especialmente en nuestro campo donde, por un lado, lo normativo tiene un peso evidente y, por otro, donde lo que tiene que ver con la política criminal está sujeto a la política y, en consecuencia, a los vaivenes de ésta.

Ahora bien, tal y como se ha tratado de desarrollar, estas críticas no constituyen obstáculos insalvables, sino más bien banderas rojas que nos señalan determinados aspectos sobre los

---

292 GÓMEZ BELLVÍS, A. B., y FALCES DELGADO, A. B., «Los efectos del contexto...», *ob. cit.*

que debemos ser cautelosos[293]. El método científico no es infalible, menos aún en el contexto de las ciencias sociales, y también es de sobra conocido que tiene muchos límites[294], a lo que no ayuda además la denominada crisis de la ciencia[295], pero es una de las prácticas más racionales posibles[296]. Cualquier científico

---

293 Posiblemente, el problema de los principales defensores de este movimiento es el hecho de polarizar o dicotomizar la cuestión entre las opiniones de los expertos que no están basadas en las pruebas científicas y la toma de decisiones basadas en estudios experimentales o meta-análisis. En este sentido, esa dicotomía convierte en más valiosa y casi perfecta la opción de la política basada en la prueba empírica, pero, al mismo tiempo, encubre determinados límites que tiene y que se deben tener en cuenta en todo momento. En este sentido, como explica Hammersley, M., «Is the evidence-based practice movement doing more good than harm? Reflections on Iain Chalmers' case for research-based policy making and practice», en *The Policy Press*, vol. 1, núm. 1, 2005, p. 94: «Si se anima a los responsables políticos y a los profesionales a dar a los resultados de investigación más peso del que merecen, esto podría provocar resultados indeseables: las políticas o los tratamientos podría no utilizarse cuando hubieran sido valiosos o ser tratados como más fiables de lo que realmente son. La cuestión es que la realización de ensayos controlados aleatorios y revisiones sistemáticas puede tener costes colaterales; ellos mismos pueden causar daños (una posibilidad que Chalmers pasa por alto). Mi argumento aquí no es que la falibilidad de la investigación socave su valor; no es así. Es probable que se pueda mejorar la práctica de todas formas, y los datos de la investigación pueden desempeñar a menudo un papel clave para conseguirlo, pero no puede garantizar que mejore la situación en lugar de empeorarla. Debemos afrontar este hecho inquietante en lugar de ignorarlo».

294 Serrano Maillo, A., *Introducción a la Criminología*, Dykinson, Madrid, 2009.

295 Saltelli, A., y Giampietro, M., «What is wrong with evidence based policy, and how can it be improved?», en *Futures*, vol. 91, 2017.

296 Uebel, T. E. (Ed.), *Rediscovering the forgotten Vienna circle: Austrian Studies on Otto Neurath and the Vienna circle (vol. 133)*, Springer Science & Business Media, 2012. Por ello, el hecho de que sea difícil acercarse

social asume de manera natural que el método científico tiene un alcance determinado, tiene límites que es necesario conocer, que el conocimiento obtenido mediante el mismo siempre es provisional y por ello las conclusiones no pueden ser definitivas. Del mismo modo, las soluciones que desde el mismo se planteen tenderán a ser complejas y no siempre ausentes de efectos secundarios que también merecen evaluación[297]. Pero es precisamente esto lo que lo convierte en robusto, transparente y trazable.

Aplicar el método científico (o más bien métodos[298]) para acercarnos a la realidad, es acercarnos a la misma de una forma

---

a la realidad incluso con un método sistemático como el científico y que además presente tantos problemas cuando se aplica a las ciencias sociales, no implica que haya que dejarlo de lado(CARDENAL MONTRAVETA, S., «¿Eficacia preventiva general intimidatoria de la pena? Consecuencias para la decisión sobre la suspensión de su ejecución», en *Revista Electrónica de Ciencia Penal y Criminología,* RECPC 17-18, 2015, p. 3)

297 SERRANO MAÍLLO, A., *Introducción…, ob. cit.*, pp. 51-52.

298 Si bien es cierto que a lo largo de este trabajo se hace referencia al «método científico» es importante señalar que, en realidad, soy consciente de que no existe un método sino más bien métodos científicos y que ello supone actualmente un consenso entre los autores de filosofía de la ciencia actuales. Así, se ha llegado a la conclusión de que el esquema tradicional del método científico como método hipotético deductivo que empieza por la observación, continua con la formulación del problema para posteriormente plantear las hipótesis y establecer las consecuencias deductivas contrastables, y ponerlas a prueba para llegar a una conclusión y posteriormente a su revisión es un esquema erróneo por cuanto en la práctica este esquema no define todos los pasos que se suelen dar, pese a que se sigue explicando de esta manera en los Grados de Criminología. Así, por ejemplo, ya BUNGE corrigió en su momento este esquema al que le añadía la búsqueda de información disponible, un paso que se da con anterioridad al establecimiento de las hipótesis y ello porque el planteamiento del problema no siempre deriva de una

sistemática, organizada y epistémicamente más robusta[299], que la que supone la propia experiencia de cada uno o las percepciones individuales. Es cierto que precisamente debido a las propias debilidades anteriormente mencionadas se pueda correr el riesgo de legitimar el uso de datos por parte del legislador de forma totalmente interesada y parcial, de tal forma que se revistan de legitimidad decisiones que en realidad admitirían debate. En mi opinión, que el legislador empezara a utilizar datos en el ámbito de la política criminal, de las distintas reformas del Código Penal en el sentido que indican los datos empíricos procedentes de la investigación académica ya sería

---

observación sino de esa búsqueda de bibliografía previa (Bunge, M., *La investigación científica: su estrategia y su filosofía,* Siglo XXI, 2004). No obstante, actualmente no cabe halar de método científico sino de métodos (Dieguez, A., «¿Existe 'El Método Científico'? Filosofía y ciencia en el siglo XXI». *El Confidencial,* 16 de junio de 2020). En palabras de Teixidó «Solo queda hablar de métodos científicos plurales. Huelga decir que los métodos científicos particulares pueden ser y son concreciones del método racional general ya presentado, irreductibles a este. La metódica científica no nace en un vacío ontológico. Basta con hablar de métodos según disciplina, y en las distintas ciencias, de los métodos científicos (Mosterín, 2008, pp. 149-151) como *procederes especializados en cada área particular de estudio científico*» (Teixidó, O., *Texto de apoyo en la introducción sistemática a la filosofía de la ciencia y de la psicología,* 2023). En este sentido, y en palabras de Dieguez, «estamos más bien ante una cuestión contextual en la que es imposible trazar una frontera definida, pero en la que pueden de determinarse una serie de rasgos o de criterios que, sin ser condiciones imprescindibles, ayudan a cualificar como más o menos científica a una teoría. Entre estos rasgos característicos algunos de los más significativos serían el realizar predicciones arriesgadas, el rigor conceptual, la exactitud, el apoyo a los hechos, la intersubjetividad, la contrastabilidad y revisabilidad, la coherencia con otras teorías científicas aceptadas y la capacidad de progreso» (Dieguez, A., «¿Existe 'El Método...», *ob. cit.*)

299 Miró Llinares, F., «Hechos en tierra de normas...», *ob. cit.*

un logro[300]. Pero ante el temor de que éstas se puedan utilizar de forma totalmente burda, desde la doctrina debemos seguir disponiendo de herramientas para refutar esas posiciones, herramientas empíricas y críticas[301]. Así, por ejemplo, ante las sucesivas reformas del Código Penal en las que se ha aumentado la severidad de conductas ya tipificadas esperando, se supone, que el aumento de severidad dé lugar a un mayor efecto disuasorio, la doctrina no solamente debe ser capaz de argumentar que quizás tal aumento en la severidad de las penas pueda ser desproporcional, sino que además no producirá el efecto esperado, aquél que ha motivado la modificación penal en ese sentido, o que para que genere un determinado efecto disuasorio no es necesario aumentar la severidad sino otras variables, o en qué medida es necesario aumentar la severidad para conseguir el máximo efecto disuasorio posible, o si hay alternativas más efectivas y eficientes. Para la consecución de un Derecho penal orientado a las consecuencias no solamente debe estar informado empíricamente el legislador, sino también la dogmática penal y la doctrina. Así, suscribimos la opinión de BLALOCK cuando sostiene que la empresa es difícil y, además, no nos garantiza la verdad absoluta sobre nada, a lo que hay que sumar que el grado de precisión en nuestro ámbito va a distar mucho del que puede alcanzarse en las ciencias físico-naturales. Pero ello no significa que no se puedan perfeccionar las teorías, la metodología y los datos. Ahora bien, lo anterior debe

---

300 Véase sobre cómo en el proceder habitual del legislador no se emplean los datos para llevar a cabo determinadas reformas penales en BENITO, D., *Evidencia empíricia y populismo punitivo. El diseño de la política criminal*, Bosch Editor, Barcelona, 2020.

301 Y en este sentido, las ciencias sociales (la criminología, la psicología, la sociología, la economía) son nuestra mejor herramienta para adquirir ese conocimiento, pero también la realización de nuestros propios estudios empíricos (ALTMAN, M. C., *A Theory of Legal Punishment. Deterrence, Retribution, and the Aims of the State*, Routledge, London and New York, 2021, p. 170).

considerarse teniendo en cuenta la línea divisoria entre aquello sobre lo que pueden aportar tales datos y aquello sobre lo que no. Entre aquello a lo que no pueden contribuir es a decidir entre lo que es bueno y malo, justo o injusto, quiénes son los que merecen algo y los que no. Las cuestiones sobre las que sí que podrían aportar información de interés son aquellas que se formulan de forma condicional de la siguiente forma según el autor en cita: «si se desea tal y tal estado de cosas, entonces el medio siguiente parece el más eficiente para alcanzarlo»[302].

Con todo, en este trabajo parto de la necesidad de acercarnos a la realidad para informar empíricamente debates en la dogmática penal como sería el relativo a la función de la pena, y también para contribuir a que el Derecho penal se acerque más a los fines que se propone, a dar, como acuña MIRÓ LLINARES, «un paso empírico». En este sentido, creo que asiste razón a ALTMAN cuando explica que resulta extraño que la razón de muchos autores para abandonar el consecuencialismo y abrazar el retribucionismo sea precisamente que el método científico utilizado por la criminología y otras ciencias sociales y el conocimiento obtenido mediante el mismo tenga limitaciones. Sería, dice el autor, como admitir que en la medida en que como las personas no podemos llevar a cabo un cálculo utilitario con total precisión, el utilitarismo no es válido; o que los médicos del siglo XIX deberían haber vuelto a los «cuatro humores» porque no entendían del todo en aquél entonces la teoría y el funcionamiento de los gérmenes en las enfermedades[303].

---

302 BLALOCK, H., *Introducción... ob. cit.*

303 El humorismo es un sistema de comprensión de la composición y funcionamiento del cuerpo humano y que era utilizado por los antiguos médicos. Este sistema indicaba la composición y el funcionamiento del cuerpo del hombre según la interacción de cuatro humores básicos: flema, sangre, bilis negra y bilis amarilla.

Para el autor, en el caso del castigo en particular, el hecho de que la criminología u otras ciencias sociales interesadas en esta institución sea todavía imprecisa o que haya algunos extremos sobre los que todavía es necesaria la investigación, no debe implicar abandonar directamente la investigación empírica a favor de la intuición moral. En este sentido, como explica, a mi juicio con razón, «la metodología consecuencialista está sujeta al escrutinio público, a la evaluación y a la mejora de una manera en la que no lo está el recurso del retribucionista a las intuiciones del "sentido común", por muy arraigadas que estas sean», a lo que añade que «esto no quiere decir que las intuiciones no deban desempeñar ningún papel en los argumentos filosóficos —deben hacerlo—. Pero la intuición debe utilizarse con moderación, y no deben exagerarse sus ventajas comparativas sobre la investigación científico-social»[304].

Sin embargo, asumir lo anterior no significa adquirir un compromiso ciego y *naif* con las ciencias sociales que nos impida observar que acudir a ellas o basarse en las mismas puede ser realmente complicado por todas la problemáticas que las acompañan. Se trata más bien de, siendo conscientes de los límites del enfoque y de las propias ciencias sociales, mantener un objetivo normativo pragmático[305] consistente en utilizar la prueba empírica para mejorar la política pública, en este caso, la política penal, sin desmerecer la complejidad de la cuestión, ni tampoco sin que ello en modo alguno implique sustituir lo normativo[306].

---

304 ALTMAN, M. C., *A Theory of Legal Punishment...*, *ob. cit.*, p. 170.

305 Así, por ejemplo, SANDERSON defiende una posición pragmatista con respecto a la política basada en la prueba empírica desde el pragmatismo de DEWEY (SANDERSON, I., «Intelligent Policy Making for a Complex World: Pragmatism, Evidence and Learning», en *Political Studies*, vol. 57, 2009).

306 Véase MIRÓ LLINARES, F., «Cientismo...», *ob. cit.*, p. 355.

4. RECAPITULACIÓN Y TOMA DE POSTURA

Si bien en los anteriores apartados se han ido tejiendo las alforjas de la investigación, a modo de recapitulación, en el presente punto resumiré los principales presupuestos filosóficos o ideas fuerza de las que parto y que entiendo que deberían impregnar muchos conceptos consecuencialistas en Derecho penal, pero, en particular, el de la pena.

4.1. El Derecho penal orientado a fines

En la dogmática se asume mayoritariamente que el Derecho penal debe estar orientado a las consecuencias, orientado a fines. Uno de los fines legítimos que el Derecho penal debe perseguir es la motivación de la ciudadanía a cumplir con las normas[307]. Esto es, la ley penal debe configurarse para buscar y preservar, en la medida de lo posible, el orden social a través de la criminalización de las conductas consideradas socialmente disvaliosas. Como afirmaba SILVA SÁNCHEZ «lo único que puede legitimar la intervención punitiva del Estado es la evitación o, mejor dicho, el mantenimiento de unos niveles razonables de los delitos y de las reacciones (informales) desencadenadas frente a aquéllos en el seno de la sociedad»[308]. Por ello, la justificación actual de la ley penal y con ella la de la pena, no puede renunciar a una parte preventiva del delito[309], y «debe hacerlo de la única manera que le es posible: adelantándose a la comisión de los hechos delictivos mediante una actividad de prevención»[310]. Asumir esta

---

307 HÖRNLE, T., *Teorías…, ob. cit.*; DONINI, M., *El Derecho penal frente los desafíos de la modernidad*, Ara Editores, Perú, 2010; Mir Puig, La pena… pp. 43-45.

308 SILVA SÁNCHEZ, J. M., *Aproximación…, ob. cit.*, pp. 339-340.

309 MIR PUIG, S., *Función de la pena… ob. cit.*, p. 40:

310 ÁLVAREZ GARCÍA, F. J., *Consideraciones…, ob. cit.*, p. 116.

premisa tiene inmediatamente dos consecuencias: la primera es que, como advierte ALCÁCER GUIRAO, no cabe fundamentar y justificar la pena únicamente en la retribución y desvincular la misma de cualquier alcance utilitario. Y, la segunda, es que ese fundamento utilitarista exige la orientación de la norma y de la pena a una determinada eficacia preventiva, deviniendo de la misma su propia legitimidad instrumental, es decir, de «la exigencia de que la pena esté capacitada en la práctica para satisfacer los fines asignados»[311].

---

311 ALCÁCER GUIRAO, R., «Los fines...», *ob. cit.*, p. 381. Del mismo modo, HAREL resalta esta misma idea exponiendo la importancia de la pena para los defensores de la retribución y para los consecuencialistas y que depende en gran medida del momento. Así, explica que mientras para los retribucionistas la pena adquiere su sentido e importancia en un momento *ex post*, los consecuencialistas entienden que en la medida en que la pena es un instrumento diseñado para proporcionar incentivos óptimos para el cumplimiento, la sanción que es relevante es la *ex ante*, es decir, el castigo esperado teniendo en cuenta la probabilidad de la detección. (HAREL, A., «Behavioral analysis of criminal law», en ZAMIR, E., Y TEICHMAN, D. (EDS.), *The Oxford Handbook of Economics and the Law*, Oxford University Press, 2014, p. 572). Igualmente, MIRÓ LLINARES y CASTRO TOLEDO destacan que «La "legitimidad" de la política criminal, y pocos saben más de ello que Díez Ripollés, no depende sólo de la validez formal de las reglas punitivas; tampoco, y puede resultar paradójico, de la legitimidad en sentido estricto, material, en el sentido del consenso respecto a las medidas adoptadas; sino que debiera exigir también otra condición que configura la valoración: la eficacia, pues no hay racionalidad completa sin "racionalidad instrumental", sin correspondencia entre el objetivo de la política criminal, el control del delito y la consecución del mismo» (MIRÓ LLINARES, F., y Castro TOLEDO, F. J., «Justicia procedimental, legitimidad sustantiva y medición de la política criminal: la legitimidad de (y en) RIMES», en CEREZO, A. I. (Dir.), *Política Criminal y Exclusión* Social, Tirant lo Blanch, Valencia, 2021, p. 184)

4.2. La instrumentalidad de la sanción penal

En la medida en que se ha asumido la racionalidad instrumental del Derecho penal pero también de la sanción penal, como explican CID MOLINÉ y MORESO, la asunción de una justificación utilitarista de la pena implica que, en primer lugar, debe acudirse al Derecho penal en la medida en que sea la rama del ordenamiento jurídico más idónea para alcanzar la máxima utilitarista. Asumir lo anterior, indican los autores, implica comprometerse también con tres principios: el primero, se refiere a la *efectividad*, es decir, las sanciones penales no pueden suponer un daño o violencia superior a la que se pretenda evitar con ellas. Esto implicaría analizar empíricamente la capacidad preventiva de la sanción, considerar la prevención general y especial, y también que no podrían castigarse comportamientos inevitables (i.e. aquellos realizados por personas sin capacidad de motivación). El segundo principio sería el de evitar un *«sacrificio inútil»*, en la medida en que debe evitarse el empleo del Derecho penal si existen otros medios que puedan alcanzar el mismo objetivo a un menor coste (i.e. Derecho civil, Derecho administrativo, etc.), y asimismo también implica la *imposición de la pena estrictamente necesaria.* Lo anterior, debe estar sometido, por tanto, a comprobación empírica ya que difícilmente puede adquirirse el conocimiento necesario para atender a tales principios si no es atendiendo a los datos empíricos procedentes de las ciencias sociales[312]. Por último, el tercer principio, sería el

---

[312] En realidad, esto es lo que se conoce en el ámbito anglosajón como el Análisis conductual del Derecho penal, y que HAREL lo define de la siguiente manera: «El análisis conductual del Derecho penal aprovecha las metodologías de las ciencias sociales (economía conductual, psicología e incluso sociología) para explorar los efectos de las normas del Derecho penal en los delincuentes, los jueces, los jurados y otros responsables de la toma de decisiones, para determinar el tipo y el tamaño óptimos de las

de taxatividad y legalidad, fruto de los autores reformistas del siglo XVIII, esto es, del pensamiento penal ilustrado[313].

4.3. La necesidad de acudir e incorporar los datos empíricos en los debates sobre la función de la pena

Adoptar un posicionamiento consecuencialista del Derecho penal y de la pena, así como asumir la razón instrumental de ésta última, implica necesariamente acudir a las ciencias sociales para materializar lo que Cid Moliné y Moreso denominaban el *principio de efectividad* y el *principio de evitación del sacrificio inútil*[314]. *Esto es, si en todo o en parte se defiende en algún momento una función preventiva de la pena, no se deberían dar por sentadas las premisas fácticas sobre las que ésta se asienta. Al menos, a mi juicio, no resulta razonable. Del mismo modo, ello implicaría que entre los argumentos prevencionistas respecto de los análisis de tipos delictivos concretos, de nuevas criminalizaciones o de aumentos de la severidad de las sanciones deberían, en la medida de lo posible, introducirse argumentos con base empírica*[315]. *Así, Cardenal Montraveta en relación con las teo-*

---

sanciones penales, y para identificar el diseño óptimo del sistema de aplicación de la ley y las reglas de la prueba» (Harel, A., «Behavioral...», *ob. cit.*, p. 572).

313 Cid Moliné, J., y Moreso, J. J., «Derecho Penal y Filosofía analítica», en *Anuario de Derecho Penal y Ciencias Penales*, 1991, pp. 161 y ss. Añaden que «un autor utilitarista deberá tomar en consideración la totalidad de estos principios a la hora de emitir un juicio sobre si la opción del legislador por castigar penalmente un comportamiento, así como la de los jueces cuando aplican tal ley, es la opción correcta» (p. 162).

314 *Ibidem.*

315 Así, Melendo Pardos, M., Callejo Gallego, M. J., y Lacruz López, J. M., *Apuntes de...*, *ob. cit.*, p. 79: «se debe iniciar un proceso de diálogo científico multidisciplinar al que más allá de las citadas

rías según las cuales la función de la pena es la de prevenir delitos plantea cuestiones de legitimidad y de comprobación:

> Ambas cuestiones están relacionadas, porque la legitimidad del recurso a la pena dependerá, por lo menos en parte, de que pueda producir un efecto preventivo y de su intensidad. Como se acaba de indicar, ello plantea, entre otras, la cuestión de la comprobación empírica de la eficacia preventiva de la pena en general, y de las consecuencias que, desde el punto de vista de su eficacia preventiva, cabe esperar de una modificación de la regulación legal -o de una modificación en la forma de interpretarla, o de los medios para su aplicación y la forma de utilizarlos- que aumente (o disminuya) la probabilidad de imponer una determinada pena, su gravedad, o la celeridad con la que se impone[316].

Y, tal y como afirma el autor, aunque se compruebe la eficacia de una determinada norma, es posible aun así negarle la legitimidad. No obstante, no resulta razonable la relación inversa, es decir, no parece tener sentido partir de que la pena se legitima a partir de su eficacia preventiva y, sin embargo, que existan datos empíricos que muestren que esa pena en concreto no tiene ningún tipo de eficacia o, por ejemplo, si tiene efectos contrarios a los esperados, esto es, efectos criminógenos.

---

ciencias penales se unan otras, como la Sociología, la Antropología o la Psicología, cuyas aportaciones no solo deben circunscribirse a la Criminología, tal y como se presentan tradicionalmente, sino a la Dogmática y a la Política Criminal. Solo de este modo será posible enriquecer las soluciones aportadas desde los distintos campos e iniciar el camino de recuperación del prestigio y la influencia que han caracterizado a las mejores etapas de la historia del sistema penal; en tanto éxito tienen en la actualidad en el marco del modelo de la seguridad ciudadana»

316 CARDENAL MONTRAVETA, S., «¿Eficacia...», *ob. cit.*, p. 2

4.4. Consecuencialismo crítico

En el primer capítulo se ha podido analizar la cuestión de la justificación de la pena por medio de una aproximación al debate de las distintas teorías, tanto con lo que respecta al debate clásico o tradicional como por lo que se refiere a los nuevos posicionamientos. De esa relación de posturas cabría resaltar dos cuestiones que resultan interesantes por paradójicas. La primera es la ya mencionada aceptación por parte de la dogmática de que el Derecho penal debe servir a fines y que la razón preventiva es lo bastante razonable como para legitimar, al menos parcialmente, la intervención e injerencia del Derecho penal. La segunda es con respecto al alegado renacimiento de las teorías retribucionistas o deontológicas. A mi juicio la paradoja se produce en ambas cuestiones por la omisión o no incorporación de las ciencias sociales en el debate de la función y justificación de la pena[317]. La primera resulta paradójica por cuanto

---

[317] Señala MIRÓ LLINARES con respecto a la función crítica de la dogmática y la doctrina con respecto a un legislador esencialmente reactivo que: «Frente a este legislador, caracterizado por el uso y casi abuso de la legislación como arma para la comunicación de la acción política, la dogmática penal ha mostrado sistemáticamente una encomiable actitud crítica, de freno de la irracionalidad legislativa. Pero, y no sólo por el hecho de no haber tenido excesivo éxito (siendo generosos), es necesario que pongamos en duda si la estrategia adoptada desde la doctrina ha sido la mejor posible, en particular que revisemos cómo hemos abordado en general tal función crítica y también que nos planteemos si hemos explorado todas las opciones posibles para hacerlo. A mi parecer la estrategia crítica de la doctrina penal al legislador ha estado caracterizada, por un lado, por focalizarse en el resultado dado, la legislación aprobada, obviando generalmente el proceso legislativo en sí; y, por otro, por fundamentarse en la comparación, general y cruda, de tal objeto dado, con los principios del derecho penal, sin apenas apoyar tal valoración en otras herramientas ajenas a la dogmática y desatendiendo la medición de las consecuencias y efectos de la legislación» (MIRÓ LLINARES, F., «Aproximación a la evaluación...», *ob. Cit.*, p. 932).

se ha comentado en otro apartado que se dan por sentados determinados efectos de la norma en la realidad que son empíricamente contrastables y que, sin embargo, no se acude a los datos empíricos disponibles que vendrían a confirmar o no las hipótesis de partida[318]. La segunda resulta también paradójica ya no tanto por la ceguera deliberada con respecto al papel de las ciencias sociales en Derecho penal, sino porque da la sensación de que ese renacimiento del retribucionismo o recuperación de determinadas ideas deontológicas se debe posiblemente al descrédito de las ideas preventivas en particular y del consecuencialismo en general[319]. Al fin y al cabo, uno de los grandes malestares de la dogmática actual y, por supuesto, de nuestra política criminal, es precisamente el proceso de expansión del Derecho penal que se ha venido sufriendo desde los años 60 aproximadamente[320]. Dentro de este proceso de expansión relatado de manera maestra en España por SILVA SÁNCHEZ[321], pero también y con respecto a la deriva de la política criminal por DÍEZ RIPOLLÉS[322]

---

318 Si bien, una posible explicación de ello es qué debe entenderse por consecuencia y orientación a las consecuencias. Así, como pone de relieve ORTIZ DE URBINA GIMENO, cuando la dogmática habla de consecuencias se suele más bien referir a las garantías que a las consecuencias empíricamente contrastables (ORTIZ DE URBINA GIMENO, I., «Análisis económico...», *ob. cit.*, p. 66).

319 Una sensación similar relata ALTMAN, M. C., *A Theory of Legal Punishment...*, *ob. cit.*, p. 170. Precisamente VON HIRSCH introduce la necesidad de su obra sobre la censura y la proporcionalidad de las penas atendiendo a los excesos punitivos acaecidos en los años 80-90 (años de las leyes de *law and order*) y que no dejan de basarse en algún sentido en premisas utilitaristas (VON HIRSCH, A., *Censure and Sanctions*, Clarendon Press, Oxford, 2003).

320 SILVA SÁNCHEZ, J. M., *La expansión del Derecho penal. Aspectos de la política criminal en las sociedades postindustriales (3ª Edición)*, Edisofer, 2001.

321 *Ibid.*

322 DÍEZ RIPOLLÉS, J. L., *Política Criminal y Derecho Penal -Estudios-*, Tirant lo Blanch, Valencia, 2020.

siguiendo los indicadores analizados y puestos de relieve previamente por GARLAND[323] , se pone de manifiesto un aumento constatable de la intervención punitiva, de una política criminal mucho más severa que la que los expertos entienden que debe ser la correcta, tanto desde un punto de vista normativo como empírico. No cabe negar que ha habido una expansión del Derecho penal, que cada vez se han aumentado más las penas de delitos ya existentes y que se han exacerbado las penas en nuestro ordenamiento jurídico hasta alcanzar penas como la prisión permanente revisable[324], del mismo modo que también han aumentado las criminalizaciones de conductas. Más allá del diagnóstico, de encontrar las causas de esta expansión, lo cierto es que hay un malestar evidente y compartido por la dogmática ante un Derecho penal que se ha catalogado incluso de insostenible[325] y una política criminal punitiva e irracional[326], con un legislador que es reactivo y lleva a cabo modificaciones del Código Penal de gran calado, en no pocas ocasiones para responder a alarmas sociales y, así, comunicar un cambio político frente a una sociedad que demanda una tutela penal más extensa de lo que un Derecho penal clásico o liberal demandaría[327]. Y en no pocas ocasiones se argumentan cambios legislativos (o al menos parece que es lo que está detrás de determinadas criminalizaciones y aumentos de la severidad de las penas) sobre la base de una prevención general negativa.

---

[323] GARLAND, D., *La cultural del control. Crimen y orden social en la sociedad contemporánea*, Editorial Gedisa, 2005.

[324] GÓMEZ BELLVÍS, A. B., y FALCES DELGADO, C., «Los efectos...», *ob. cit.*

[325] VV.AA., *La insostenible situación del Derecho penal*, Comares, Granada, 2000.

[326] MUSCO, E., «La irracionalidad en el Derecho penal», en *Revista Electrónica de Ciencia Penal y Criminología*, RECPC 16-r1, 2014; VARONA GÓMEZ, D., «Derecho penal democrático y participación ciudadana», en *Indret*, núm. 2, 2018.

[327] MIRÓ LLINARES, F., «Aproximación...», *ob. cit.*

Y si ello no se explicita de forma clara en las exposiciones de motivos de las leyes orgánicas correspondientes, sí que es más habitual encontrar declaraciones públicas de partidos políticos que, aprovechando un malestar social ocasionado por, bien sea crímenes específicos de especial trascendencia mediática por su gravedad o, por ejemplo, supuestas oleadas de otro tipo de delincuencia[328], utilizan su voz pública para comunicar a la ciudadanía su disposición a realizar cambios en el Código Penal y en cuantas leyes sea necesario para que este tipo de crímenes o delitos no sucedan[329]. Al final, la idea es la de la prevención general negativa (el mensaje no deja de ser: la pena es lo suficientemente alta y si no lo es, se puede incrementar más, para que al potencial infractor le resulte demasiado costoso realizar el delito, o si se permite el coloquialismo, «se lo piense dos veces») y también el de la inocuización (si las personas que realizan este tipo de delitos se encuentran en la cárcel durante largas temporadas ya no tendrán la capacidad de realizar este tipo de delitos). A estas alturas, es innegable el papel de los partidos políticos en esta deriva, tan criticada por la dogmática penal y la doctrina, toda vez que se van publicando las leyes orgánicas que modifican el Código Penal. Al respecto, no resulta extraño, por tanto, la actitud de desconfianza de los expertos en Derecho penal en el poder político y su papel con lo que respecta a esta rama del ordenamiento jurídico. Si los juristas que se dedican al Derecho penal ya recelan la intervención

[328] Véase el análisis detallado llevado a cabo por POZUELO, L., *La política criminal mediática. Génesis, desarrollo y costes,* Marcial Pons, Madrid, 2013; CASTAÑO TIERNO, P., «¿Otra política penal es posible? Un estudio sobre la viabilidad de una política criminal alternativa al populismo punitivo», en *Estudios Penales y Criminológicos,* vol. XXXIV, 2014.

[329] En Estados Unidos, por ejemplo, a este tipo de leyes y políticas se las conoce por el término utilizado por los políticos, leyes de ley y orden (*law and order*).

penal en sí (pues se han formado y han trabajado durante sus vidas académicas por un Derecho penal que se aproxime a los ideales liberales y, por tanto, siempre hay una desconfianza de partida en la intervención penal al ser concebida como la intromisión del Estado en los derechos fundamentales del ciudadano[330]), todavía más críticos y escépticos son con el Derecho penal actual y la forma en la que la política criminal se lleva a cabo. En este sentido, advierte DONINI esa relación de desconfianza entre la dogmática y el legislador al que se le acusa de irracional, impulsivo, emocional y cuyos métodos o formas de proceder «condicionan el método del estudioso del Derecho y comprometen, desde su origen, su relación fisiológica y positiva con la política, excepto en los casos en los que la ley ha recibido las sugerencias de los estudiosos»[331]. Resulta razonable

---

330 De hecho, este es un rasgo que se suele explicitar como uno de los indicadores del cambio de paradigma con respecto al Derecho penal y política criminal actual. A saber, la ciudadanía ya no recela el poder de castigar del Estado (DÍEZ RIPOLLÉS, J. L., *Política Criminal y…, ob. cit.*).

331 Especialmente interesante es el análisis de este autor con respecto a las razones históricas y filosóficas que se encuentran detrás de esta autonomía científica que en este trabajo se ha catalogado como aislacionismo. Entre ellas, destaca el autor, por un lado, «la exigencia científica de una distinción entre dogmática y política criminal, que reenvía al postulado de la separación de poderes»; «el convencimiento de que exista o prevalezca una descriptividad/neutralidad valorativa del saber científico (Weber, Kelsen), de ahí que algunos se hayan lanzado a la búsqueda de una solución con base en la perfectibilidad del *drafting* legislativo, en la forma en la que se escriben las leyes; es una corriente que insiste mucho en el derecho como norma abstracta (taxatividad, reserva de ley, prohibición de la analogía, estc.) y que infravalora al intérprete, además de subrayar las típicas y, ciertamente evidentes, razones de garantía»; «la versión más extendida, al menos en Italia, ha impuesto la necesidad de la 'autonomía del método jurídico' lo que ha conferido durante mucho tiempo al penalista de orgullo de poseer un

pensar, bajo mi punto de vista, que detrás de algunas propuestas de volver a elementos eminentemente deontológicos en las teorías sobre la función de la pena podría estar un ejercicio de esa función crítica y de contención en la dogmática que siempre ha acarreado el noble peso de velar por un Derecho penal «correcto» y propio de un Estado social y democrático de Derecho, esto es, lo menos punitivo posible. Sin embargo, creo que, de ser esta la razón que se encuentre detrás de las propuestas más recientes sobre teorías de la pena deontológicas, a saber, la denostada popularidad[332] de la perspectiva de la capacidad

---

'método' autónomo, un *know how* cualificante e irrenunciable»; «la idea de que sobre la verdad y sobre los principios no se decide por mayoría (Dworkin, Ferrajoli); o que las normas-'principio' son objeto de una ciencia superior, de un 'super derecho penal' antepuesto al legislador histórico que tiene que 'deducir las leyes de esta fuente de razón»; «la conciencia de que el derecho penal tiene un carácter no democrático, autoritario e 'intolerante' por definición»; «como consecuencia de todo lo que se ha dicho (en el punto e) surge una corriente que defiende al derecho penal de la instrumentalización de una política irracional o de parte, basada en el consenso o en el poder del consenso, en necesidades emocionales de la colectividad, pero que no se basa en la razón, ya sea ésta una racionalidad de fines o valores». (DONINI, M., «La relación entre…», *ob. cit.*, pp. 69-70).

332 Cualquier idea consecuencialista es de por sí impopular puesto que acarrea consigo determinadas consignas como la de utilizar al hombre como un medio y no como un fin en sí mismo. Posiblemente, esa denostada popularidad de esta línea de pensamiento y teorías se deba precisamente, con respecto a lo que la prevención general negativa se refiere, a que se preste más atención y preocupación a las cuestiones valorativas que a las empíricas. Como explicaba ANDANAES ya en 1975: «Gran parte del debate sobre la cuestión de la prevención general ha sido de naturaleza emocional y no ha separado las cuestiones empíricas de las cuestiones de valor. Una línea de investigación se refiere a si la amenaza de castigo funciona o no, por ejemplo, si un cambio en el riesgo de detección o en la severidad de la sanción supondrá una diferencia en la tasa de criminalidad y, en caso afirmativo, cuánta diferencia. Otra línea de investigación se

preventiva o directiva de la conducta de la pena y la elaboración de la norma con miras a esa función preventiva, ésta no se encontraría justificada. Por un lado, porque la prevención, como se verá en el próximo capítulo, se puede lograr por medios distintos a la disuasión intimidatoria o coactiva. Por otro, porque renunciar a la prevención como justificación en favor de justificaciones deontológicas como una forma de contener la expansión punitiva puede ser algo precipitado[333]. Que

---

refiere a si es éticamente defendible o políticamente aceptable hacer uso del mecanismo de amenaza y castigo y en qué medida. Puede haber buenas razones para ser emocional en algunas cuestiones políticas, por ejemplo, las que implican la pena capital, el castigo corporal o la severidad de la sanción. Algunos tipos de sanciones serán rechazadas en una Sociedad civilizada independientemente de su eficacia. Pero en la medida en que se considere relevante el efecto disuasorio sobre la delincuencia, debería intentarse echar un vistazo objetivo y desapasionado a las pruebas disponibles antes de tomar partido en las cuestiones políticas. Con demasiada frecuencia, el enfoque ha sido el contrario: la gente ha dejado que su opinión sobre las cuestiones empíricas se vea fuertemente influida por sus preferencias políticas» (ANDENAES, J., «General Prevention Revisited: Research and Policy Implications», vol. 66, núm. 3, en *J. Crim. L. & Criminology*, 1975, p. 339).

333 Igualmente ALTMAN: «El giro hacia la retribución, justo cuando la criminología se dio cuenta de sus deficiencias y se propuso mejorar su metodología, refleja una tendencia más general entre los filósofos a vigilar sus propios límites disciplinarios. Según Hallvard Lillehammer, el "paradigma institucional" de la filosofía incluye la "negative frecuentemente coercitiva a permitir que la investigación filosófica sea empíricamente tratable". Sin embargo, dice que deberíamos "sospechar de la tendencia de este paradigma institucional a postular verdades que son "básicas", "últimas" o "fundamentales" justo en el momento en el que las cosas empiezan a parecer interesantes o problemáticas desde el punto de vista de aquellos al os que en la profesión nos referimos pretenciosamente como "no filósofos". La idea de que la criminología, debido a sus limitaciones, no debería tener nada que decir a la hora de determinar las políticas de

el legislador se empeñe en utilizar esta estrategia disuasoria mediante la idea, simple, pero en cierta manera intuitiva[334], de que aumentar el coste (la pena) del delito provocará que los potenciales delincuentes se abstengan de realizarlo, no debe conllevar automáticamente a la propuesta de tesis o teorías del castigo de tinte retribucionista como única solución a la deriva punitiva de la política criminal.

Las ideas retributivas o deontológicas no son el único medio para alcanzar una determinada proporcionalidad y racionalidad en el Derecho penal. Dicho de otro modo, podríamos decir que hay un sesgo cognitivo de la prevención, que hace que asociemos norma penal con prevención, en concreto, negativa, y que esto se produce o se debería producir en todo caso y con independencia de todos los demás condicionantes. Esta idea está presente tanto en el legislador como en la dogmática[335],

castigo moral y legalmente adecuadas es excesivamente despectiva. El recurso a verdades "obvias" como el merecimiento y la proporcionalidad, a menudo afirmadas como afirmaciones intuitivas, básicas o de sentido común, no es un progreso filosófico» (ALTMAN, M. C., *A Theory of Legal Punishment..., ob. cit.*, p. 181).

334 ALVIRA MARTÍN, F., «El efecto disuador de la pena», en *Estudios Penales y Criminológicos*, vol. VII. Cursos e Congresos nº 32. Servizo de Publicacións da Universidade de Santiago de Compostela, 1984.

335 En palabras de GRECO «la herencia del mundo intelectual de Feuerbach de alguna manera sigue viva tanto en el ámbito anglosajón, donde surgieron reformulaciones orientadas a la ciencia económica, sobre todo en el marco del llamado análisis económico del Derecho y del Derecho penal y donde las llamadas posturas "neoclásicas" otorgan a la intimidación un rol prominente, como en Italia con la monumental obra de Ferrajoli, quien relaciona los fines de prevención y de intimidación del Derecho penal no sólo con impedir hechos punibles sino también con impedir la venganza privada, y también en España, en el marco de una extendida opinión que sostiene una teoría de la intimidación en parte también inspirada en la psicología profunda y que tradicionalmente ven en la "función de

así como en el imaginario colectivo[336]. Pero difícilmente se va a poder romper esa asociación entre amenaza y cumplimiento, y comprender que una norma penal no siempre va a conducir a una prevención por medio de la amenaza legal (o al menos que no funciona como directamente enuncian determinadas teorías de la pena), sino que incluso puede empeorar la situación si no empezamos a tomarnos los datos empíricos en serio. Y, tal y como se ha indicado más arriba, suscribo las críticas de ORTIZ DE URBINA GIMENO cuando el autor señalaba que, precisamente por no atender a las ciencias sociales en materia de la pena y sus efectos, se le está concediendo un cheque en blanco al legislador[337] que tiene un marco teórico

---

motivación " de la norma penal un concepto central del Derecho penal y de la dogmática penal». Cita así GRECO a grandes penalistas como GIMBERNAT ORDEIG, LUZÓN PEÑA, MUÑOZ CONDE, MIR PUIG, SILVA SÁNCHEZ, entre otros, si bien con diferencias y matices entre unos y otros autores (GRECO, L., *Lo vivo y lo muerto en la teoría de la pena de Feuerbach. Una contribución al debate actual sobre los fundamentos del Derecho penal*, Marcial Pons, Madrid, 2015).

336 KLECK y colaboradores parecen deslizar que una de las posibles razones por las que la prevención general negativa o las ideas más intuitivas de la misma sean asumidas fácilmente es que sus premisas permiten mantener debates menos pasionales acerca de la pena, tienen una mayor apariencia de racionalidad: «En sociedades culturalmente diversas en las que el consenso sobre cuestiones morales dista mucho de ser total, muchos defensores prefieren justificar el castigo como un medio racional para lograr el fin de reducir la delincuencia. Como ha afirmado un académico, los argumentos basados en la disuasión para las políticas de control de la delincuencia permiten a los defensores evitar enfrentamientos apasionados e ilógicos sobre conflictos culturales irresolubles, proporcionando justificaciones basadas en las consecuencias prácticas previstas de las políticas» (KLECK, G., SEVER, B., LI, S., y GERTZ, M., «The missing link in general deterrence research», en *Criminology*, vol. 43, 2005, p. 625).

337 ORTIZ DE URBINA GIMENO, I., «¿Consecuencialimo...», *ob. cit.*

que sustenta sus decisiones sin que muchos expertos en Derecho penal puedan criticarle, si se permite el coloquialismo, «con los datos en la mano». No se trata solo de prevenir, sino de buscar la mejor forma de hacerlo. Y aquí, la toma en consideración de las consecuencias y de los efectos de la norma y de la pena son, a mi juicio, cruciales porque de lo contrario, si seguimos sosteniendo que la función de la norma en su enunciación es la de intimidar a la ciudadanía y que hay una relación entre esa intimidación y el cumplimiento de las normas, pero esto no se comprueba empíricamente, tenderemos (como creo que pasa) a desilusionarnos con las posibilidades preventivas del castigo. En palabras de ALTMAN:

> Los consecuencialistas no solo deben hacer afirmaciones generales y conceptuales sobre la motivación de las personas por los incentivos, sino que deben hablar sobre qué incentivos disuaden la delincuencia, en qué medida, y si los costes de infligir castigos específicos a clases concretas de delincuentes merecen la pena. Si no hay datos empíricos fiables en los que basar las políticas de justicia penal y las penas legales para delitos específicos, entonces debemos recurrir a otra teoría en busca de orientación[338].

Para la consecución del control y la prevención del delito la sociedad dispone de diversos mecanismos e instrumentos: los que se denominan medios de control social informal[339] y

---

338 ALTMAN, M. C., *A Theory of Legal Punishment*..., *ob. cit.*

339 Se trata de instituciones como la familia, los iguales, el trabajo, las instituciones educativas, las instituciones sociales, etc. (WEISBURD, D., FARRINGTON, D. P., y GILL, C., «What Works in Crime Prevention and Rehabilitation», en *Criminology & Public Policy*, vol. 16, núm. 2, 2017). Todos estos medios de control social informal son de máxima relevancia puesto que son aquellos que van a moldear y regular la conducta de cada miembro de la sociedad hacia el cumplimiento de las normas (VEGA FERNÁNDEZ, E. V., «El control y la prevención del delito como objeto de la criminología», en *Miscelánea Comillas. Revista de Ciencias Humanas y Sociales*, vol. 75, 2017)

cuando éstos fallan, los medios de control formal[340]. Entre estos últimos, por supuesto, se encuentra el uso del Derecho penal y, por tanto, la criminalización de conductas y la amenaza del castigo por parte del legislador. De hecho, de conformidad con los datos empíricos se puede argumentar que el Derecho penal sí previene, si bien no siempre va a ser de la forma en la que automáticamente pensamos (prevención general negativa), sino posiblemente a través de otros mecanismos como la interiorización de las normas y las intuiciones de justicia[341]. Pero la cuestión clave es, a mi juicio, la necesidad de acceder al conocimiento científico en materia del castigo y sus efectos con dos propósitos claros: por un lado, para que el castigo y el Derecho penal realmente sirvan mejor a su propósito preventivo y, por otro, para que la dogmática y la doctrina tengan los conocimientos necesarios para ejercer una crítica plena y con fundamento empírico a la intervención penal. A este último propósito es a lo que he denominado *consecuencialismo crítico.*

Éste último término no supone ninguna reconceptualización de alguna corriente del consecuencialismo, ni tampoco implica la defensa de alguna teoría de la pena en concreto, ni mucho menos es una propuesta de una teoría de la pena. Lo que sí que implica el término es la puesta de relieve de la necesidad de adoptar un enfoque consecuencialista de la pena en el que se tengan en cuenta «realmente» las consecuencias de la intervención penal, en concreto, de la pena y sus efectos y todo ello, medido empíricamente. Conocimiento que, por otro lado, puede ser empleado tanto *ex ante* como *ex post.* En este sentido, se añade el adverbio «realmente» porque da la

---

340 Estos medios están relacionados con los agentes formales del sistema de justicia penal (véase una descripción en MIRÓ LLINARES, F., y GÓMEZ BELLVÍS, A. B., «Capítulo 1...», *ob. cit.*

341 ROBINSON, P. H., «¿Una tregua...», *ob. cit.*

sensación (un tanto contradictoria) de que en la dogmática se entiende o se explicita expresamente que «lo empírico» es relevante para el Derecho penal y para la dogmática[342]. Sin embargo, pese a que lo anterior se asume, la dogmática sigue especialmente anclada en lo normativo y cuando se refiere a lo empírico obvia lo que se conoce empíricamente y lo que otras ciencias sociales con las mejores metodologías empíricas y diseños de investigación disponibles han aportado sobre el comportamiento humano, desaprovechando, por tanto, todo ese conocimiento.

Por lo que se refiere al adjetivo de «crítico», éste no hace referencia a ninguna corriente de la criminología crítica o marxista, sino que con él me refiero a una actitud crítica (pero informada empíricamente) con respecto a la pena. Se trata de utilizar y aprovechar el potencial de los datos empíricos para criticar y analizar los efectos de esta, para poder indicarle al legislador que la intervención que se propone no es adecuada porque no sirve a los fines que dice servir. Pero también es posible emplear el estudio científico de los efectos de la pena para aproximarnos a la idea de la «pena

---

342 Así, entiende SILVA SÁNCHEZ con respecto a las ciencias experimentales que «son asimismo extremadamente importantes. La relevancia de lo empírico (en un sentido más bien amplio, es decir, comprensivo de las ciencias del comportamiento y de las ciencias sociales) ha sido sostenida siempre por una corriente de la doctrina. Piénsese, en particular, en las aportaciones de autores frankfurtianos como Haffke, Lüderssen o Prittwitz. Tras unos años de decadencia, mi impresión es que esta perspectiva vuelve a estar en alza tanto en el continente como en el ámbito anglosajón. En España, la más relevante es la línea abierta en estos últimos años por Miró Llinares. Pero él mismo alude a que, entre otros, sobre todo Díez Ripollés y Molina Fernández han apuntado el camino que sigue» (SILVA SÁNCHEZ, J. M., «Los tres ámbitos de la dogmática jurídico-penal. Una defensa de la racionalidad valorativa», en *Indret*, núm. 4, 2019, p. 11, nota 63).

estrictamente necesaria». Del mismo modo, también es posible sobre la base de estos datos empíricos tener un apoyo para argumentar el principio de intervención mínima, en tanto en cuanto, es posible comprobar empíricamente qué tipo de sanción es la necesaria para motivar el cumplimiento o para generar deferencia hacia la norma de que se trate[343]. Se trata también de afrontar el debate de la función de la pena[344] de tal forma que éste pueda servir de guía a la política criminal y de mantener una actitud científica y, por tanto, crítica con el poder del Estado de castigar. Se trataría, en definitiva, de incorporar al debate dogmático sobre la pena una, en palabras de KAISER, «*actitud empírica* que no signifique otra cosa sino el trabajar antes con hechos que con opiniones y, ante todo, la disposición a doblegarse a la fuerza de los hechos, incluso en el caso de que se opongan a las propias expectativas y deseos del investigador. Esta actitud parte del principio de que es mejor quedarse sin respuesta antes que admitir una inadecuada»[345]. Ahora bien, asumir y partir de lo anterior no debería interpretarse como una forma o intento por parte de esta investigación de sostener o proponer un desmantelamiento de la reflexión y formulación normativa, ni de sustituir los juicios de valor o la

---

343 ALTMAN, M. C., *A Theory of Legal Punishment…, ob. cit.*

344 Así, también como explica ALTMAN, también se pueden aprovechar las pruebas empíricas para conseguir determinados consensos: «La cuestión no es qué es lo correcto de forma incondicional y ahistórica, sino cómo podemos avanzar en la mejora de nuestro propio e imperfect Sistema de delitos y castigos. La criminología no da una respuesta definitive a todas las preguntas, pero puede orientar el debate sobre la reforma de la justicia penal de forma productive […] Apelar a los hechos descubiertos por las ciencias sociales, nos ayuda a construir un consenso en lugar de reforzar una división política basada en diferentes valoraciones de los merecimientos» (ALTMAN, M. C., *A Theory of Legal Punishment…, ob. cit.*, p. 170)

345 KAISER, G., *Introducción a la Criminología* (Traducción de José Belloch Zimmermann), Espasa- Calpe, Madrid, 1983, p. 21,

racionalidad valorativa[346] por lo empírico, ni tampoco se trata una derivación del deber ser a partir del ser. Se trata únicamente de poner en relieve la necesidad de adoptar un enfoque más empírico que el sostenido hasta ahora en la dogmática sobre la pena y sus efectos, con el doble propósito de contribuir a que el Derecho penal cumpla o se oriente correctamente a sus fines preventivos y de disponer del conocimiento empírico como herramienta frente a un, por lo general, legislador reactivo y desinformado empíricamente[347]. Se trata, en última instancia, de no solo reconocer la importancia de la racionalidad (o justificación) instrumental de la toma de decisiones en materia de la pena, sino de materializar esa importancia por medio de la incorporación efectiva de datos empíricos en el debate, o incluso de la generación de nuestros propios datos empíricos, esto es, con la realización de estudios empíricos desde la propia dogmática o doctrina.

Es posible que lo expuesto hasta aquí suscite inmediatamente la pregunta, clásica en nuestro ámbito, de si para este viaje hacían falta estas alforjas. Al fin y al cabo, en este trabajo no se propone una teoría de la pena, ni tampoco se redefine o se proponen nuevos conceptos que supongan algo nuevo en este campo. Más bien al contrario: se ponen de relieve determinadas asunciones tradicionales y aparentemente asumidas en la dogmática (i.e. Derecho penal orientado a fines, consecuencialismo, función motivadora de la pena) y se señala la contradicción de que, a pesar de ello, los datos empíricos, salvo excepciones, brillen por su ausencia en el debate sobre la función de la pena y se indica que, a mi juicio, la incorporación de éstas enriquecería mucho al debate y también situaría a la doctrina en una

---

346 SILVA SÁNCHEZ, J. M., «Los tres ámbitos de...», *ob. cit.*

347 Así, algunos ejemplos en BENITO, D., *Evidencia empírica..., ob. cit.*; RANDO-CASERMEIRO, P., «Disuasión y piratería», en *Indret*, núm. 3, 2019.

mejor posición (incluso epistémica) para ejercer una función crítica frente a determinados excesos punitivos del legislador y, de esta forma, también este debate podría ser empleado como guía de la política criminal[348]. Sin embargo, entiendo

---

348 Se trataría de intentar mitigar una posición de la dogmática en la que, tal y como han advertido algunos autores de la doctrina, se ha situado durante mucho tiempo. En este sentido, TAMARIT SUMALLA con respecto a la forma en la que actualmente se lleva a cabo la política criminal (real) señala que la dogmática precisamente no ha contribuido a mitigar la situación (TAMARIT SUMALLA, J. M., «Política criminal con bases empíricas en España», en *Política Criminal*, núm. 3, 2007, p. 7). Del mismo modo, también MIRÓ LLINARES recalca que ante un legislador irracional que abusa del uso del Derecho penal la dogmática penal siempre ha mostrado una encomiable actitud crítica, pero cuestiona la estrategia adoptada y que ha consistido en no considerar las pruebas científicas sobre las consecuencias de las normas penales (MIRÓ LLINARES, F., «Aproximación...», *ob. cit.*, p. 932). Asimismo, encontramos de nuevo esta idea en el último autor cuando en una recensión al profesor SILVA SÁNCHEZ sobre su obra *Malum passionis*, obra en la que además de la propuesta de una teoría de la pena se muestra una preocupación por la tendencia populista y punitiva del Derecho penal, y se apuesta por la labor dogmática como única forma de enderezar un Derecho penal como el actual para conducirlo a un Derecho penal «correcto». Frente a ello, resalta MIRÓ LLINARES y, a los efectos que aquí nos interesa, que: «si bien no creo que esto trate de encontrar a los culpables de la deriva de las últimas décadas, todo parece indicar que la etiología lleva al reparto entre todos los agentes, la sociedad, la clase política, e incluso la dogmática, aunque aquél no debiera ser equitativo. Al fin y al cabo, los dogmáticos del Derecho penal tendremos que ver con lo que ha pasado, quizás más por nuestras omisiones que por nuestras acciones, pero no somos los responsables de la deriva. De esta aseveración, sin embargo, se deriva una premisa que, también debería tomarse en consideración: que al igual que no somos los responsables de su causación, es difícil que podamos ser también los responsables de la solución, por lo menos, si actuamos del mismo modo que lo hemos hecho hasta el momento (no digo que lo haya hecho el autor), encerrados en nuestros compartimentos

---

estancos (que Atienza dice con acierto que parece más un hecho físico que una metáfora), ajenos tanto a otros saberes como a la opinión de aquellos a quienes vamos a aplicar reglas y principios» (MIRÓ LLINARES, F., «Recensión a Jesús-María Silva Sánchez, *Malum passionis. Mitigar el dolor del Derecho penal*, Atelier, Barcelona, 2018 (267 págs.)», en *Indret*, núm. 1, 2019, p. 21). Esto también fue observado y criticado duramente por DÍEZ RIPOLLÉS, para quien el pecado original del garantismo ha sido precisamente la defensa a ultranza de «ciertos principios considerados intocables», lo cual ha conllevado a que se convierta en un peso muerto «a la hora de abordar cualesquiera iniciativas de control social dirigidas a resolver nuevas e ineludibles necesidades sociales». Como ejemplo de ello, DÍEZ RIPOLLÉS destaca «el olímpico desprecio hacia todo lo que suponga abandonar el cómodo hogar de los principios» y, por tanto, ignorar decididamente la aproximación a la realidad empírica. A modo de ejemplo, pone el principio de intervención mínima bajo el cual la dogmática ha tendido a «descalificar un buen número de iniciativas de activación del Derecho penal que luego, sin embargo, han mostrado una eficacia o efectividad aceptables sin que, por lo demás, hayan puesto en peligro principios básicos» (DÍEZ RIPOLLÉS, J. L., *Política Criminal…*, *ob. cit.*, pp. 89 y ss.) y, por último, también indica el autor que «por último, podríamos citar la incomprensible actitud según la cual la reflexión jurídico-penal se debe concentrar en una correcta interpretación de las leyes, ya que es mediante el aseguramiento de una aplicación judicial del Derecho acorde con los principios garantistas, salvaguarda en último término por el tribunal constitucional, como se satisfarán las aspiraciones del Derecho penal mínimo. Encerrados, consecuentemente, en la torre de marfil de la dogmática desdeñosos de los vaivenes políticos, hemos dejado que los encargados de elaborar las leyes operen sin el apoyo de elaboraciones teóricas y sin estar sometidos a constricciones normativas dignas de consideración» (DÍEZ RIPOLLÉS, J. L., *Política Criminal…*, *ob. cit.*, p. 90). Pero quizás, más duro es con esta forma de operar de la dogmática penal cuando expone que «la imagen de la academia jurídico-penal en los últimos tiempos roza en demasiadas ocasiones la irresponsabilidad. Nos resistimos a entrar en las cuestiones político-criminales candentes, para evitar ser abrasados en ellas, y preferimos refugiarnos en el templado mundo de

que poner de relieve las ideas anteriores sigue siendo todavía necesario, especialmente por cuanto todavía la dogmática, a pesar de las críticas al respecto, sigue sin encontrarse cómoda con el uso de los datos empíricos y mucho menos de llevar a cabo sus propios estudios empíricos sobre las consecuencias y efectos de la pena[349]. Del mismo modo, merece la pena subrayar que especialmente un sector de la doctrina sigue considerando que la dogmática puede llevarse casi de espaldas a los datos empíricos. Así, por ejemplo, es llamativa la defensa que GRECO lleva a cabo del sentido común o de la experiencia de la vida cotidiana como fuentes de un conocimiento suficiente para el jurista. De esta forma, reconociendo que cualquier defensa de una teoría de la pena basada en la intimidación requiere de dos premisas que son empíricas (por un lado, que la intimidación es el medio idóneo y necesario y, por otro, que la ciudadanía debe conocer la conminación penal), no defiende,

---

los conceptos jurídicos. Con ello renunciamos a desempeñar las tareas sociales que nos competen, incumplimiento que disimulamos torpemente mediante el empleo descalificante de un conjunto de lugares comunes» (*Ibidem*).

349 Una muestra de ello es la escasa relevancia o acogida que ha tenido entre los estudiosos del Derecho penal en el ámbito continental (pero también y especialmente en España) del análisis económico del Derecho. En realidad, este enfoque (siempre y cuando integre el conocimiento de otras disciplinas como la criminología, la psicología y en definitiva lo que se conoce de comportamiento humano hacia las normas) es una forma de ejercer un consecuencialismo crítico, ya que dispone de las herramientas metodológicas como para determinar cuestiones tan importantes como la pena estrictamente necesaria o la pena ideal desde un punto de vista consecuencialista. Sin embargo, tal y como explica ORTIZ DE URBINA GIMENO, la recepción del enfoque del análisis económico del Derecho ha sido prácticamente nula, a pesar de su utilidad. Posiblemente, la razón estriba, como señala el autor, en que la mayoría de la dogmática percibe esta disciplina como una que sacrifica lo normativo (ORTIZ DE URBINA GIMENO, I., «Análisis Económico...», *ob. cit.*, p. 65).

sin embargo, que el jurista deba comprender los efectos de las sanciones mostrados por los estudios empíricos (mayormente procedentes de la criminología). De este modo, cuando analiza las objeciones empíricas a la prevención general negativa destaca entre ellas que mientras que algunos estudios empíricos muestran un efecto disuasorio del castigo, también es posible encontrar, en cambio, estudios con resultados opuestos. No obstante, lo llamativo de su postura es que entiende que el jurista no está en disposición de juzgar la «fuerza informativa» de los distintos estudios que puedan contradecirse en sus resultados, si los hay, de conformidad con los parámetros de la correspondiente ciencia.

Para GRECO el parámetro del jurista es, por tanto, el del *sano sentido común.* Si bien no deja del todo claro qué debemos entender exactamente por «sano sentido común», ni tampoco cuando uno lo alcanza exactamente o si todos tenemos el mismo «sano sentido común», para este autor es este sentido «el que mantiene una distancia escéptica con respecto al hecho puesto de relieve por Schumann de que la juventud percibiría la punibilidad de la tenencia de drogas ligeras como tutela y por ello no sólo no se intimidaría con su prohibición sino que incluso se vería inducida a tener una actitud positiva acerca de las drogas (efecto bumerán), y con respecto a la implicación de que en toda la sociedad se origina efectos negativos de este tipo»[350]. Ahora bien, para GRECO, dejarse llevar por este sentido común no debe implicar un desprecio por las ciencias empíricas, pero de ningún modo deben éstas últimas someter a este sentido común. Concretamente lo expresa como sigue:

> Es precisamente este sano sentido común que sin dudas se deja instruir por las ciencias empíricas pero que de ningún modo se pone bajo su tutela, el que de manera más decisiva se opone al cuestionamiento del efecto de intimidación de las conminaciones penales. Como lo ha expuesto fundamentalmente

---

[350] GRECO, L., *Lo vivo y lo muerto…, ob. cit.* p. 287.

> Engisch, el mundo del jurista es el mundo de la vida cotidiana, por tanto, el mundo en el que se conduce una vida en común con otros hombres. Si los físicos no conocen los colores sino sólo rayos de luz de determinada longitud de onda en el espectro electromagnético, o no conocen sillas y mesas, sino sólo estructuras de átomos, si los psicólogos no hablan de pensamientos e intenciones sino sólo de conexiones de estímulos y reacciones o de contingencias de refuerzo y probabilidades de apropiación de determinados modelos de conducta, todo esto puede ser ignorado por el jurista sin perturbarse. Pues en el mundo de la vida cotidiana, que también es el mundo del Derecho, existen tanto colores como objetos corporales, y también sillas y mesas y estados mentales, así como pensamientos e intenciones[351].

Del mismo modo resulta interesante que la alternativa a lo que acaba de enunciar no es, para el autor, nada razonable, pues supondría caer en una suerte de *reduccionismo cientificista*, en el sentido de que

> Algo podría considerarse como dado sólo en la medida en que pueda ser constatado también por la ciencia empírica. Esto significa también que toda variación de las ciencias empíricas importa una variación de los límites del mundo [...] la concepción compartida implícitamente por la mayoría de los juristas, que fue puesta de relieve paradigmáticamente por Engisch y que se conecta también con las presentes reflexiones, parte de otra metafísica, que podría denominarse como *realismo cotidiano*. Según ella, la ciencia practicada por expertos no tiene el monopolio para determinar lo que es real sino que esta facultad concierne a todos los hombres que toman parte de la vida cotidiana, a los cuales naturalmente pertenecen también los científicos. [...] El *realismo cotidiano* aquí sostenido es el único enfoque racional para el jurista no sólo por el hecho de que de otro modo él se desconectaría del mundo de las relaciones interpersonales que, sin embargo, quiere regular, sino también porque este punto de vista, *incluso con frecuencia, encuentra representantes en las ciencias correspondientes*[352].

---

[351] *Ibid.*, p. 287-288.

[352] *Ibid.*, pp. 288-289.

No resultará extraño que la postura que sostengo al respecto se encuentre lejos de la sostenida por Greco. En primer lugar, porque un criterio epistémico como el *sano sentido común*, aunque sea lo que aparentemente se haya venido aplicando en la dogmática o la doctrina, no es uno ni robusto ni razonable, especialmente teniendo en cuenta el desarrollo actual de las ciencias sociales y, en cambio, supone un atrincheramiento en una forma de conocer la realidad social que puede quedar corta en comparación con la información que nos pueden proporcionar los estudios científicos sobre esa realidad[353]. Al menos, a mi juicio, no parece razonable indicar, por ejemplo, que una determinada conminación penal genera intimidación y, por tanto, disuasión y motiva al cumplimiento de las normas penales si existe todo un cuerpo de datos que sostienen lo contrario o que la razón por la que se cumple no es la intimidación sino otros mecanismos, por muy intuitiva o de «sano sentido común» que pueda parecer la primera afirmación[354]. En segundo lugar, porque si bien

---

353 Miró Llinares, F., «La función de la pena...», *ob. cit.*

354 Del mismo modo, Feijoo cuando explica que la comprobación empírica de que la enunciación o la ejecución de la pena disuade no implica que de esta comprobación empírica derive el significado de la pena estatal, pero afirmar esto último, tal y como señala el autor «no significa, sin embargo, que la perspectiva empírica o los datos aportados por ciencias empíricas carezcan de utilidad [...] Una teoría de la pena puede ser insostenible si se pone de manifiesto que sus puntos de partida contradicen ciertos conocimientos reconocidos sobre la realidad. Por ejemplo, que se demuestre fehacientemente la imposibilidad de la pena de cumplir determinadas funciones que se le asignan de prevención general intimidatoria o de tratamiento. El deber ser no se deriva del ser, pero evidentemente no puede prescindir de nuestras representaciones intersubjetivas de la realidad como límite. [...] Una pena que no puede cumplir las funciones que se le asignan y está destinada al fracaso carece de sentido» (Feijoo Sánchez, B., «Las teorías clásicas de la pena», en *Revista Peruana de Ciencias Penales*, núm. 12, 2002).

los físicos no conocen mesas y sillas sino aglomeraciones de átomos, discrepo de GRECO en que un jurista o un estudioso del Derecho que esté tratando el tema de la función de la pena y defienda una posición consecuencialista no deba conocer los efectos y las consecuencias de la pena[355]. En tercer lugar, porque el hecho de que un jurista en un determinado momento no esté en disposición de entender la fuerza informativa de los estudios empíricos conforme a los parámetros de la ciencia empírica no implica que, sin embargo, no deba estarlo si lo que propone implica asumir que la norma produce determinados efectos en la realidad o que el legislador debería guiarse por tal o cual forma de operativizar las normas porque de esa manera se puede conseguir que los potenciales infractores se abstengan de realizar delitos. En este punto, resulta difícil entender por qué, por ejemplo, si bien nos resultaría extraño que para la toma de decisiones en materia de economía o salud nos guiáramos por un realismo cotidiano, sin embargo no nos provoque la misma extrañeza cuando se trata del Derecho penal que aspira a regular una

355 De hecho, quizás, posiblemente uno de los obstáculos que se da para la toma en consideración de la información empírica sobre los efectos de la pena sea posiblemente el desconocimiento de este tipo de ámbito. De la misma opinión es ROBBENNOLT, cuando explica que «un segundo obstáculo importante que impide la consideración cuidadosa de la investigación emírica se deriva del hecho de que muchos participantes en el sistema jurídico, como los jueces y los legisladores, que están llamados a evaluar los datos empíricos, carecen de la formación en la ciencia, la metodología de la investigación empírica y la estadística que facilitaría una evaluación matizada de las pruebas científicas sociales [...] No sólo la mayoría de los estudiantes de Derecho no provienen de entornos científicos, sino que (a pesar de algunas excepciones) la educación jurídica tampoco ha tendido a proporcionar formación en métodos de investigación empírica o estadística» (ROBBENNOLT, J. K., «Evaluating...», *ob. cit.*, p. 796)

concreta realidad social y de cuya regulación se esperan unos determinados efectos, además de tratarse del empleo del poder de castigar del Estado y, por tanto, las decisiones en este ámbito son especialmente sensibles.

En otras palabras, el ámbito de realidad que aspiramos a regular es lo suficientemente sensible e importante como para otorgar a los efectos y las consecuencias (para lo que hay que atender a los datos empíricos) un papel más importante por las razones aportadas a lo largo de este capítulo. Y todo ello sin que suponga, en contra de lo que sostiene GRECO, abogar por un reduccionismo científico, ni se pretenda sustituir lo normativo por lo fáctico, ni que tampoco implique una desconexión del jurista con la realidad. De hecho, no atender a los datos empíricos y darles más peso a las intuiciones o vivencias propias (cayendo en el sesgo de disponibilidad[356]) y a lo que uno pueda entender como «sano sentido común» puede ser lo que haga desconectar al experto de la realidad. Tal y como se ha venido argumentando, es posible sostener la conexión entre lo

---

356 Caeríamos en este sesgo cuando nos formamos nuestras creencias sobre la base de información anecdótica (TVERSKY, A., y KAHNEMAN, D., «Availability: A heuristic for judging frequency and probability», en *Cognitive Psychology*, vol. 5, 1973). Hay otros sesgos en los que solemos caer con esta línea de pensamiento como, por ejemplo, el sesgo del falso consenso (ROSS, L., GREENE, D., y HOUSE, P., «The false consensus effect: An egocentric bias in social perception and attribution processes», en *Journal of Experimental Social Psychology*, 13, 1977), el sesgo de confirmación (NICKERSON, R. S., «Confirmation bias: A ubiquitous phenomenon in many guises», en Review of General Psychology, 2, 1998) o el de desconfirmación (DITTO, P. H., y LOPEZ, D. F., «Motivated skepticism: Use of differential decision criteria for preferred and non-preferred conclusions», en Journal of Personality and Social Psychology, 63, 1992), y que pueden verse acuciados cuando encuadramos las posturas dentro de las alianzas teóricas o las llamadas "escuelas".

normativo y lo empírico, especialmente en el caso de la pena, sin que aparezca la sombra ni la sospecha de una falacia naturalista o de un reduccionismo cientificista.

Capítulo III

Los efectos de la sanción: dos caras de la misma moneda

1. INTRODUCCIÓN

En el anterior capítulo se ha partido de la premisa de que el Derecho penal debe estar orientado a las consecuencias (a la prevención), de la necesidad de atender a la racionalidad o justificación instrumental de la pena y, por tanto, de una posición consecuencialista en la que se evalúen empíricamente las consecuencias, esto es, se analicen empíricamente los efectos de la pena. Lo afirmado es especialmente importante con respecto a la prevención general negativa o el efecto disuasorio general del castigo. Posiblemente esta teoría es una de las más importantes en Derecho penal y es, al fin y al cabo, la que inspira el sistema de justicia penal de las sociedades occidentales de manera más o menos explícita[357]. Además, no solamente es

---

[357] POGARSKY, G., «Deterrence and decision making: Research questions and theoretical refinements, en KROHN, M. D., LIZOTTE, A. J., y HALL, G. P. (EDS.), *Handbook on crime and* deviance, Nueva York, Springer, 2009, pp. 241-258. En el mismo sentido, TOMLINSON, K., «An Examination...», *ob. cit*; TONRY, M., y FARRINGTON, D. P., «Strategic Approaches to Crime Prevention», en *Crime and Justice*, vol. 19, 1995, p. 4). Del mismo modo, obsérvese por ejemplo que en algunos sistemas de justicia penal la disuasión es uno de los objetivos específicos y explícitamente perseguido por las normas. Es el caso del Código Penal de Canadá. En este texto jurídico se explicita en el artículo 718 que *«The fundamental purpose of sentencing is to protect*

una de las teorías más relevantes en el debate dogmático sobre la función de la pena[358], sino que tampoco resulta difícil vislumbrar que esta teoría e hipótesis son las que se encuentran detrás de muchas de las políticas de prevención del delito y, también, de algunas reformas del Código Penal[359].

Grosso modo, la teoría de la prevención general negativa o disuasión general viene a indicar que es posible conseguir de la ciudadanía una motivación hacia el cumplimiento de las normas penales por medio de la amenaza de un mal en caso de incumplimiento, este es, la pena. En este sentido, dependiendo de cómo sea ese mal las personas adaptarán su comportamiento a lo establecido por la norma. Por ello, una estrategia disuasoria puede ser la de aumentar la severidad de la sanción porque se hipotetiza que si se aumentan los costes de esa infracción los individuos tomarán la decisión de no infringir la

---

society and to contribute, along with crime prevention initiatives, to respect for the law and the maintenance of a just, peaceful and safe society by imposing just sanctions that have one or more of the following objectives: [...] (b) to deter the offender and other persons from committing offences». Del mismo modo, explica RENKE que «los jueces que dictan sentencias se refieren habitualmente a la "disuasión" como un factor a tener en cuenta a la hora de fijar las penas, normalmente cuando se contempla una sentencia relativamente severa» (RENKE, W. N., «Book Review – Criminal Deterrence and Sentence Severity: An Analysis of Recent Research, A. von Hirsch, A. E. Bottoms, E. Burney and P-o. Wikström (Portland, Oregon: Hart, 1999)», en *Alberta Law Review*, núm. 597, 2001. Igualmente véase KENNEDY, D. M., *Deterrence and Crime Prevention. Reconsidering the prospect of sanction*, Routledge, New York, 2009.

358 GRECO, L., *Lo vivo y lo muerto..., ob. cit.*, p. 277). Del mismo modo, incluso los posicionamientos más recientes como los de RODRÍGUEZ HORCAJO y MIRÓ LLINARES.

359 Así afirman EASSEY, J. M., y BOMAN, J. H., «Deterrence Theory», en Jennings, W. G. (Ed.), *The Encyclopedia of Crime and Punishment*, John Wiley & Sons, 2016, p. 1.

norma. También puede ser la de aumentar la certeza de la sanción, pero en el ámbito de la política penal es más habitual que el legislador tienda a aumentar la severidad de las sanciones en lugar de la certeza de estas, posiblemente porque en términos de oportunidad política, recursos económicos, materiales y humanos resulta mucho más factible[360], y desde el punto de vista del Derecho penal sustantivo (del Código Penal) es la única estrategia posible. En todo caso, esta es una teoría especialmente intuitiva y simple[361], pero que está compuesta de diver-

---

360 BJORGO, T., *Preventing Crime. A Holistic Approach,* Palgrave Macmillan, 2016. Del mismo modo, ORTIZ DE URBINA GIMENO señala que actuar sobre la severidad de la sanción es más factible, ya que aumentar las probabilidades de aprehensión implicaría invertir el denominado «modelo embudo» del sistema de justicia penal. Concretamente, explica este autor que «elevar la probabilidad de condena supone actuar sobre uno o varios de los factores que tienen como resultado que la criminalidad pueda estudiarse siguiendo lo que en criminología se ha denominado "modelo del embudo". Expuesto *grosso modo*: el número de delitos cometidos es superior al de aquellos que son denunciados, el de denuncias superior al de actuaciones judiciales, y el de actuaciones judiciales superior al de condenas, de modo que el sistema de justicia criminal funciona como un filtro en forma de embudo que va seleccionando los casos. De este modo, para alterar el porcentaje de condenas habría principalmente que invertir más en efectivos policiales y judiciales (en general: en el sistema de administración de justicia criminal), con el consiguiente coste para el erario público. Menores son los costes que suelen asociarse al aumento del valor esperado de la sanción por medio del incremento de su dureza» (ORTIZ DE URBINA GIMENO, I., «Análisis económico...», *ob. cit.,* p. 58).

361 ALVIRA MARTÍN, F., «El efecto disuador...», *ob. cit.*; igualmente PATERNOSTER, R., «How much do we really know about criminal deterrence?», en *The Journal of Criminal Law and Criminology*, vol. 100, núm. 3, 2010, p. 766: «el concepto de dissuasion es bastante sencillo: es la omission de un acto delictivo por miedo a las sanciones o el castigo»; y también KENNEDY, D., *Disuasión y prevención del delito. Reconsiderando la expectativa de pena* (Traducción de Luciana

sas premisas fácticas y empíricamente contrastables: 1) la pena tiene potencialidad para dirigir la conducta de los ciudadanos; 2) las personas tienen capacidad de motivarse[362] conforme a la norma y eligen cumplir con la norma penal como consecuencia de esa amenaza, ya que somos seres racionales; 3) La pena justa es la pena estrictamente necesaria, esto es, la estrictamente necesaria para conseguir esa capacidad directiva de la conducta (no más)[363]. De esta forma, se hipotetiza una interacción clara entre las normas de Derecho penal y el comportamiento humano que tendría como resultado el cumplimiento de las normas penales y, por tanto, si el legislador pretende salvaguardar determinados bienes jurídicos y controlar la realización de determinadas conductas, una de las estrategias que puede emplear es, sin duda, la amenaza legal.

MORÓN), Marcial Pons, Madrid, 2016, p. 45: «Gran parte de la fuerza del marco teórico de la disuasión, y ciertamente gran parte de su atractivo en las conversaciones acerca de las políticas públicas, se deriva del sentido común que subyace a su esencia. El daño es algo que debe ser evitado, el beneficio es algo que debe ser buscado».

362 Efectivamente, tal y como explica JACOBS, es necesario distinguir entre disuasión y la capacidad de verse disuadido (en inglés, entre *deterrence* y *deterrability*). Así explica que «si la disuasión denota el proceso perceptive por el que los posibles delincuentes sopesan los riesgos frente a las recompensas para determinar si van a delinquir, la disuasión describe la capacidad o voluntad del posible delincuente de realizar este cálculo» (JACOBS, B. A., «Deterrence...», *ob. cit.*, p. 420).

363 MIRÓ LLINARES, F., «La función de la pena...», *ob. cit.*; Asimismo, TOMLINSON, K. D., «An Examination...», *ob. cit.*, p. 33: «Los principales supuestos de la teoría son los siguientes: (1) se transmite un mensaje a un grupo objetivo [por ejemplo, que está mal asesinar y que si quitas la vida a otra persona puedes ir a la cárcel o recibir la pena de muerte]; (2) el grupo objetivo recibe el mensaje y lo percibe como una amenaza; y (3) el grupo toma decisiones racionales basadas en la información recibida».

Con la criminalización de una conducta o con el aumento de la severidad de una ya tipificada en el Código Penal se manda un mensaje a la generalidad de la ciudadanía con el que se amenaza con un mal en caso de la realización de la conducta que se pretende evitar. Pero ¿sucede así en la realidad? ¿Se da esta interacción norma-cumplimiento de la manera en la que lo predice la teoría de la prevención general negativa? Si se da, ¿se produce para todo tipo de conminación y sujeto receptor del mensaje? ¿Cómo influye o, más bien, qué peso tiene la consideración de la norma y el castigo en la decisión de infringir una determinada norma?[364]

En el presente capítulo trataré de estudiar la respuesta a estas preguntas por medio de una aproximación a la literatura en la materia[365]. Asimismo, y una vez asentados los efectos

---

364 En este sentido, tal y como explica POGARSKY: las preguntas de investigación en esta materia han evolucionado desde la pregunta de si el castigo disuade a las preguntas del cómo, bajo qué condiciones y para quién (POGARSKY, G. «General Deterrence: Review with Commentary on Decision-Making», en VAN ROOIJ, B., y SOKOL, D. D. (EDS.), *The Cambridge Handbook of Compliance*, Cambridge University Press, Cambridge, 2021).

365 Tal y como explica GARCÍA PABLOS DE MOLINA, A., *Introducción...*, *ob. cit.*, pp. 324-325: «No es tarea fácil, por razones metodológicas, evaluar empíricamente el efecto intimidatorio real de la pena (de la pena abstracta con que se conmina la comisión de un delito, de la concreta que se impone al infractor) y, en general, la capacidad disuasoria del sistema legal (que dispone, además, de otros instrumentos y resortes, como la detención policial, la prisión provisional, etc., para el cumplimiento de sus fines). Sin embargo, el uso racional del castigo -objetivo prioritario del Estado social y democrático de Derecho, y de toda Política Criminal científica- exige la verificación empírica de su eficacia, de su utilidad, dada la estricta legitimación instrumental del mismo (sin olvidar, en todo caso, que un sistema legal en buen estado de funcionamiento ha de satisfacer otras exigencias y acreditar ciertas cualidades positivas más allá de su poder disuasorio y efectividad). Por ello, hoy interesa

preventivos-disuasorios de la sanción penal y determinado su alcance, me centraré en otro tipo de efecto de la sanción penal, el contraproducente, y otros enfoques de cumplimiento que tratarían de comulgar lo que desde otras ramas del conocimiento se ha averiguado que motiva al cumplimiento.

2. BREVE REFERENCIA A LA EVOLUCIÓN DE LA TEORÍA DE LA DISUASIÓN

Antes de entrar directamente en los efectos de la sanción penal, resulta interesante realizar una breve referencia a la evolución que ha sufrido la teoría de la disuasión, aunque solo sea para ofrecer una idea de que la misma ha ido adquiriendo nitidez con el paso de los años y con el aporte de las ciencias sociales.

Como se ha analizado de forma detallada en otro trabajo[366], se puede tomar como punto de partida (aunque de forma un tanto artificiosa) de la teoría de la disuasión a las propuestas de algunos autores reformadores de la Ilustración, como lo serían BECCARIA, BENTHAM y, en nuestro ámbito, FEUERBACH. Si bien sus posturas guardan grandes diferencias entre ellas, también lo es que se pueden extraer algunas ideas de los padres fundadores del Derecho penal moderno como: (1) La racionalidad

---

sobremanera a la Criminología verificar la eficacia disuasoria del castigo y sus variables: si es cierto -o no- que la amenaza de la pena evita la comisión de delitos y previenen la criminalidad; si la imposición y cumplimiento de la pena concreta mitiga -o no- el riesgo de reincidencia del infractor. En definitiva, si existe prueba empírica de que la pena satisface las necesidades y expectativas sociales que los modelos disuasorios asignan al castigo».

[366] GÓMEZ BELLVÍS, A. B., «Desde Feuerbach hasta Kahneman: un análisis de la evolución de la teoría de la dissuasion general», en *Revista General de Derecho Penal*, núm. 41, 2024.

del hombre; (2) el cálculo de costes y beneficios; (3) la utilidad de las penas en función de las características del castigo, especialmente enunciadas por los dos primeros: la certeza, la severidad y la prontitud.

Nadie dudaría hoy de que estos autores fueron de especial relevancia por sus contribuciones hasta el punto de que siguen siendo citados hoy en día por cualquier autor que desee tratar la cuestión de la prevención general negativa o la disuasión general[367]. Aunque en un principio tuvieron una gran acogida, sus postulados cayeron más tarde en el olvido en favor de explicaciones del delito más elaboradas y consideradas en aquella época menos pueriles como lo serían el positivismo criminológico y más tarde las explicaciones sociológicas del delito[368].

No fue hasta los años 60 del pasado siglo que la literatura, en este caso, la procedente de la economía, se volvió a interesar por esta teoría de la mano del laureado Gary BECKER. Esta esencial contribución vino tras la publicación de su célebre artículo *Crime and Punishment: An Economic Approach*, y con él reformuló la teoría de la disuasión como una teoría neoclásica del comportamiento criminal[369]. Si bien BECKER parte de los presupuestos de BENTHAM, mejoró la teoría en dos sentidos: por un lado, descartó el concepto de placer y dolor (difíciles de medir) y los sustituyó por las preferencias observables a partir de las elecciones; y, asimismo, empleó el lenguaje matemático para optimizar el sistema de sanciones penales[370]. BECKER,

---

367 NAGIN, D. S., CULLEN, F. T., y JONSON, C. L. (EDS.), *Deterrence, Choice, and Crime. Contemporary Perspectives*, Routledge, New York and London, 2018.

368 PATERNOSTER, R., «How much...», *ob. Cit.*

369 BECKER, G., «Crime and Punishment: an Economic Approach», en *Journal of Political Economy*, vol. 76, núm. 2, 1962.

370 HAREL, A., «Criminal Law as an Efficiency-Enhancing Device: The Contribution of Gary Becker», en DUBBER, M. (ED.), *Foundational Texts in Modern Criminal Law*, Oxford University Press, Oxford, 2014.

basándose en la teoría microeconómica de toma de decisiones en condiciones de incertidumbre, parte de la idea de que las decisiones que realizan los infractores son como las que hacen los consumidores o los trabajadores, donde con ellas se persigue la maximización de la utilidad a través del cálculo de los costes marginales y los beneficios derivados de la decisión[371]. Con estas asunciones, formula uno de los primeros modelos económicos del crimen bajo el paradigma de la utilidad[372]. Si bien con posterioridad se sucedieron muchos más modelos económicos del crimen que trataban de mejorar el de BECKER, se puede decir que su aportación fomenta el renacimiento de la teoría de la disuasión[373].

Además, esta reformulación supuso toda una revolución porque de acuerdo con este modelo económico y otros posteriores elaborados por economistas, efectivamente cuanto mayor eran los costes del delito, menor era la comisión de este. De hecho, las primeras puestas a prueba de la teoría de la disuasión con respecto a penas como la pena de muerte iban en la dirección de apoyarla, hasta tal punto de que hubo pronunciamientos penales en Estados Unidos que apoyaron el punitivismo penal (*Gregg vs. Georgia*) basándose en las predicciones de estos modelos económicos del crimen, como el contenido en el conocido artículo de EHRLICH *The Deterrent Effect of Capital Punishment: A Matter of Life and Death*[374]. Y, aunque sus resultados cayeron en desgracia a finales de los 70, estudios de economistas posteriores siguieron mostrando un efecto disuasorio

---

371 CHALFIN, A., y MCCRARY, J., «Criminal Deterrence: A Review of the Literature», en *Journal of Economic Literature*, vol. 55, núm. 1, 2017.

372 Ibid.

373 Ibid

374 EHRLICH, I., «The Deterrent Effect of Capital Punishment: A Matter of Life and Death», 65 Am. *Econ. Rev, 397.*, 1975

de la pena de muerte[375]. Estos estudios ganaron tal visibilidad y mediatización que una de los coautores, Joanna SHEPHERD, testificó delante del *House Judiciary Committee* para explicar textualmente que «hay evidencia científica de que cada ejecución disuade entre tres y dieciocho asesinatos». Ello es sólo una de las anécdotas que causó el uso de la teoría y sus presupuestos desde la economía sin tener en cuenta el conocimiento y aportaciones de otras disciplinas íntimamente relacionadas con el delito y su tratamiento, abriendo la conocida «enemistad académica» entre economistas y criminólogos.

En este sentido, empezaron a cobrar un gran protagonismo los criminólogos que se interesaron intensamente por estas cuestiones y empezaron a investigar la teoría de la disuasión, sus componentes, sus mecanismos y también las mejores estrategias analíticas de aproximarse empíricamente a cada una de estas cuestiones. De manera sintética[376] podríamos decir que gracias a la contribución especialmente de la criminología sabemos que la teoría de la disuasión es una teoría de la percepción en la que se concibe a la disuasión como un proceso de transmisión de la información, de comunicación de un mensaje que en este caso consistiría en la amenaza legal. Ese proceso de información estaría formado por tres grandes enlaces intermedios entre dos puntos: el primer punto es la enunciación del castigo y el segundo el comportamiento delictivo. El primer enlace se da entre la prescripción normativa y la comunicación de la amenaza a través de, por ejemplo, los medios de comunicación, la visibilidad de la policía o la efectiva aplicación de sanciones. El segundo enlace sería el que se da entre esa comunicación y las percepciones individuales que

---

375 VAN ROOIJ, B., y FINE, A., *The Behavioral Code: The Hidden Ways the Law Makes Us Better or Worse*, Beacon Press, 2021.

376 Véase en profundidad GÓMEZ-BELLVÍS, A. B., «Desde Feuerbach hasta...», *ob. cit.*

se han visto afectadas por esa comunicación, a lo que cabría sumar o restar el efecto de la experiencia delictiva previa propia o vicaria. Finalmente, el tercer enlace se produciría entre esas percepciones y el comportamiento delictivo. En este sentido, de acuerdo con esta nueva conceptualización, que las normas puedan disuadir va a depender en gran medida de cómo se perciban las características del castigo.

No obstante, la teoría de la disuasión no ha dejado de evolucionar y, actualmente, las nuevas líneas de investigación proceden de la aplicación de las propuestas de la economía del comportamiento (*behavioral economics*), que esencialmente proporciona un nuevo esquema mejorado de toma de decisiones[377]. Esto es: si hasta ahora se había manejado un esquema de la elección racional en el que el sujeto infractor toma una decisión sobre la base de un cálculo racional de costes y beneficios (asumiendo que tiene toda la información y toda la capacidad de cálculo posible), ahora se toma como base un esquema que reconoce que las personas no somos completamente racionales sino que tenemos sesgos y utilizamos heurísticos, que al producirse casi de manera sistemática, en cierta medida, se pueden incluir dentro de los correspondientes modelos. De acuerdo con las nuevas investigaciones, esto es lo que permitiría explicar los resultados de algunos estudios como, por ejemplo, por qué cambios en la severidad de las sanciones no afectan mucho a la toma de decisiones o

---

377 HAYDEN, G., y ELLIS, S. E., «Law and Economics After Behavioral Economics», en *Kansas Law Review*, vol. 55, 2007; THALER, R. H., *Misbehaving: The Making of Behavioral Economics*, Norton, New York, 2015; GAROUPA, N., «Behavioral Economic Analysis of Crime: A Critical Review», en *European Journal of Law and Economics*, vol. 15, 2003; PICKETT, J. T., «Using Behavioral Economics to Advance Deterrence Research and Improve Crime Policy: Some Illustrative Experiments», en *Crime & Delinquency*, vol. 64, núm. 12, 2018.

por qué a partir de determinados niveles de certeza ésta ya no tiene un efecto disuasorio marginal relevante[378].

En resumen, la teoría de la disuasión ha sufrido una evolución considerable a medida que desde distintos ámbitos de las ciencias sociales se han ido respondiendo preguntas de investigación acerca de este mecanismo. No es de extrañar que se le haya prestado tanta atención ya que, al fin y al cabo, es una de las herramientas de las que dispone el Estado y de las que más uso se hace para dar respuesta al delito. Pero, más allá de la evolución de la teoría que se ha producido de la mano de los estudios científicos, ¿en qué quedarían los efectos de la disuasión general? Este mecanismo, ¿funciona? ¿Hay otros mecanismos que se activen con la norma penal distintos de la disuasión? De estas preguntas me voy a ocupar a continuación.

3. RESPECTO DE LOS EFECTOS PREVENTIVOS

3.1. La hipótesis de la severidad

Si hay una hipótesis del enfoque de la disuasión general que es de especial interés para los estudiosos del Derecho penal y también para el legislador es precisamente la relativa a la severidad de la sanción. En última instancia, de las tres variables o características del castigo enunciadas por los precursores de este enfoque, la única que puede modificar el legislador mediante el Código Penal es la severidad de la sanción, y es lo que, por otro lado, suele hacer y por lo que se ha tachado de irracional a la política criminal de los últimos tiempos caracterizada por una deriva punitiva. En este sentido, el legislador

---

378 POGARSKY, G., «Heuristics and Biases in the Criminology of Compliance», en VAN ROOIJ, B., y SOKOL, D. D., *The Cambridge Handbook of Compliance*, Cambridge University Press, Cambridge, 2021.

tiene dos grandes opciones: a) puede aumentar la severidad mediante la criminalización cuando convierte en delito conductas que anteriormente no estaban permitidas o quedaban amparadas bajo otra rama del ordenamiento jurídico como el Derecho administrativo; b) también puede aumentar las penas de las conductas ya tipificadas. Así, un importante grueso de la investigación se ha centrado en analizar empíricamente en qué medida penas severas, como podría serlo en su extremo la pena de muerte o cambios en la política penal en el sentido de aumentar la severidad de las sanciones, han tenido un efecto preventivo-general, es decir, han tenido un impacto en las tasas o los índices de delincuencia. Si bien es importante tener en cuenta que la mayor parte de estos estudios se realizaron sobre efectos agregados[379] y este tipo de estudios traen consigo diversas limitaciones, a continuación, se presetará atención a dos grandes líneas de la investigación mediante las que los investigadores trataban de analizar si penas especialmente severas (y, por tanto, costosas) tenían relación con una menor delincuencia.

---

379 Así, muchos de estos estudios tratan de analizar los efectos de determinados cambios en la política penal que se producen en un Estado, pero en otro adyacente no. Es lo que también se suelen denominar experimentos naturales. En este sentido, si se tienen dos estados con índices de delitos similares y en uno de ellos aumenta la severidad de la sanción, lo que ocurra con respecto a los índices de delitos podrá compararse con aquel estado en los que no se haya cambiado la política penal y así observar los efectos de ese cambio. Otra variante de estos estudios es aquellos que tratan de evaluar los efectos de los cambios en la política penal atendiendo a los datos de antes y después de su implementación. Sin embargo, como explica DARLEY, este segundo grupo de estudios cuenta con la dificultad añadida de que los cambios en los índices de delitos pueden deberse a otras variables que no se controlan y, por tanto, aislar la variable de la severidad es más complejo (DARLEY, J. M., «On the unlikely prospect of reducing crime rates by increasing the severity of prison sentences», en *Journal of Law and Policy*, vol. 13, núm. 1, 2005).

3.1.1. Efectos preventivo-generales de la pena de muerte

Una de las predicciones del modelo neoclásico de la disuasión es que si se incrementan los costes de la sanción la utilidad del delito se reduciría y, por tanto, aumentar la severidad del castigo debería traer aparejada una reducción del delito. Posiblemente, uno de los mejores ejemplos para comprobar si esta afirmación tiene lugar en la realidad es la pena de muerte en la medida en que no cabe la posibilidad de aumentar más la severidad una vez que tal pena esté establecida en el ordenamiento jurídico[380]. Además, como explican CHALFIN y MCCRARY, por medio de este tipo de pena se puede analizar de la forma más adecuada en términos metodológicos los efectos preventivos de la severidad de la sanción. Ello porque como la pena de muerte en Estados Unidos (allá donde esté en vigor) no está vinculada con una variación en la intensidad de la vigilancia policial[381], la severidad de la pena capital queda como una variable aislada. ¿Tiene, entonces, efectos preventivo-generales la pena de muerte? Un grupo de estudios han tratado de responder a esta pregunta por medio del análisis de series temporales con el objetivo de analizar si la tasa de homicidios se reduce

---

380 En palabras de SERRANO MAÍLLO: «parte de la discusión se ha centrado, desde hace tiempo, en los eventuales efectos preventivos generales de la pena de muerte. La explicación es sencilla: puesto que la pena de muerte priva a una persona de su bien más preciado, como es la vida, y por eso es una sanción de enorme severidad, debería ser especialmente apta para prevenir el delito» (SERRANO MAÍLLO, A., *Introducción…*, *ob. cit.*, p. 287).

381 Así, explican los autores que «en la medida en que la variación en el régimen de la pena capital de un estado no está relacionada con los cambios en la intensidad de la vigilancia policial, el efecto de la pena capital representa una medida pura de disuasión con cualquier respuesta de asesinato a la presencia o intensidad de la pena capital no atribuible plausiblemente a la incapacitación» (CHALFIN, A., y MCCRARY, J., «Criminal Deterrence…», *ob. cit.* p. 28).

tras una ejecución[382]. Los resultados de estos estudios indican que no se produce tal efecto preventivo[383] y que si se produce es muy pequeño y a corto plazo[384]. Otro grupo de estudios ha tratado de analizar el efecto preventivo de la pena de muerte utilizando datos de panel de diferentes estados de los Estados Unidos. Al respecto, siguiendo a CHALFIN y MCCRARY, si bien ha habido resultados mixtos en la literatura[385], diversas investigaciones han mostrado que aquellos estudios que arrojan resultados a favor de la hipótesis disuasoria adolecen de carencias metodológicas importantes y, que, sin embargo, estudios más prudentes y cuidadosos en términos metodológicos y estadísticos arrojan resultados negativos, esto es, la pena de muerte no

---

[382] Si bien este tipo de estudios ha recibido importantes críticas. Por un lado, las relacionadas con el hecho de que solo analizan las propiedades objetivas del castigo y, por otro, de tipo conceptual (Véanse las críticas y limitaciones en CHARLES, K. K., y DURLAUF, S. N., «Pitfalls in the Use of Time Series Methods to Study Deterrence and Capital Punishment», en *Journal of Quantitative Criminology*, vol. 29, núm. 1, 2013).

[383] STOLZENBERG, L., y D'ALESSION, J., «Capital Punishment, Execution Publicity and Murder in Houston, Texas», en *Journal of Criminal Law and Criminology*, vol. 94, núm. 2, 2004. Asimismo, ZIMRING, FAGAN y JOHNSON tampoco encuentran evidencia del efecto preventivo al comparar Singapur que aplica la pena de muerte y Hong Kong que no la aplica. Ambos países muestran las mismas tendencias en los índices de homicidios a lo largo de los 35 años estudiados y analizados en este estudio (ZIMRING, F. E., FAGAN J., y JOHNSON, D. T., «Executions, Deterrence, and Homicide: A Tale of Two Cities», en *Journal of Empirical Legal Studies*, vol. 7, núm. 1, 2010)

[384] LAND, K., RAYMOND, H. C., TESKE, JR., y ZHENG, H., «The Short-Term Effects of Executions on Homicides: Deterrence, Displacement, or Both?», en *Criminology*, vol. 47, núm. 4, 2009.

[385] Véase CHALFIN y MCCRARY para una recopilación de estudios de este tipo que mostraban efectos disuasorios y otros, sin embargo, no (CHALFIN, A., y MCCRARY, J., «Criminal Deterrence...», *ob. cit.*).

tendría un efecto preventivo-general[386]/. ¿Por qué, entonces, se da la situación *a priori* contra intuitiva de que la pena más severa posible no disuada, incluso cuando sea la pena sobre la que más calibración se ha encontrado[387]? APEL esboza tres posibles explicaciones: la primera corresponde a lo que se ha denominado el «principio de la certeza», que hace referencia a que los potenciales delincuentes tienen más en cuenta la certeza que la severidad de la sanción y, en este sentido, la pena de muerte es una que se centra en la severidad. La segunda es que los potenciales delincuentes se ven más influenciados por elementos situacionales y las circunstancias inmediatas que rodean al evento delictivo, a lo que cabe añadir la posibilidad de que actúen bajo los efectos del alcohol u otro tipo de sustancias,

---

386 KOVANDZIC, T. V., VIERAITIS, L. M., y BOOTS D. P., «Does the Death Penalty Save Lives? New Evidence from State Panel Data, 1977 to 2006», en *Criminology and Public Policy*, vol. 8, núm. 4, 2009. Para una revisión de la literatura más exhaustiva en materia del efecto preventivo de la muerta véase NAGIN, D. S., y PEPPER, J. V. (EDS.), *Deterrence and the Death Penalty*, National Research Council of the National Academies, 2012. Este último documento es un informe del *National Research Council*, y llega a una conclusión muy similar a la que se llegó en el informe previo de 1978: «El comité concluye que las investigaciones realizadas hasta la fecha sobre el efecto de la pena capital en el homicidio no informan sobre si la pena capital disminuye, aumenta o no tiene efecto alguno en las tasas de homicidio. Por lo tanto, el comité recomienda que estos estudios no se utilicen para fundamentar deliberaciones que requieran juicios sobre el efecto de la pena de muerte en el homicidio. En consecuencia, las afirmaciones de que las investigaciones demuestran que la pena capital disminuye o aumenta la tasa de homicidios en una cantidad determinada o que no tiene ningún efecto sobre la tasa de homicidios no deben influir en los juicios políticos sobre la pena capital» (p. 2).

387 Así, el clásico estudio de WILLIAMS, K. R., GIBBS, J. P., y ERICKSON, M. L., «Public knowledge of statutory penalties: the extent and basis of accurate perception», en *Pacific Sociology Review*, vol. 23, 1980.

reduciendo así la capacidad disuasoria de los castigos severos y distorsionando el cálculo entre beneficios y castigos. Por último, también apunta el autor a que la literatura en materia de disuasión perceptual o subjetiva ha puesto de manifiesto que los potenciales delincuentes se ven influenciados por las experiencias previas con el delito y el castigo, y en mucha menor medida por las experiencias vicarias. Téngase en cuenta que en el caso de esta pena, la actualización del riesgo no puede darse, obviamente, por medio de una experiencia previa sino más bien por medio de experiencias vicarias. En este sentido, afirma el autor que «como no se pueden actualizar los riesgos percibidos en función de las propias experiencias con la pena de muerte, la perspectiva de la disuasión perceptiva se debilita»[388].

3.1.2. Efectos preventivo-generales del incremento de la severidad

Otra línea de investigación en la materia ha sido la evaluación de los efectos preventivo-generales de los aumentos de la severidad de las penas. Siguiendo con la hipótesis de la severidad del modelo neoclásico, si el delito se hace más costoso, si la amenaza es más potente, los potenciales infractores deberían abstenerse de realizar el delito en la medida en que, bajo tales condiciones, la decisión de infringir no sería racional. Así, por ejemplo, el mensaje comunicativo que se lanza con leyes como las «*three strikes and you are out*», o leyes en las que el incremento de la severidad es evidente como, por ejemplo, las cadenas perpetuas, debería ser lo suficientemente poderoso como para controlar el delito. Sin embargo, de los estudios agregados no parece concluirse tal cosa. En este sentido, Doob y Webster

---

388 Apel, R., «Sanctions, Perceptions, and Crime: Implications for Criminal Deterrence», en *Journal of Quantitative Criminology*, vol. 29, 2013, p.96.

llevaron a cabo una revisión de la literatura en la materia de la que se pueden extraer las siguientes conclusiones:

i. En primer lugar, si bien las primeras investigaciones mostraron que la severidad sí estaba asociada con una reducción de las tasas de delincuencia[389], estos estudios no son fiables por las grandes deficiencias metodológicas y estadísticas que presentan. Concretamente, Doob y Webster desgranan al detalle cada uno de los problemas de los que adolecen estos estudios entre los que destacan los siguientes: a) los resultados de estos estudios pueden explicarse por medio de otros mecanismos (i.e., es posible que el impacto de los incrementos en la severidad en la reducción de delitos no sea tanto un efecto disuasorio como de incapacitación de los delincuentes); b) la operativización de la severidad de algunos estudios se ha mostrado problemática, del mismo modo que el diseño de investigación puede sesgar los resultados[390];

---

389 I.e., Levitt, S., D., «The Effect of Prison Population Size on Crime Rates: Evidence from Prison Overcrowding Litigation», en *Quarterly Journal of Economics*, vol. 111, 1996. No obstante, para una recopilación y crítica de estos estudios véase en profundidad Dobb, A. N., y Webster, C. M., «Sentence Severity and Crime: Accepting the Null Hypothesis», en *Crime and Justice: Review of Research*, vol. 30, 2003.

390 En este sentido, algunos estudios en los que se ha mostrado que el efecto disuasorio se produce, han empleado casos escenarios. Es especialmente citado el trabajo de Klepper y Nagin (Klepper, S., y Nagin, D., «Tax Compliance and Perceptions of the Risks of detection and Criminal Prosecution», en *Law & Society Review*, vol. 23, núm. 2, 1989). En este estudio, los autores utilizaron la técnica del caso escenario sobre un hipotético caso de evasión de impuestos por parte de un fontanero. En este caso, la severidad percibida de la sanción se midió como la probabilidad percibida de que tal fontanero se enfrentara a una investigación penal. Más allá de si esta es la forma correcta de operativizar la severidad de la sanción, también se ha criticado a este estudio que se ha presentado como evidencia

c) en algunos de estos estudios surgen serias dudas con respecto a la selección de los datos y la generalización de los resultados[391]; d) algunos de los estudios infieren algunas relaciones causales que en realidad no se ven sustentadas por los datos[392]; e) los resultados de algunos de estos estudios no han mostrado un patrón

---

del efecto disuasorio del castigo (de la severidad, en concreto) que los resultados pueden apuntar en esa dirección en la medida en que el hecho del incumplimiento pasado puede afectar a la estimación de una persona de la probabilidad de ser descubierto por las autoridades. Asimismo, ha sido criticado el diseño de investigación en la medida en que la técnica de los casos escenarios no indican el comportamiento real de los sujetos, sino solamente cómo ellos creen que se comportarían ante un hipotético caso escenario. Es lo que VON HIRSCH y colaboradores han denominado «disuasión de butaca» (VON HIRSCH, A., BOTTOMS, A. E., BURNEY, E., y WIKSTRÖM, P. O., *Criminal Deterrence…, ob. cit.*). Igualmente, también determinados estudios que concluyen que la severidad de las sanciones está asociada con el efecto disuasorio no operativizan de manera clara esta variable. Así, lo exponen DOOB y WEBSTER criticando el estudio de REILLY y WITT (REILLY , B., y WITT, R., «Crime, Deterrence, and Unemployement in England and Wales: An Empirical Analysis», en *Bulletin of Economic* Research, vol. 48, 1996). Concretamente critican que «Reilly y Witt (1996) examinaron ciertos índices de delincuencia a lo largo del tiempo en cuarenta y dos jurisdicciones policiales inglesas. Aunque el estudio se apoya en encontrar correlaciones entre la dureza de los castigos y los niveles de delincuencia, su medida de la severidad -la duración de la estancia en prisión, dada la condena- es peculiar dadas las circunstancias. De hecho, sólo utiliza la duración media de la condena como medida de la severidad, ignorando el hecho de que la probabilidad de ir a la cárcel era relativamente baja en muchos casos, así como variable a lo largo del tiempo. Por lo tanto, no está claro en este estudio qué mide realmente la variable "severidad"» (DOBB, A. N., y WEBSTER, C. M., «Sentence Severity…», *ob. cit.*, pp. 163-164)

391 *Ibid.*

392 *Ibid.*

persistente y, por tanto, podrían deberse más a una fluctuación aleatoria o a una casualidad[393].

ii. En segundo lugar, de la mayoría de los estudios que analizan concretamente el impacto de las leyes «*three strikes and you are out*»[394], tanto de los que son descriptivos[395]

---

393 Véase la recopilación y crítica de estos estudios *Ibid.*

394 Este tipo de leyes suponen, además, el tipo de política penal consistente en aumentar la severidad que más información puede dar con respecto al efecto preventivo-general de este tipo de estrategia legislativa por varias razones. Como indican Doob y Webster «Philip Cook (1980) sugirió -hace más de veinte años- que los experimentos sobre políticas acabarían proporcionando las pruebas empíricas más útiles para evaluar los efectos de las sentencias duras sobre la delincuencia. Las leyes de los tres strikes, y otros cambios drásticos en la política de sentencias en Estados Unidos introducidos en los últimos diez años, cumplen esta profecía, creando un entorno casi ideal para probar el efecto disuasorio. La disuasión es, en última instancia, una teoría de la percepción: el delincuente potencial debe tener la creencia de que la aprehensión y la condena supondrán un aumento de las penas. La legislación de tres delitos en varios estados de Estados Unidos se introdujo durante una oleada de publicidad y, en California, como resultado de una votación en referéndum. Por lo tanto, la oportunidad de que la gente conociera el aumento de las penas fue mucho mayor de lo que ocurriría si las penas elevadas se impusieran simplemente a través de casos rutinarios en un tribunal» (Dobb, A. N., y Webster, C. M., «Sentence Severity...», *ob. cit.*, p. 173).

395 *Cfr.* Zimring, F. E., Hawkins, G., y Kamin, S., *Punishment and Demoracy: Three Strikes and You're Out in California*, Oxford University Press, New York, 2001. En esta obra, los autores ponen en duda lo afirmado por el Gobernador de California en aquél entonces indicando que tras la implementación de esta ley se había reducido el crimen y que, en concreto, esta ley era responsable del 27% al 31% de la caída del crimen. Los autores cuestionan que esta reducción se haya producido por los efectos preventivos de la ley, en la medida en que señalan que este *crime drop* ya había empezado a producirse antes de la implementación de la misma. En todo caso, encontraron

como de los que son más sofisticados en términos metodológicos y estadísticos[396], no cabe concluir que el aumento de la severidad de la sanción genere una reducción de la delincuencia[397]. Y, aquellos estudios que han llegado a la conclusión de que se produce algún efecto disuasorio, éste no justificaría el coste de la imposición de este tipo de penas, en el sentido de que los beneficios del efecto preventivo de estas leyes son mucho más pequeños que los costes del encarcelamiento de una duración tan larga[398].

---

un posible efecto preventivo en la proporción de los arrestos de sospechosos por delitos graves (*felony arrest*) elegibles para caer bajo la ley de los tres *strikes* (hubo una reducción de 1.1% de este tipo de detenciones). Sin embargo, esta reducción se daba en los que eran elegibles para el tercer strike (esto es, los que habían cometido ya dos delitos), pero no para los del segundo *strike. Cfr.* también SCHIRALDI, V., y AMBROSIO, T. J., *Striking Out: The Crime Control Impact of "Three-Strikes" Laws,* Justice Policy Institute, Washington, D. C., 1997.

396 *Cfr.* STOLZENBERG, L., y D'ALESSION, S. J.,«'Three Strikes and You're Out': The Impact of California's New Mandatory Sentencing Law on Serious Crime Rates», en *Crime and Delinquency,* vol. 43, 1997; *Cfr.* AUSTIN, J., CLARK, J., HARDYMAN, P., y HENRY, A. D., «The Impact of 'Three Strkes and You're Out'», en *Punishment and Society,* vol. 1, 1999.

397 A esta conclusión llegaron también VON HIRSCH, BOTTOMS, BURNEY y WIKSTRÖM en el informe que llevaron a cabo como consecuencia de un encargo realizado por el Ministerio de Interior británico (*Home Office*) para realizar una revisión de la investigación sobre los principales estudios en materia de disuasión: «los estudios revisados no permiten inferir que el aumento de la severidad de las penas en general sea capaz de aumentar los efectos disuasorios» (VON HIRSCH, A., BOTTOMS, A., BURNEY, E., Y WIKSTRÖM, P. O., «Criminal Deterrence...», *ob. cit.*)

398 HELLAND, E., y TABARROK, A., «Does Three Strikes Deter? A Nonparametric Estimation», en *Journal of Human Resources,* vol. 422, 2007. A esta conclusión llega igualmente NAGIN, D. S., «Deterrent Effects on the Certainty and Severity of Punishment», en NAGIN, D. S., CULLEN, F. T., y JONSON, C. L. (EDS.), *Deterrence, Choice, and Crime. Contemporary Perspectives,* Routledge, New York and London, 2018.

3.2. La hipótesis de la certeza

Junto con la hipótesis de la severidad, el modelo neoclásico de la disuasión también predice que cuanto mayor sea la certeza de la sanción menor será la probabilidad de que un individuo decida tomar la decisión de cometer un delito. En este sentido, una línea de investigación en materia de disuasión es precisamente el análisis de la relación entre el incremento de la certeza, entendida ésta como certeza de ser aprehendido por las autoridades, y las tasas de delincuencia[399]. Como explica NAGIN, la literatura en la materia se ha dividido en dos grandes líneas: por un lado, aquella que estudia la relación entre la presencia policial y las tasas de delincuencia y, por otro, la que evalúa el efecto preventivo de diferentes estrategias policiales[400].

3.2.1. Sobre el efecto de la presencia policial

Una vía clara para aumentar la certeza de la sanción, entendida esta como la certeza de la aprehensión, es aumentar la visibilidad policial. Piénsese en un potencial infractor que

---

399 CHALFIN, A., y MCCRARY, J., «Criminal Deterrence...», *ob. cit.* Asimismo, como señala NAGIN, D. S., «Deterrent Effects on the Certainty...», *ob. cit.*, p. 167: «La policía puede prevenir la delincuencia a través de muchos mecanismos posibles. La aprehensión de los delincuentes activos es un primer paso necesario para su condena y sanción. Si la sanción implica el encarcelamiento, el delito puede prevenirse mediante la incapacitación del delincuente aprehendido. Muchas tácticas policiales, como la respuesta rápida a las llamadas de servicio o la investigación posterior al delito, tienen por objeto no sólo capturar al delincuente sino también disuadir a otros proyectando una amenaza tangible de aprehensión. Sin embargo, la policía puede disuadir, sin llegar a capturar a los delincuentes -su propia presencia puede disuadir a un delincuente motivado de llevar a cabo un acto delictivo previsto».

400 *Ibid.*

se encuentra delante de su objetivo, pero observa que a pocos metros se encuentra una patrulla de policía. Difícilmente cometerá el hecho delictivo delante de la propia policía ya que la certeza de que será aprehendido es bastante alta[401]. Como explican tanto NAGIN[402] como MEDINA ARIZA[403], los primeros estudios sobre el nivel de presencia policial (normalmente medido por medio del número de policías por cápita) y el delito (medido por medio de, por ejemplo, el número de arrestos) encontraban como obstáculo principal la simultaneidad y la dificultad de establecer la relación causal[404]. Pero más allá de las distintas generaciones de estudios en materia del efecto policial sobre el delito que van superando los problemas metodológicos de las investigaciones anteriores[405], los estudios en la materia parecen apuntar a que una mayor presencia policial está relacionada con una menor tasa delincuencia[406].

---

401 En este sentido, como explica NAGIN (*Ibid.*, p. 166), la policía puede ayudar a la prevención del delito por medio de su presencia, pero también a través de otras tácticas como la respuesta rápida.

402 NAGIN, D. S., «Deterrence in the...», *ob. cit.*

403 MEDINA ARIZA, J. J., *Políticas y estrategias...*, *ob. cit.*

404 También resumen este problema CHALFIN, A., y MCCRARY, J., «Criminal Deterrence...», *ob. cit.*

405 Puede verse un resumen en NAGIN, D. S., «Criminal Deterrence Research...», *ob. cit.*

406 Así, MEDINA ARIZA, J. J., *Políticas y estrategias...*, *ob. cit.*, p. 57: «La nueva generación de estudios a nivel macro de presencia policial sugieren, por tanto, que aumentar la presencia policial en la calle -contratando nuevos agentes o desarrollando políticas que aumentan la presencia policial en la calle -está asociada con reducciones de la delincuencia». Asimismo, resulta interesante un reciente experimento natural llevado a cabo por ARIEL, SHERMAN y NEWTON en el metro de Londres. En este sentido, los autores asignaron aleatoriamente 57 de los 115 andenes con una mayor delincuencia para que fueran patrullados por policías a pie durante periodos de 15 minutos, cuatro veces al día, durante turnos de 8 horas y cuatro veces a la semana. El resultado que observaron fue que en aquellos

Para NAGIN una prueba convincente de esta relación ya no son tanto los estudios que analizan si mayores efectivos policiales se relacionan con una menor delincuencia, sino justo lo contrario: si una reducción drástica de los efectivos policiales o de su productividad como consecuencia de, por ejemplo, recortes en el presupuesto o como respuesta a los escándalos de violencia policial contra las personas racializadas[407], reduce el delito o lo aumenta. Los estudios que han aprovechado este tipo de eventos y han analizado la relación entre el decrecimiento de la productividad policial y el delito han comprobado que el delito aumenta. Así, SHI analizó que en 2001 hubo un escándalo y malestar social por un nuevo caso de brutalidad policial contra un adolescente afroamericano desarmado al que abatieron, y como consecuencia de la presión y la investigación al respecto, la policía redujo su actividad y productividad policial. Tomando como comparación periodos anteriores al suceso, comprobaron que meses después del mismo las detenciones habían disminuido de forma sustancial, y durante ese mismo periodo en el que las detenciones eran menores, una serie de delitos aumentaron[408]. Otro grupo de estudios también ha analizado en qué medida la policía puede reducir el crimen después de un ataque terrorista, a partir del cual se distribuyen los efectivos policiales de una manera muy concreta y que no tienen como causa de su distribución la perpetración de otro tipo de actividades delictivas como los hurtos o los robos. Así, por ejemplo, DI TELLA y SCHARGRODSKY llevaron a cabo un estudio en el

---

andenes a los que habían aplicado este tratamiento, las llamadas al servicio público se redujo en un 21% (ARIEL, B., SHERMAN, L. W., y NEWTON, M., «Testing hot-spots police patrols against no-treatment controls: Temporal and spatial deterrence effects in the London Undergrould experiment», en *Criminology*, vol. 58, 2020).

407 NAGIN, D., «Deterrence: A Review...», *ob. cit.*

408 SHI, L., «The Limit of oversight in policing: Evidence from the 2001 Cincinnati riot», en *Journal of Public Economics*, vol. 93, 2009.

que analizaron el número de robos de vehículos a motor en tres barrios de Buenos Aires antes y después de un atentado que tuvo lugar el 18 de julio de 1994 en una asociación israelita y en el que 85 personas murieron y 300 resultaron heridas. Como los mismos autores relatan, una semana después del ataque el gobierno federal asignó protección policial a cada edificio de culto musulmán y judío del país. La causa de esta distribución policial permitía salvar el problema metodológico del que adolecen muchos de estos estudios: «[...] Dado que la distribución geográfica de estas instituciones puede presumirse exógena en una regresión de la delincuencia, este horrible suceso constituye un experimento natural por el que se puede romper la determinación simultánea de la delincuencia y la presencia policial»[409]. De esta manera, encontraron que en los bloques que habían recibido protección policial habían experimentado un 0.081 menos de robos de coches al mes que aquellos bloques que no tenían esa presencia policial. Teniendo en cuenta que después del ataque el número medio de coches robados por bloque del grupo control fue de 0.108, la presencia policial había reducido este tipo de delincuencia cerca de un 75%[410]. En este sentido, como explica MEDINA ARIZA «el hecho de que los diseños de estudio diferentes ofrezcan resultados en la misma línea hace que éstos sean más persuasivos»[411].

---

409 DI TELLA, R., y SCHARGRODSKY, E., «Do Police Reduce Crime? Estimates Using the Allocation of Police Forces After a Terrorist Attack», en *The American Economic Review*, vol. 94, núm. 1, 2004, p. 116.

410 Estudios que apuntan en la misma dirección se encuentran resumidos en NAGIN, D. S., «Deterrence in the Twinty-First Century» en *Crime and Justice*, vol. 42, 2013.; NAGIN, D. S., «Deterrence in the...», *ob. cit.*

411 MEDINA ARIZA, J. J., *Políticas y estrategias...*, *ob. cit.*, p 59.

3.2.2. Sobre las estrategias policiales

Los anteriores estudios vienen a señalar que parece que hay una relación entre la presencia policial y el delito, en el sentido de que cuando se ha producido un decrecimiento en los efectivos o en la productividad policial, han aumentado los delitos y, *sensu contrario*, un aumento de la presencia policial como consecuencia de otros hechos (ataques terroristas) se ha relacionado con una disminución de determinados delitos. No obstante, estos estudios no dan cuenta de la disuasión que producen las actividades concretas de la policía. Por ello, otra línea de investigación ha sido la de analizar en qué medida determinadas intervenciones y estrategias policiales que permiten incrementar el riesgo percibido de realizar el delito se relacionan con el mismo. Dentro de esta línea de investigación ocupa un lugar prominente lo que es la presencia policial en determinadas áreas o el *hot spot policing*, y también las estrategias de actividad policial orientada a la solución de problemas (*problem-oriented policing*). En cuanto a la primera, se trata de concentrar la presencia policial en aquellas áreas donde se concentra de manera particular el evento delictivo[412]. Sobre la efectividad de esta estrategia, BRAGA llevó a cabo en 2008 una revisión sistemática de la literatura donde resumió el resultado de nueve experimentos y cuasiexperimentos en la materia, evaluando los distintos programas que aplicaban estas estrategias en cinco ciudades estadounidenses y un suburbio australiano[413]/[414].

---

[412] Por ejemplo, WEISBURD y colaboradores encontraron que entre el 4 y el 5 % de los segmentos de calle de la ciudad sucedían sobre el 50% de los incidentes relacionados con el delito (WEISBURD, D., BUSHWAY, S., LUM, C., y YANG, S. M., «Trajectories of Crime at Places: A Longitudinal Study of Street Segments in the City of Seattle», en *Criminology*, vol. 42, 2004).

[413] BRAGA, A. A., *Police Enforcement Strategies to Prevent Crime in Hot Spot Areas.* Edited by Office of Community Oriented Policing, Washington, DC, US Department of Justice, 2008.

[414] Concretamente los siguientes: 1. *Minneapolis Repeat Call Adress Policing (RECAP) Program; 2. Minneapolis Hot-Spots Patrol Program; 3. Jersey*

En la revisión de todos estos programas el autor encontró que excepto en dos de los casos evaluados, en los demás hubo una reducción significativa como consecuencia de la aplicación del programa de que se trate. Así, concluye el autor que:

> Los resultados de esta revisión sistemática apoyan la afirmación de que centrar los esfuerzos de la policía en los lugares de alta actividad delictiva puede servir para prevenir la delincuencia. Siete de las nueve evaluaciones informaron de notables reducciones de la delincuencia y el desorden. [...] Esta revisión también respalda el creciente conjunto de pruebas de investigación que sugieren que los esfuerzos centrados en la prevención de la delincuencia no conducen inevitablemente al desplazamiento de los problemas de delincuencia[415].

Por otro lado, una estrategia dentro de la línea de la actividad policial orientada a la solución de problemas sería lo que se ha venido a denominar «disuasión focalizada» y cuyo ejemplo más célebre es la operación *Boston Ceasefire*[416]. *Este programa trató de solucionar el grave problema que sufría Boston entre finales de los años 80 y principios de los 90 referido a los homicidios de jóvenes de bandas juveniles. Estos hechos, además, se concentraban en las zonas más pobres de la ciudad, por lo que la estrategia policial se centró en dos elementos principales: por un lado, el del tráfico ilegal de armas; por otro, el de la violencia entre bandas. Sobre este último aspecto, los policías se reunieron con los miembros de las bandas juveniles en diversas ocasiones para advertirles de que si no cesaban en los delitos más violentos (los homicidios), entonces*

City Drug Markets Analysis Program (DMAP); 4. Jersey City Problem-Oriented Policing at Violent Places Project; 5. St Louis Problem-Oriented Policing (POP) in Three Drug market Locations Study; 6. Kansas City Gun Project; 7. Kansas City Crack House Police Raids Program; 8. Houston Targeted Beat Program; 9. Beenleigh (Australia) Calls for Service Project.

415 BRAGA, A. A., *Police Enforcement...*, *ob. cit.*, p. 24.

416 KENNEDY, D., *Disuasión...*, *ob. cit.*

utilizarían todas las medidas legales disponibles contra los miembros de la banda de forma colectiva («pulling every lever»). De esta manera, aumentaban la certeza y la severidad al perseguir todo tipo de delitos no relacionados con los homicidios pero que cometían estas bandas como por ejemplo el tráfico de drogas. El objetivo era, pues, conseguir que las bandas juveniles dejaran de cometer homicidios y delitos violentos, porque en caso contrario serían objetivo de toda la presión penal sobre ellos por todas las demás conductas delictivas de las que la policía tenía conocimiento. Al mismo tiempo, este programa también incluía toda una serie de ayudas sociales y de iniciativas de inclusión para aquellos jóvenes que manifestaran su voluntad de abandonar la carrera delictiva[417].

Todas estas iniciativas han mostrado en mayor o menor grado un resultado satisfactorio en términos de reducción de la delincuencia, por supuesto, con las limitaciones metodológicas

---

417 Medina Ariza, J. J., *Políticas y estrategias..., ob. cit.* Si bien es cierto que los homicidios se redujeron drásticamente, y este programa ha sido incluso calificado como el milagro de Boston, hay autores que lo han puesto en duda en la medida en que como no utilizaron un grupo control, es difícil poder decir con seguridad que tal reducción se debió a la operación de alto al fuego o a otra serie de factores, o incluso que el descenso de esa delincuencia no estaba incluido en un descenso del crimen que acontecía ya con anterioridad al inicio de este programa. No obstante, como resume Medina Ariza, otros programas similares aplicados esta vez sí con un grupo control, parecen apuntar a las conclusiones obtenidas por la operación *ceasefire* (Medina Ariza, J. J., *Políticas y estrategias..., ob. cit.*, pp. 75 y ss.). En todo caso, este tipo de programas no solo se pueden enfrentar a los correspondientes problemas metodológicos, sino que también deben hacer frente a problemas normativos que, posiblemente, harían que la aplicación de este tipo de programas en nuestro país fuera jurídica y éticamente muy controvertida (véase con detenimiento las críticas sostenidas por Pascual Matellán, L., «Hacia un prevencionismo...», *ob. cit.*, p. 28-29).

intrínsecas en todos estos programas, o las que tienen que ver con su propio alcance. Así, por ejemplo, si bien se ha encontrado en algunos estudios que el incremento dramático de la policía (*crackdown*) para intervenir sobre el mercado de la droga o la conducción influenciada aumentan el riesgo de ser detenido, aumentan la certeza, y ello está relacionado con un efecto disuasorio, éste último puede ser temporal. Es decir, se trata de un efecto que va perdiendo fuerza a medida que va pasando el tiempo desde esa intervención específica. Es lo que SHERMAN habría denominado «disuasión residual»[418]. Ahora bien, y como corolario, aunque es cierto que de los anteriores estudios y de las revisiones bibliográficas realizadas al respecto

---

418 SHERMAN, L. W., «Police crackdowns: Initial and residual deterrence», en *Crime and Justice*, vol. 12, 1990. En este sentido, es posible mantener durante un tiempo el efecto disuasorio una vez cesada la intervención policial. Este efecto se ha denominado y ha sido atribuido a la aversión a la ambigüedad. En este sentido, explica POGARSKY que «Existe una ambigüedad potencialmente considerable en la información de que disponen los posibles delincuentes sobre los riesgos de la actividad delictiva. [...] El discurso sobre la toma de decisiones en materia de delincuencia se ha centrado principalmente en la estimación puntual del riesgo, pero no ha considerado a menudo la variabilidad en la seguridad de las estimaciones de riesgo. Algunas excepciones son Nagin (1998) y Sherman (1990). Por ejemplo, Sherman (1990) atribuyó el decaimiento de la disuasión, la disminución de los efectos disuasorios con el tiempo, a la aversión a la ambigüedad. Razonó que el riesgo percibido de detección ante una nueva iniciativa de control de la delincuencia es menos seguro (y, por tanto, ambiguo) al principio, cuando la información y la experiencia con la política son menores. Esto aumenta la aversión a la ambigüedad y potencia la disuasión. A medida que aumenta la familiaridad con la iniciativa, la aversión a la ambigüedad disminuye, y también lo hace la capacidad disuasoria de la iniciativa. Por ello, Sherman (1990) recomendó modificar continuamente las intervenciones policiales para minimizar su previsibilidad y aprovechar la aversión a la ambigüedad» (POGARSKY, G., «Deterrence and Decision Making...», *ob. cit.*, p. 252).

se puede inferir que aumentar la presencia policial y la presión sobre los potenciales infractores puede ayudar a prevenir el delito, es necesario tener en cuenta que no siempre va a ser lo deseable y que también pueden suceder otra serie de consecuencias que pueden ser especialmente perjudiciales. Esto es, si bien a corto plazo se trata de estrategias que pueden facilitar la prevención del delito, es necesario tener en cuenta las consecuencias a largo plazo y que están relacionadas con la exclusión social[419].

3.3. Efectos preventivos de la dimensión subjetiva de la disuasión

Como se ha comentado en la breve exposición de la teoría de la disuasión y su evolución, un hito importante en la discusión fue el hecho de empezar a entender la teoría como una teoría de la percepción, donde lo realmente importante para la prevención no son ya tanto las características objetivas del castigo, sino más bien cómo las perciben los potenciales infractores. Esto es, lo que realmente tiene capacidad de prevenir, es que el sujeto perciba los costes del delito, no que estos existan objetivamente. Por este motivo, lo ideal sería que las características objetivas y subjetivas del castigo coincidieran. Sin embargo y, con todas las cautelas al respecto, cabría afirmar que la investigación muestra que esta correspondencia es en el mejor de los casos bastante débil, constituyendo tales hallazgos una preocupación para la teoría de la disuasión[420]. Si esa correspondencia no se da y lo único que puede hacer el legislador es modificar las características objetivas del castigo, pero por

---

419 Taylor, R., Harris, P. W., Jones, P. R., Weiland, D., García, R. M., y McCord, E. S., «Short-term changes in adult arrest rates influence later short-term changes in serious male delinquence prevalence: a time-dependent relationship», en *Criminology*, vol. 47, núm. 3, 2009.

420 Gómez Bellvís, A. B., «Desde Feuerbach hasta Kahneman...», *ob. cit.*

mucho que las modifique éstas no inciden en la percepción de los potenciales delincuentes, el mensaje comunicativo basado en la amenaza del mal que constituye la pena tiene todas las posibilidades de caer en saco roto. En este sentido, una de las críticas más esgrimidas por los críticos de la disuasión es que en la medida en que para que ésta surta efectos los potenciales delincuentes deben conocer la norma y la sanción asociada a su infracción y ello no se da en la realidad, difícilmente pueden verse motivados los ciudadanos al cumplimiento por esta vía[421]. Sin embargo, cabe preguntarse si, con independencia de un conocimiento lo más cercano posible a las características objetivas del castigo, en el momento de tomar la decisión de infringir una norma se tiene en cuenta la posibilidad abstracta de ser castigado y, en este sentido, si la amenaza del castigo tiene algún tipo de rol en la decisión de cumplir o no cumplir con las normas. En palabras de PATERNOSTER «sea cual sea el origen de las percepciones individuales de las amenazas de sanción, ¿existe una relación inversa entre las percepciones de la certeza, la severidad y la celeridad del castigo y la implicación en la delincuencia?»[422]. Esta ha sido una investigación preferente en materia de la dimensión subjetiva de la teoría de

---

421 En este sentido, ROBINSON explica que la disuasión produzca efectos se debe poder responder afirmativamente (cosa que es más complicada de lo que parece) al as siguientes tres preguntas: «1) ¿Conoce y entiende el delincuente potencial, directa o indirectamente, las implicaciones que para él tiene la norma que pretende influirle?; 2) Si las conoce, ¿hará uso de tal conocimiento en el momento de tomar sus decisiones?; 3) Si conoce la norma y es capaz y está dispuesto a ser influido en sus elecciones, ¿es su percepción de sus decisiones de un tipo tal que es probable que escoja cumplir las ley antes que cometer el delito? Esto es: ¿superan los costes percibidos del incumplimiento los beneficios percibidos de la conducta delictiva como para causar la decisión de omitir la conducta delictiva?», (ROBINSON, P. H., *Principios…*, *ob. cit.*, p. 54)

422 PATERNOSTER, R., «How much…», *ob. cit.*, p. 811.

la disuasión y podría decirse que ocupa el gran grueso de las investigaciones sobre el efecto disuasorio de las sanciones en determinados delitos.

3.3.1. Tres hitos de la medición de las percepciones del riesgo de ser sancionado

GEERKEN y GOVE ya apuntaron en 1975 que la teoría de la disuasión es una teoría de la percepción, argumentando frente a la visión macro previa que «creemos que es el momento de empezar a hablar de la disuasión como un mecanismo de transmisión de información y no simplemente como un sistema sancionador»[423]. En este sentido, sobre la base de lo apuntado por estos autores, pero también por WALDO y CHIRICOS[424], los investigadores trataron de analizar el efecto disuasorio de las características subjetivas del castigo. En esta línea de investigación destacan fundamentalmente tres hitos[425]:

i. En un primer momento, los estudios, basados en encuestas de autoinforme, solían preguntar por la percepción de la severidad y la certeza de las sanciones correspondientes a determinados delitos y, también, se les hacía preguntas de auto informe sobre esas conductas a los sujetos de las muestras. En este sentido, los resultados de este tipo de estudios iban en la dirección de señalar que los participantes que tienen mayores puntuaciones en la certeza percibida son aquellos que menos informaban realizar la

---

[423] GEERKEN, M. R., y WALTER, R. G., «Deterrence: Some Theoretical Considerations», en *Law and Society*, vol. 9, 1975, p. 498.

[424] WALDO, G. P., y CHIRICOS, T. G., «Perceived Penal Sanction and Self-Reported Criminality: A Neglected Approach to Deterrence Research», en *Social Problems*, vol. 19, núm. 4, 1972.

[425] PATERNOSTER, R., «How much...», *ob. cit.*; NAGIN, D. S., «Deterrence in the...», *ob. cit.*

conducta en concreto[426]. La severidad, sin embargo, no mostraba resultados tan consistentes como en el caso de la certeza. No obstante, en la medida en que estos estudios eran de tipo trasversal, la literatura pronto empezó a poner en duda estos resultados puesto que, en cierta medida, y conforme a lo que sabemos de la «actualización del riesgo» como consecuencia del «efecto experiencial», los resultados podían deberse precisamente a que aquellos que reportaban haber realizado las conductas por las que se preguntaba en los estudios estaban ajustando sus percepciones en función de su experiencia[427].

ii. Un intento de superación metodológica lo fueron los estudios de panel, es decir, estudios de tipo longitudinal que permiten tomar distintas medidas en el tiempo. De esta forma, se podía aislar la percepción al poder

426 PATERNOSTER, R., «Perceived certainty and severity of punishment: A review of the evidence and issues», en *Justice Quarterly*, vol. 4, núm. 2, 1987.

427 Así, tal y como explica PATERNOSTER, R., «Perceptual Deterrence Theory», en NAGIN, D. S., CULLEN, F. T., y JONSON, C. L., *Deterrence, Choice, and Crime. Contemporary Perspectives*, Routledge, New York and London, 2018, p.86: «Los estudiosos comenzaron a emplear diseños de panel en la investigación de la disuasión perceptiva, y estimaron modelos multivariantes que incluían variables como las sanciones informales y las creencias morales sobre los actos delictivos. Los resultados de estos estudios no apoyaron tanto la teoría de la disuasión perceptiva, ya que la mayoría de los estudios concluyeron que las creencias morales y las sanciones informales eran más importantes que las amenazas de sanciones formales a la hora de explicar el comportamiento delictivo, ya que los parámetros estimados para la certeza percibida y la gravedad del castigo eran bastante pequeños». Véase al respecto SALTZMAN, L., PATERNOSTER, R., WALDO, G. P., y CHIRICOS T. G., «Deterrent and experiential effects: the problem of causal order in perceptual deterrence research», en *Journal of Research in Crime and Delinquency*, vol. 19, núm. 2, 1982.

recoger datos previos a la comisión de una conducta y aislarla de la posible «actualización». Así, por ejemplo, Paternoster y colaboradores llevaron a cabo un estudio de panel con 300 alumnos a los que entrevistaron en dos ocasiones desde que empezaron la universidad (1974-1975). En las dos ocasiones se les preguntó a los participantes por sus percepciones del riesgo y también por su participación en conductas de hurto (*shoplifting*) de un objeto de menos de 10 dólares, y también por el consumo de marihuana. Estos estudios mostraron también un efecto disuasorio derivado de la certeza percibida, aunque no tanto de la severidad percibida. Por otro lado, también observaron que las sanciones informales tenían más peso en la inhibición de conductas que las sanciones formales[428]. En todo caso, aunque este tipo de estudios apuntan en la dirección de la disuasión (pero de forma muy débil) es necesario puntualizar dos cuestiones: por un lado, que, si bien estos estudios han mostrado que es posible un efecto disuasorio incrementando las variables de la disuasión (esencialmente la certeza), las intervenciones para esos incrementos pueden dar lugar a situaciones draconianas. Así, Matsueda y colaboradores llevaron a cabo un estudio de panel con los datos de la *Denver Youth Survey*, un estudio longitudinal sobre el consumo de droga en barrios de alto riesgo

---

[428] Pratt, T., *et. al.*, «The Empirical Status of Deterrence...», *ob. cit.*; Paternoster, R., «Perceived certainty...», *ob. cit.* Asimismo, también véase el estudio de Hirtenlehner, H., y Wikström, P. O. H., «Experience or deterrence? Revisiting and old but neglected issue», en *European Journal of Criminology*, vol 14, núm. 4, 2017. Se trata de un estudio de este tipo, pero llevado a cabo con datos de panel de Reino Unido, llegando igualmente a conclusiones relativas a que gran parte del efecto disuasorio se debe más bien a un efecto experiencial.

en Denver. Entre los resultados encontraron un efecto disuasorio significativo de la percepción del riesgo, aunque moderado. Concretamente, un incremento de diez puntos en la percepción del riesgo estaba asociado con una reducción del 3% en el caso de los hurtos y un 5% en el caso de los actos violentos. No obstante, concluyeron lo siguiente:

> Nuestro hallazgo de que el riesgo percibido de castigo tiene un efecto pequeño pero significativo es consistente con los modelos de elección racional (y aprendizaje social) del comportamiento individual, los supuestos utilitarios que subyacen a nuestro sistema de justicia penal y, por lo tanto, la legitimidad de utilizar algún nivel mínimo de la amenaza de castigo impuesta por el Estado. Pero dado que Estados Unidos tiene una de las tasas de arresto y encarcelamiento más altas de las naciones occidentales, aumentar la probabilidad percibida de arresto en 0,1 implicaría probablemente medidas draconianas por parte del sistema de justicia penal[429].

Por otro lado, algunos estudios señalan que la certeza percibida de ser detenido no tiene un efecto en la delincuencia autoinformada cuando tal riesgo está por debajo de lo que se ha denominado *tipping point* o punto de inflexión. Así, lo comprobaron LOUGHRAN y colaboradores en un estudio en el que situaron este *tipping point* en una probabilidad de arresto de 0,30. Además, en este estudio encontraron que también hay un punto a partir del cual el efecto preventivo no sigue incrementándose. En concreto, los autores analizaron que cuando la probabilidad percibida de arresto estaba entre el 0,3 y el 0,7, un aumento del 10% del riesgo

---

429 MATSUEDA, R. L., y KREAGER, D. A., «Deterring Delinquents: A Rational Choice Model of Theft and Violence», en *American Sociological Review*, vol. 71, 2006, p. 117.

percibido producía una disminución de más de la mitad de un tipo de delito. No obstante, cuando dicha probabilidad excedía del 0,7, un incremento del riesgo percibido no reducía tanto la comisión de ese delito[430].

iii. Pese al avance que supusieron los estudios anteriores, los investigadores en materia de disuasión objetaron que, aun así, era necesario medir las percepciones del riesgo en el momento en el que los potenciales delincuentes estén a punto de tener que tomar la decisión de si realizar una conducta o no, del mismo modo que es necesario encuadrar al participante en la conducta concreta. De esta manera se superarían dos problemas importantes: a) por un lado, la dificultad metodológica que supone no estar seguros de qué está figurándose concretamente el participante ante las preguntas sobre el riesgo percibido. Piénsese, por ejemplo, en el supuesto del consumo de marihuana. Si el participante cuando se le pregunta por el riesgo de ser arrestado está pensando en un escenario en el que él fuma en su domicilio, el riesgo de ser arrestado por la policía que reportará probablemente será mucho menor que el que reportaría el que asocia esa conducta a realizarla en público. b) Por otro lado, también se superaría la crítica relativa a que el tiempo transcurrido entre las diferentes medidas era demasiado largo[431]. En este sentido, a partir de estas críticas es cuando los estudios emplean la técnica del caso escenario como mejor forma de aproximarse a la cuestión[432]. En este tipo de estudios,

---

430 A este estudio se refieren tanto PATERNOSTER, R., «How Much...», *ob. cit.;* como LOUGHRAN, T. A., PATERNOSTER, R., PIQUERO, A. R., y POGARSKY, G., «On ambiguity in perceptions of risk: implications for criminal decision making and deterrence», en *Criminology*, vol. 29, núm. 4, 2011.

431 MEDINA ARIZA, J. J., *Políticas y estrategias..., ob. cit.*

432 SERRANO MAÍLLO, A., *Introducción..., ob. cit.*

el procedimiento que se sigue es el siguiente: se les facilita a los participantes un caso escenario lo más verosímil posible y se les pide que se sitúen en la situación descrita para posteriormente preguntarles por el riesgo percibido. De esta forma es posible manipular las características situacionales con el objetivo de estudiar la respuesta de los sujetos a los diferentes incentivos y desincentivos[433]. Este tipo de técnica y diseños se ha venido empleando para analizar los efectos disuasorios de las sanciones con respecto a distintos tipos de delitos. Así, por ejemplo, NAGIN y PATERNOSTER utilizaron esta técnica en un estudio en el que encontraron que las percepciones del coste de la sanción en la conducta de conducción influenciada en un escenario que implicaba una campaña policial (*crackdown*) era mayor que en la condición del escenario que implicaba recortes en la policía estatal y por tanto menor presencia policial[434]. BACHMAN, PATERNOSTER y WARD, por su parte, utilizaron la técnica del caso escenario para analizar los efectos de las sanciones formales, las informales y las creencias morales con respecto a los delitos de agresión sexual. Entre sus resultados encontraron que las «proyecciones»[435] de cometer una agresión sexual por

---

433 APEL, R., y NAGIN, D., «General Deterrence: A Review of Recent Evidence», en WILSON, J. Q. y PETERSILIA, J. (EDS.), *Crime and public policy*, Oxford University Press, New York, 2011

434 NAGIN, D. S., y PATERNOSTER, R., «Enduring Individual Differences and Rational Choice Theories of Crime», en *Law & Society Review*, vol. 27, núm. 3, 1993.

435 En concreto, los participantes de este estudio eran preguntados por la probabilidad con la que actuarían de la forma en la que el hombre del caso escenario había actuado si se encontraran en las mismas circunstancias. El ítem empleado por los investigadores fue el siguiente: «*What would be the likelihood that you would do what Tom did under these circumstances?*» (BACHMAN, R., PATERNOSTER, R., y WARD, S., «The Rationality of Sexual Offending...», *ob. cit.*)

parte de los participantes se veían afectadas por tres variables: el contexto del delito, las sanciones formales (ser expulsado de la universidad o ser arrestado) y también por las propias creencias morales. Desde la perspectiva del contexto, los participantes informaban mayores probabilidades de cometer la agresión sexual en los escenarios en los que se describía que la víctima volvía de una fiesta o volvía de una fiesta después de haber estado bebiendo que en el escenario en el que se describía que la víctima volvía de comprar. También las probabilidades eran mayores en los escenarios en los que la víctima se dejaba besar o acariciar que en aquel escenario en el que se resistía. En relación con las sanciones formales, observaron que el riesgo percibido de las sanciones formales tenía un efecto inhibidor significativo en las proyecciones de cometer el delito. Ahora bien, con respecto a aquellos sujetos de la muestra cuyo principal inhibidor de la conducta eran sus propias creencias morales no se veían afectados por las sanciones formales[436]. En realidad, este tipo de diseños y técnicas permiten analizar el efecto disuasorio de las variables de la teoría de la disuasión de prácticamente cualquier delito, y si tuviéramos que resumir de manera sucinta cuál es el conocimiento que se ha obtenido de esta tercera ola de estudios es que la certeza percibida tiene un efecto disuasorio, pero no en la misma medida la severidad percibida de la sanción, o más bien que en la medida en que la certeza de la sanción no sea suficiente para el participante, la severidad no va a generar un gran efecto disuasorio[437].

---

436 *Ibid.*

437 Paternoster, R., «Perceived certainty…», *ob. cit.*; Apel, R., y Nagin, D. S., «Perceptual Deterrence…», *ob. cit.*

Ahora bien, pese a que estos diseños han facilitado la manipulación experimental de variables situacionales y ha permitido, por tanto, mostrar que variables como la certeza percibida en tanto se pueda manipular produce cambios en la percepción del riesgo y, asimismo, esto influye en el proceso de la toma de decisiones de los sujetos, también se les ha criticado que el alcance de estos estudios es limitado, puesto que difícilmente se pueden vincular a las percepciones del riesgo en la realidad o las que tienen lugar con ya sea cambios político-criminales[438], o bien con modificaciones situacionales que acontecen en la realidad. Así, tal y como explican BARNUM, NAGIN y POGARSKY, la investigación empírica en materia de la dimensión subjetiva de la disuasión trata de responder a dos preguntas de investigación: a) si el comportamiento o la intención de comportarse de los infractores se ve afectado por las percepciones relativas al riesgo de ser castigado; b) si estas percepciones se basan en la realidad. Y, si bien con respecto a la primera pregunta, tal y como se ha venido analizando, hay una literatura extensa, no la hay en la misma medida con respecto a la segunda[439]. En este sentido, estos autores abren prácticamente una nueva línea de investigación que trata de abarcar la segunda pregunta empleando una técnica que va un paso más allá del caso escenario escrito y es a través del empleo de vídeos. De este modo, partiendo de las premisas de la

---

[438] MEDINA ARIZA, J. J., *Políticas y estrategias…*, *ob. cit.* Asimismo, NAGIN, D. S., «Criminal Deterrence Research…», *ob. cit.*, p. 5 ya indicaba que «La conclusión de que las decisiones sobre la delincuencia se ven afectadas por las percepciones de riesgo de las sanciones no es condición suficiente para concluir que la política pública puede disuadir la delincuencia. A menos que las propias percepciones sean manipulables por la política pública, no se logrará el efecto disuasorio deseado».

[439] BARNUM, T. C., NAGIN, D., y POGARSKY, G., «Sanction risk perceptions, coherence, and deterrence», en *Criminology*, vol. 59, 2021.

criminología ambiental como marco teórico que sugiere que las percepciones del riesgo están fuertemente influenciadas por los factores situacionales y contextuales de la oportunidad criminal, llevan a cabo un estudio experimental sobre la conducta de conducir por encima de los límites de la velocidad y observaron que las percepciones del riesgo de ser parado por la policía reportadas por los participantes se basaban en las condiciones objetivas proporcionadas por los vídeos a los que expusieron a los participantes. Con ello, los autores concluyen que tanto la disuasión como las consideraciones de seguridad son factores que los participantes tienen en cuenta a la hora de informar sobre las intenciones de incumplir[440].

3.3.2. La incorporación al modelo de la disuasión de las sanciones informales

Además de conceptualizar la disuasión como una teoría subjetiva consistente en la comunicación de un mensaje al infractor, GEERKEN y GOVE también distinguieron claramente entre dos mecanismos disuasorios. Por un lado, el de las sanciones formales y, por otro, el de las informales, algo que ya habían apuntado algunos años antes ZIMRING y HAWKINS. Así, estos dos últimos autores indicaron que: «Las acciones oficiales pueden desencadenar reacciones sociales que pueden dar a los posibles delincuentes más razones para evitar la condena que el desagradable castigo impuesto oficialmente»[441].

Los potenciales infractores se verían disuadidos por las posibles consecuencias sociales derivadas del castigo o de una detención. Efectivamente, las sanciones informales pueden entrar a formar parte del cálculo racional de los individuos en

---

440 *Ibid.*

441 ZIMRING, F.E., y HAWKINS, G. J., *Deterrence: The Legal Threat in Crime Control*, University Chicago Press, Chicago, 1973, p. 174.

el sentido de que éstos pueden verse disuadidos de realizar determinadas conductas si piensan que la gente de su entorno con la que tiene un determinado vínculo social como amigos, familia, compañeros de trabajo, etc., reaccionarían de manera negativa al enterarse de su conducta. Entre las sanciones informales aparejadas con la violación de determinadas normas sociales podrían encontrarse el sentimiento de vergüenza[442], el ostracismo, la desaprobación social, el juicio moral negativo de los demás, entre otras[443]. En este sentido, un riesgo a tener en cuenta por el potencial infractor sería en qué medida los demás le reprocharían su acto o él mismo se sentiría mal por lo que ha hecho (costes extralegales) o en qué lugar de la comunidad le situaría el hecho de ser sancionado o qué costes indirectos tendría la sanción[444]. La predicción entonces

---

442 GRASMICK, H. G., y BURSIK, R. J., «Conscience, significant others, and rational choice: Extending the deterrence model», en *Law and Society Review*, vol. 24, 1990.

443 APEL y DEWITT (APEL, R., y DEWITT, S. E., «Informal and Formal Sanctions», en NAGIN, D. S., CULLEN, F. T., y JONSON, C. L. (EDS.), *Deterrence, Choice, and Crime. Contemporary Perspectives*, Routledge, New York/London, 2018, pp. 146 y ss.

444 En este sentido, cabe distinguir entre costes extralegales y costes indirectos. Tal y como describen APEL y DEWITT (*Ibidem.*), los costes extralegales son aquellos que se dan con independencia de la sanción, sino que vienen determinados por el acto criminal en sí mismo. Son los que tienen que ver con la conciencia, por ejemplo, que tiene lugar como consecuencia de la internalización de las normas sociales y que pueden traer al sujeto un sentimiento de vergüenza (no por la sanción aparejada al delito sino por la comisión del delito en sí), de arrepentimiento o de culpabilidad cuando se comete un delito que el sujeto considera que está moralmente mal. Otro coste extralegal sería lo que los demás pensarían del sujeto por realizar tales actos. En cambio, los costes indirectos serían aquellas sanciones informales pero que sí que se pueden derivar de la sanción formal. En este sentido, WILLIAM y HAWKINS diferencian entre tres tipos: el estigma, el apego y el compromiso. Los costes relativos al

es clara: aquellos sujetos que tengan un vínculo social fuerte con familia, amigos o en, definitiva, la comunidad, se verán más disuadidos de realizar determinadas conductas que aquellos que no tengan dicho vínculo[445]. Como explican APEL y NAGIN, la investigación empírica ha mostrado este enlace entre las sanciones formales e informales[446] en diversos ámbitos. Los

---

estigma se refieren al daño reputacional que podría traer aparejado el arresto. Los costes relativos al apego son aquellas consecuencias negativas que traería el recibir la sanción formal para las relaciones de apego con familiares, amigos, etc. Finalmente, los costes relativos al compromiso se refieren a los costes relativos a la imposibilidad o la dificultad para alcanzar objetivos futuros de tipo educativo, profesional, etc. (WILLIAMS, K. R., y HAWKINS, R., «Perceptual Research on General Deterrence: A Critical Review», en *Law & Society*, vol. 20, núm. 4, 1986)

445 Tal y como explican SULLIVAN, C. J., y LUGO, M., «Criminological Theory and Deterrence», en NAGIN, D. S., CULLEN, F. T., y JONSON, C. L. (EDS.), *Deterrence, Choice, and Crime. Contemporary Perspectives*, Routledge, New York/London, 2018, p. 111: «Entre una serie de desarrollos importantes en la literatura sobre disuasión perceptiva en los últimos años, ha sido esencial el reconocimiento de la importancia de las influencias no legales en el comportamiento delictivo, como la ganancia o la pérdida de estatus social. En general, aunque ciertamente no son irrelevantes, la severidad y la certeza de las sanciones legales por delinquir pueden ser difíciles de recordar con precisión en situaciones criminógenas. En consecuencia, los costes informales de la delincuencia pueden afectar más fácilmente a los riesgos y beneficios percibidos de la misma. Esta constatación de que los costes informales y no legales desempeñan un papel destacado en la toma de decisiones penales ha precipitado la integración de los principios de disuasión con otras perspectivas criminológicas que captan algunas de esas influencias (por ejemplo, el aprendizaje social, el autocontrol) para ayudar a elaborar la teoría y explicar los resultados empíricos pertinentes».

446 APEL, R., y NAGIN, D. S., «Perceptual Deterrence...», *ob. cit.*; del mismo modo PRATT *et al.*, «The empirical Status...», *ob. cit.;* y PATERNOSTER, R., «Perceptual Deterrence...», *ob. cit.*

estudios sobre evasión de impuestos de KLEPPER y NAGIN son quizás los más clásicos mostrando esa relación. Partiendo de que en Estados Unidos las acciones civiles ejercidas por parte de las autoridades fiscales son privadas a no ser que el interesado apele, momento a partir del cual se hacen públicas, llevaron a cabo un experimento con casos escenarios describiendo este tipo de situaciones y comprobaron que los participantes del estudio estaban más dispuestos a incumplir cuando lo único que estaba en juego era el dinero derivado de la sanción (sanción formal). Del mismo modo, aquellos participantes de clase media estaban menos dispuestos a incumplir si la reputación y el estatus dentro de la comunidad estaban en riesgo[447]. Esto es, aquellos sujetos con mayores indicadores en cuestiones convencionales se ven más disuadidos no ya tanto por la sanción formal en sí sino más bien por el riesgo a ser expuesto con motivo de su infracción[448]. En este sentido, la literatura contemporánea ha ido incorporando al marco teórico de la disuasión el efecto disuasorio de las sanciones informales asociadas a su vez con las sanciones formales[449]. Teniendo en cuenta lo anterior, NAGIN y POGARSKY desarrollaron un modelo de la disuasión, integrando un *proxy* de la celeridad, la impulsividad y también la distinción entre las consecuencias legales y extralegales[450]:

$$U(\text{Beneficios}) > pU(\text{Costes legales} + \text{Costes Extralegales})$$

De esta forma, el delito tendría lugar cuando los beneficios (entre los cuales no solamente se encuentran los económicos,

---

447 KLEPPER, S., y NAGIN, D., «The Deterrent Effect of Perceived Certainty and Severity Revisited», en *Criminology*, vol. 27, 1989.

448 NAGIN, D. S., «Criminal Deterrence Research...», *ob. cit.*

449 PATERNOSTER, R., «Perceptual Deterrence...», *ob. cit.*

450 NAGIN, D., S., y POGARSKY, G., « Integrating celerity, impulsivity, and extralegal sanction threats into a model of general deterrence: Theory and evidence», en *Criminology*, vol. 39, 2011.

sino también los emocionales y de cualquier otro tipo que el sujeto infractor perciba como un beneficio) superan a la probabilidad de que los costes legales derivados de la sanción y los costes extralegales que pueden incluir vergüenza, juicio de reproche del grupo de referencia, pérdida del estatus dentro de la comunidad, etc., ocurran. El modelo de NAGIN y POGARSKY, sin embargo, no incluye una medición directa de la celeridad, pero sí indirecta. Como tal incluyen un factor de descuento que vendría a indicar que los costes del crimen normalmente se retrasan mientras que los beneficios son inmediatos[451]. Al incluir este elemento, la función quedaría como sigue:

$$U(\text{Beneficios}) > \delta_t \, pU(\text{Costes legales} + \text{Costes Extralegales})$$

Donde el valor del factor de descuento es $\delta_t = 1/(1+r)t$

451 Así, señalan los autores que «Nosotros subsanamos esta deficiencia contabilizando formalmente los efectos independientes del momento en que se producen los costes y las recompensas en la decisión delictiva. Los problemas complejos exigen a menudo dos tipos de conmutaciones. Una de ellas se refiere a cantidades distintas, por ejemplo, el placer de robar un objeto deseado debe equilibrarse con el coste de ser atacado por el propietario durante el robo. Otro tipo de conmensuración es la de cantidades similares que ocurren en momentos diferentes. Por ejemplo, una determinada multa de 500 dólares en el futuro puede no compensar del todo los 500 dólares en efectivo robados inmediatamente. Aunque se trata de cantidades nominalmente equivalentes, una comparación directa requiere la asignación de alguna magnitud actual a la pérdida futura de 500 dólares. Este último tipo de conmutación es especialmente relevante para la toma de decisiones en el ámbito penal, ya que aunque los beneficios del delito suelen ser inmediatos, los costes suelen esperar al resultado de una investigación penal o de un proceso judicial. Nuestro modelo utiliza la noción de descuento como un "tipo de cambio intertemporal" para equilibrar los costes futuros con los beneficios inmediatos» (*Ibid.*, p. 871).

Los autores aplicaron este modelo en un estudio con una muestra de 252 estudiantes a los que exponían a un caso escenario sobre la conducción influenciada y entre los hallazgos destacan que, si bien la certeza y la severidad eran predictoras de la conducta, no lo fue la celeridad; que las consecuencias extralegales asociadas a la condena parecen disuadir al menos tanto como las consecuencias legales; que la influencia de la severidad disminuía en aquellos sujetos más orientados al presente; y que la certeza tenía un efecto disuasorio más robusto que la severidad del castigo[452]. En otro estudio similar, POGARSKY planteó a los participantes igualmente un escenario hipotético en el que habían estado bebiendo en un bar y tenían que decidir si conducir hasta casa. En este estudio el autor también encontró apoyo para la hipótesis relativa a la disuasión de las sanciones informales. Del mismo modo, POGARSKY dividió a la muestra en tres tipos de infractores en función de su capacidad para verse disuadidos entre los sujetos conformistas, los que tienen capacidad de verse disuadidos y los incorregibles. Los conformistas tendían a cumplir con la norma incluso cuando no habría ninguna posibilidad de que fueran detectados y, por tanto, a este tipo de potencial infractor no sería necesario disuadirlo; los que tienen la capacidad de ser disuadidos y que, de conformidad con el estudio, informaban que conducirían bajo la influencia del alcohol, tal probabilidad de hacerlo se vería reducida por la amenaza del castigo; y, los incorregibles que eran los participantes que se mostraban impermeables a la amenaza del castigo , conducirían igualmente a casa bajo los efectos del alcohol[453]. Sea como fuere, la literatura ha mostrado de manera consistente que los costes informales pueden tener un efecto preventivo

---

452 *Ibid.*

453 POGARSKY, G., «Identifying "deterrable" offenders: Implications for research on deterrence», en *Justice Quarterly*, vol. 19, núm. 3, 2002.

incluso mayor que los costes formales[454] y, por tanto, también ha mostrado la necesidad de aprovechar dicho potencial preventivo que proporciona la influencia social al que se le atribuye un rol importante en la prevención de conductas[455]. Tal es así que se ha sugerido que posiblemente una de las razones por las que la severidad de las sanciones (en la que se incluye tanto la severidad formal como la derivada de las sanciones informales) no tiene mucho efecto en la prevención del delito es por la cultura punitivista existente[456]. Esto es, de conformidad con NAGIN, para que una sanción informal (i.e. estigmatización por parte de la sociedad) tenga efecto, ésta debe ser relativamente inusual, en la medida en que cuanto mayor se impongan más se normalizan y menos efecto estigmatizador tienen[457].

---

454 REBELLON, C. J., LEEPER PIQUERO, N., PIQUERO, A. R., y TIBBETTS, S. G., «Anticipated shaming and criminal offending», en *Journal of Criminal Justice*, vol. 38, 2010.

455 Por ejemplo, STAFFORD y WARR indicaron que para medir el efecto disuasorio era necesario incorporar medidas que incluyeran no solo las percepciones individuales de la certeza y la severidad del castigo y la probabilidad de experimentarlas, sino también el comportamiento de cada sujeto (preguntas de autoinforme), la experiencia directa con el castigo y con la evitación del mismo; y estimaciones del comportamiento delictivo de los pares y las experiencias de éstos con el castigo y con la evitación del mismo (STAFFORD, M., C., y WARR, M., «A Reconceptualization...», *ob. cit.*).

456 MEDINA, J. J., *Políticas y estrategias...*, *ob. cit.*).

457 NAGIN, D. S., «Criminal Deterrence...», *ob. cit.*

3.4. ¿Y la celeridad?

En la literatura criminológica[458] sobre los efectos de la disuasión y la manipulación de las características del castigo, la menos estudiada es claramente la variable de la celeridad o de la prontitud[459]. De hecho, pese a que BECCARIA la definiera como una característica del castigo según la cual «tanto más justa y útil será la pena, cuanto más pronto fuere y más cercana al delito cometido»[460], *la literatura al respecto es especialmente escasa*[461]. *Los autores que recuperaron esta característica del castigo y la incorporaron específicamente a un modelo fueron, como se ha visto anteriormente, Nagin y Pogarsky, si bien los propios autores reconocen*

---

458 Si bien, como ponen de manifiesto PRATT y TURANOVIC (PRATT, T., y TURANOVIC, J. J., «Celerity and Deterrence», en NAGIN, D. S., CULLEN, F. T., y JONSON, C. L. (EDS.), *Deterrence, Choice, and Crime. Contemporary Perspectives*, Routledge, New York/London, 2018), esta falta de investigación en materia de celeridad se da especialmente en la literatura criminológica, porque en la literatura de la psicología del desarrollo (*developmental psychology*) hay una cierta tradición en los análisis empíricos de los efectos del tiempo del castigo.

459 RASKOLNIKOV, A., «Criminal Deterrence: A Review...», *ob. cit.*

460 BECCARIA, C., *Tratado..., ob. cit.*, p. 19.

461 Como explican PRATT, T. C., y TURANOVIC, J. J., «Celerity...», *ob. cit.*, p. 187: «En las últimas décadas, los criminólogos han dedicado la mayor parte de su energía a evaluar los efectos de la certeza y la severidad del castigo en el comportamiento delictivo. En comparación, las consecuencias criminógenas de la rapidez con la que se aplica un castigo -lo que se conoce como "celeridad"- han recibido mucha menos atención académica a lo largo de los años. Aunque los estudiosos de la disuasión han reconocido desde hace tiempo en sus evaluaciones y revisiones de la teoría de la disuasión que no se sabe mucho sobre la celeridad del castigo, no han realizado un esfuerzo concertado para llenar ese vacío en la literatura. De hecho, la aparente falta de conocimiento sobre los posibles "efectos de celeridad" del castigo no se considera tan significativa como para poner necesariamente en cuestión el estatus empírico de la teoría de la disuasión en general».

que en su modelo tienen más bien en cuenta una especie de proxy de la celeridad como es el posible descuento[462] y no tanto a la celeridad propiamente dicha. Concretamente, añaden a la fórmula «clásica» de la disuasión la tasa de descuento del individuo y el grado de retraso del castigo.

Posiblemente la escasez de trabajos al respecto no sea tanto por su posible efecto sino porque resulta bastante improbable la posibilidad del sistema de justicia penal de manipular la prontitud de la sanción. Esto es, es viable para el legislador poner a disposición del público más recursos policiales que traten de aumentar la certeza de la sanción, también es posible aumentar la severidad de las sanciones simplemente modificando las leyes penales y asignando penas superiores a los delitos existentes o criminalizando nuevas conductas. Pero el sistema de justicia penal tiene sus tiempos, y no parece realista o factible asegurar una prontitud del castigo e incluso podría ser desaconsejable si tenemos en cuenta las garantías que están en juego[463]/[464].

---

462 NAGIN, D., S., y POGARSKY, G., «Integrating Celerity...», *ob. cit.*

463 PRATT, T. C., y TURANOVIC, J. J., «Celerity...», *ob. cit.*,

464 Sin embargo, en opinión de RASKOLNIKOV que el sistema no esté hecho para «correr» es una afirmación precipitada. En este sentido, de conformidad con el autor determinados delitos y procesos son lo suficientemente rápidos (y así han sido diseñados) como para darle importancia a la celeridad, por cuanto el castigo es normalmente impuesto casi de manera inmediata. De esta forma, explica el autor que «En el mundo real -y condicionado a la detección- el castigo es ciertamente rápido, especialmente para los sospechosos de bajos ingresos. Se les detiene y encarcela en cuanto se les detecta, y no tienen recursos para pagar la fianza, por lo que su castigo no puede ser más inmediato. De hecho, para muchos delitos de poca monta, el proceso de detención es en sí mismo estresante y humillante. Se puede llamar o no castigo porque no refleja un veredicto judicial, pero sin duda es costoso para el acusado. En cambio, el enjuiciamiento de muchos delitos de cuello blanco sí refleja la imagen

Pese lo anterior, sí que es cierto que, si bien la literatura criminológica es escasa, desde el ámbito de la psicología se ha puesto a prueba la intuición beccariana relativa a que el castigo debe imponerse lo más pronto posible para que el sujeto infractor asocie el comportamiento delictivo con el castigo. Así, se han llevado a cabo diversos experimentos de laboratorio (con ratas y también con personas) en el ámbito de la psicología en materia de condicionamiento que vendrían a mostrar que el castigo tiene más eficacia cuando es inmediato. De hecho, retrasos de 10 a 20 segundos en la imposición del castigo pueden comprometer dicha eficacia. Investigaciones posteriores han tratado de analizar en qué medida se puede mitigar este efecto producido por el retraso del castigo y mantener igualmente la eficacia de este. Este segundo conjunto de investigaciones mostró que cuando el castigo se retrasa, debe existir un componente verbal/cognitivo para que la persona pueda seguir conectando el castigo con su comportamiento infractor[465]. Sin embargo, como explican PRATT y TURANOVIC, todas estas investigaciones en el ámbito de la psicología tenían muchas limitaciones a tener en cuenta, lo que lleva a concluir a estos autores que

> [...] la conclusión es que los datos empíricos que apoyan la existencia de un efecto de celeridad significativo del castigo son, en el mejor de los casos, dispersas e inconsistentes. Pero lo único que está muy claro es que si va a haber un efecto de celeridad significativo, aparecerá cuando la gente empiece a sentir el castigo (el coste) mientras los beneficios de su comportamiento delictivo todavía se están disfrutando y, por lo tanto, todavía están frescos en sus mentes [466].

---

idealizada de nuestro sistema de justicia, en el que no se produce ningún castigo hasta el veredicto final del juicio y el agotamiento de los recursos», (RASKOLNIKOV, A., «Criminal Deterrence: A Review...», ob. cit., p. 40).

465 PRATT, T. C., y TURANOVIC, J. J., «Celerity...», *ob. cit.*,

466 *Ibid.*, p. 192.

En el ámbito criminológico, destacan algunos estudios como el de KLECK y colaboradores que analizan los efectos de la celeridad en general. En este estudio en el que trataban de analizar en qué medida las características objetivas del castigo coincidían con las subjetivas, analizaron la celeridad o prontitud tomando como medida de ésta la media de días que pasan los sujetos desde que son arrestados hasta que son sentenciados. De conformidad con este estudio, para tres de los cuatro tipos de delitos analizados, la asociación entre la celeridad real y la percibida no era significativamente distinta de cero[467]. Desde una perspectiva más individual, destaca el estudio de LOUGHRAN, PATERNOSTER y WEISS. En este estudio, los autores tenían como objetivo analizar el efecto del descuento en la toma de decisiones. Para ello, utilizaron un escenario hipotético sobre la conducción influenciada. Estos autores a partir del modelo de utilidad descontada[468], emplearon un diseño en

---

467 KLECK, G., SEVER, B., LI, S., y GERTZ, M., «The Missing Link...», *ob. cit.,* 2005.

468 De conformidad con los autores, este modelo es muy similar al modelo de la utilidad esperada, en la medida en que en ambos los decisores tienen que tomar la decisión sobre la base de sopesar los costes y los beneficios. Ahora bien, tal y como explican «Una diferencia importante es que en el modelo UE las ponderaciones son la probabilidad de que se produzca cada resultado, mientras que en el modelo DU las ponderaciones son factores de descuento basados en un retraso en el tiempo. Tomando nuestro ejemplo anterior, una expresión muy sencilla de la UE de la elección intertemporal de tomar 100 dólares ahora o esperar un período en el futuro (aquí, 30 días) para recibir 102 dólares podría ser: tomar la primera opción si p(100 dólares) > p(102 dólares), donde p es la probabilidad esperada de cada resultado. Del mismo modo, una expresión DU muy sencilla de la misma elección podría ser: tomar la primera opción si $100 > δ($102), donde δ es algún factor de descuento que devalúa sistemáticamente la cantidad futura en un valor presente» (LOUGHRAN, T. A., PATERNOSTER, R., y WEISS, D., «Hyperbolic Time Discounting, Offender Time Preferences and Deterrence», en *Journal of Quantitative Criminology*, vol. 28, 2012, p. 610).

el que trataban de suscitar las preferencias del tiempo para los potenciales beneficios y costes, examinando si la disposición de los sujetos a enrolarse en una conducción influenciada difiere cuando los beneficios y los costes son introducidos y diseñados para que ocurran en momentos futuros cada vez más retrasados en el tiempo. En este sentido, por lo que respecta al retraso del tiempo a los participantes se les preguntó sobre su disposición a conducir influenciados en el caso de que las tres noches en prisión (coste de la cárcel) fueran: a) a partir de esta noche; b) dentro de una semana desde ahora; c) dentro de un mes desde ahora; d) dentro de un año desde ahora; y, e) dentro de 10 años desde ahora. Asimismo, también realizaron preguntas acerca del retraso de los beneficios. Entre los beneficios adicionales añadieron la información relativa a llevar a casa a unos vecinos que se lo piden y le ofrecen a cambio pagar toda la cuenta de bebidas de esa noche. En este sentido, se les preguntó por la posibilidad de conducir bajo esas circunstancias si tales beneficios se recibían esa misma noche, una semana después, un mes después, un año después o 10 años después. Entre sus resultados destacan que los sujetos del estudio tienen preferencias del tiempo hiperbólicas[469], tanto para los costes como para

---

469 Los autores definen el descuento hiperbólico como « una incoherencia, a menudo considerada irracional, en las preferencias intertemporales de un individuo, por la que un individuo revela una pequeña tasa de descuento cuando considera recompensas retrasadas por periodos más largos, pero el mismo individuo mostrará una tasa de descuento mucho mayor cuando considera recompensas inmediatas o con pequeños retrasos temporales. En otras palabras, mientras que puedo preferir 100 dólares hoy a 102 dólares dentro de 30 días, invertiré mi preferencia y preferiré 102 dólares dentro de un año y 30 días a 100 dólares dentro de un año, porque la tasa de descuento del futuro disminuye a medida que el retraso se produce más en el futuro. [...] La implicación de esta inversión de preferencias es que soy más impaciente cuando hago un intercambio a corto plazo (hoy frente a dentro de 30 días) que cuando hago un intercambio a largo plazo (un año frente a un año y 30 días)» (*Ibid.*, p. 614).

los beneficios, si bien ese descuento hiperbólico era menor en el caso de los costes, esto es: los sujetos prefieren las ganancias inmediatas. Así, como informan los autores, cuando el beneficio de beber y conducir se retrasó una semana la intención de conducir bajo los efectos del alcohol aumentó un 10%, cuando se retrasó un mes, la intención aumentó un 4%[470].

Más allá de los estudios de laboratorio procedentes del ámbito de la psicología y de los estudios bien sea con datos agregados o bien sea con datos individuales, merecen especial mención determinados programas llevados a cabo en la realidad para analizar el efecto preventivo de la celeridad. Uno de estos programas, quizás el más conocido, es el programa HOPE (*Hawaii's Opportunity Probation with Enforcement*)[471]

---

470 *Ibid.*

471 De acuerdo con el Instituto Nacional de Justicia de los Estados Unidos en cuya página web se encuentra la información acerca de este programa, lo definen del siguiente modo: «Hawaii Opportunity Probation with Enforcement (HOPE), o Hawaii HOPE, es una estrategia de supervisión comunitaria para personas en libertad condicional quc abusan de sustancias. Los principales objetivos de Hawaii HOPE son reducir el consumo de drogas, la reincidencia y el encarcelamiento. Hawaii HOPE se dirige a personas en libertad condicional que, por lo general, tienen un largo historial de consumo y participación en las drogas. con el sistema de justicia penal y que se considera que corren un alto riesgo de incumplir la libertad condicional o de volver a la cárcel. Hawaii HOPE comienza con una audiencia de advertencia/notificación ante un juez, que deja claras las expectativas de cumplimiento: no se tolerará la violación de las condiciones de la libertad condicional, y cada violación dará lugar a una breve estancia inmediata en la cárcel. Hawaii HOPE se diseñó de acuerdo con una base teórica que hace hincapié en las expectativas de comportamiento claramente definidas para los agentes de libertad condicional, el uso de sanciones rápidas y determinadas cuando los agentes de libertad condicional no cumplen con esas expectativas, y elementos de justicia procesal que dejan claro a los agentes de libertad condicional que los

y que fue impulsado por el Juez Steven Alm que decidió experimentar con las consecuencias del quebrantamiento de la libertad condicional[472]. Mediante este programa se buscaba imponer de manera inmediata sanciones, aunque más benevolentes, precisamente porque se hipotetizaba que la celeridad con respecto a este tipo de quebrantamientos era esencial para prevenirlas. Si bien las evaluaciones de estos programas han arrojado resultados muy positivos[473], recientemente han sido

---

miembros del tribunal (agentes de libertad condicional y jueces supervisores) quieren que tengan éxito». Disponible en: https://crimesolutions.ojp.gov/ratedprograms/49#eb

472 RASKOLNIKOV, A., «Criminal Deterrence: A Review...», *ob. cit.* Tal y como explican CULLEN, F. T., PRATT, T. C., TURANOVIC, J. J., y BUTLER, L., «When Bad News Arrives: Project HOPE in a Post-Factual World», en *Journal of Contemporary Criminal Justice*, vol. 34, núm. 1, 2018, pp. 13-14: «Al juez Alm le preocupaba que tantos delincuentes no cumplieran sus condiciones de libertad condicional, fallando en las pruebas de drogas o no presentándose a ellas. Tras repetidas infracciones con pocas consecuencias, llegaba el momento en que un juez exasperado les "bajaba los humos" revocando su libertad condicional y enviándolos a prisión. Alm razonó que una solución de sentido común sería sancionar inmediatamente cada infracción, es decir, aplicar un castigo rápido y seguro. Otra idea clave era resistir la tentación de imponer penas severas. En su lugar, las sanciones serían modestas (unos días de cárcel) y graduadas (aumentarían a medida que aumentaran las infracciones). Todos los infractores serían advertidos al principio de su libertad condicional sobre el sistema de sanciones, y todos serían castigados de la misma manera, es decir, de forma justa».

473 Así, por ejemplo, la evaluación de HAWKEN, A., y KLEIMAN, M., «Managing drug involved probationers with Swift and certain sanctions: Evaluating Hawaii's HOPE: Exceutive Summary», National Criminal Justice Reference Services, Washington DC, 2009, mostró que los participantes eran un 61% menos propensos a no acudir a las citas con los agentes de la condicional en comparación con el grupo control. Dicho de otro modo, el grupo que recibió el programa HOPE solo tenían un 9% de media de no acudir a las citas,

puestos en duda en la medida en que la realización de ensayos controlados aleatorios (*Randomized controlled trial*) no han mostrado estos efectos tan positivos, sino más bien han encontrado o bien efectos especialmente modestos o directamente nulos[474], dejando pues en entredicho la efectividad de la celeridad y, al mismo tiempo, mostrando la necesidad de prestar más atención a esta característica del castigo que ha sido obviada de manera sistemática en la literatura.

4. LA OTRA CARA DE LA MONEDA: LOS EFECTOS PERVERSOS DE LA SANCIÓN PENAL

La Escuela clásica o los precursores de lo que es hoy la teoría de la disuasión asentaron la idea de que las leyes si son racionales tendrán efectos preventivos[475]. De hecho, son las ideas principales de estos autores las que posteriormente han

---

mientras que el otro grupo tenía un 23%. Por otro lado, los participantes de HOPE tenían un 72% menos de probabilidades de tener un análisis de orina positivo que el grupo de comparación. Por lo que se refiere a las probabilidades de arresto, los participantes del programa HOPE tenían un 55% menos de probabilidades de ser arrestados por un nuevo delito. Del mismo modo, los participantes de HOPE tenían un 55% menos de probabilidades de que se les revocara su libertad condicional. Finalmente, los participantes de HOPE pasaban de media un 48% menos de días en la cárcel. Mientras que de media eran sentenciados a 138 días de prisión, los del otro grupo eran sentenciados de media a 267 días de prisión. En este sentido, los resultados de este tipo de programas se han mostrado tan positivos que para el año 2018 ya se habían implementado en 31 estados de los Estados Unidos.

474 Véase en profundidad Cullen, F. T., Pratt, T. C., Turanovic, J. J., y Butler, L., «When Bad News Arrives…», *ob. cit.*, sobre la polémica en torno a la efectividad del programa HOPE.

475 Serrano Maíllo, A., *Introducción, ob. cit.*, p. 283.

alimentado todo un cuerpo de investigaciones empíricas dirigidas a tratar de poner a prueba las principales hipótesis. Y no es para menos si tenemos en cuenta que la disuasión penal es, como apunta RASKOLNIKOV, un gran tema: «grande en cuanto al papel que desempeña en la vida de las personas, grande en cuanto al alcance y la escala del gasto público, y grande en cuanto a la atención académica que ha captado durante décadas»[476]. Pero, si se ha llegado hasta aquí, también se habrá podido comprobar que la intuición acerca de la relación entre racionalidad y prevención no es tan simple, así como que los efectos preventivo-generales de las penas no son especialmente halagüeños mirados desde la perspectiva clásica.

En cualquier caso, más allá de esto, lo que me interesa resaltar ahora es que, la formulación utilitarista realizada en torno a que si las leyes, si son racionales, tendrán efectos preventivos-generales contiene, en realidad, dos hipótesis. La primera es la que se ha analizado a lo largo de gran parte de este capítulo y es la relativa a que las sanciones penales en tanto severas, ciertas y prontas disuadirán de la realización de comportamientos delictivos. De esta hipótesis es esencialmente de la que se ha encargado la literatura generando todo un cuerpo vasto de estudios empíricos y desarrollos teóricos que nos han llevado hasta los últimos avances en materia de economía del comportamiento. La segunda, sin embargo, no ha recibido prácticamente atención. Esta es: las leyes penales que no sean racionales ¿no generarán efectos preventivos? Dicho de otro modo, ¿qué sucede cuando las leyes penales son irracionales? O, más bien, sabiendo que las teorías de los efectos de la sanción son teorías de la percepción, ¿qué ocurre cuando los sujetos perciben que las sanciones penales son irracionales/injustas? Como señalaron VON HIRSCH y colaboradores, las sanciones penales, en concreto, los cambios marginales en las variables

---

476 RASKOLNIKOV, A., «Criminal deterrence...», *ob. cit.*, p. 2.

de la severidad y la certeza pueden tener efectos contraproducentes, pero no en el sentido de dejar de ser eficaces o de no dar resultados preventivos solamente, sino que incluso pueden llegar a tener efectos criminógenos o, al menos, de deslegitimación de la propia norma y del sistema de justicia penal[477]. En concreto, aquí nos estamos refiriendo a cuando un «exceso» en el uso de la estrategia disuasoria genera una sensación de injusticia y desproporcionalidad que puede conducir a una falta de legitimidad que, a su vez, tenga como consecuencia una falta de deferencia hacia la norma y la autoridad.

Uno de los autores que puso esto de manifiesto fue, tal y como se analizará a continuación, el criminólogo americano Lawrence W. SHERMAN quien, además de desarrollar la teoría del desafío, puso de manifiesto la necesidad de crear un cuerpo de evidencias que guiaran a la política criminal y al Derecho penal en materia de efectos de las sanciones, teniendo en cuenta que éstas no solamente podían tener una capacidad disuasoria sino también la contraria, o más bien, no solamente podían generar una reacción en los potenciales infractores consistente en el cumplimiento de las normas, sino que también podían producir la reacción contraria, una reacción de rebeldía contra el cumplimiento de las mismas[478]. Reconociendo que el ámbito de lo punible cada vez abarca más y más conductas, aunque éstas criminalizaciones se lleven a cabo sobre la base de una estrategia disuasoria, entiende el autor que

---

477 VON HIRSCH, A., BOTTOMS, A. M., BURNEY, E., y WIKSTRÖM, P. O., *Criminal deterrence..., ob. cit.*

478 Así, SHERMAN pone de manifiesto que la idea central de la teoría del desafío es «la intuición emocional de la obligación moral de desafiar el statu quo» (SHERMAN, L. W., «Defiance, compliance and consilience: A General Theory of Criminology», EN MCLAUGHLIN, E., y NEWBURN, T. (EDS.), *The Sage Handbook of Criminological* Theory, Sage, Los Angeles/London/New Delhi/Singapore/Washington DC, 2010, p. 361)

es necesario realizar las siguientes preguntas: a) si una amplia aplicación de sanciones penales a conductas que, en realidad, no son castigadas de manera universal, pueden debilitar la fuerza moral del Derecho penal contra todos los delitos; b) si una amplia aplicación de las sanciones penales produce un enfado entre la gente y una actitud de rebeldía hacia la ley, generando un deseo por la venganza en contra de los agentes e instituciones del Derecho penal; c) si una amplia aplicación de las sanciones penales reducirá la severidad del castigo correspondiente a cada delito, convirtiendo a los delitos serios en menos serios o infringiendo el sentido de justicia de la comunidad; d) si una amplia aplicación de las sanciones penales reduciría la certeza del castigo de cada delito, aumentando la arbitrariedad del castigo y el sentido de injusticia entre los pocos que tengan la mala suerte de ser «pillados» y castigados; e) si una amplia aplicación de las sanciones penales impulsa una despersonalización de las víctimas[479]. A mi juicio, lo interesante de estas preguntas de investigación, curiosamente un tanto desatendidas por la investigación empírica, es que ponen el acento en el reverso del empleo de las sanciones penales y llaman la atención sobre la necesidad de analizar los efectos nocivos o perversos de la intervención penal. Sin embargo, la mayor parte de la literatura empírica en materia de disuasión se ha ocupado principalmente de poner a prueba una vez tras otra la estrategia disuasoria, sin preguntarse por otros posibles efectos o reacciones de los potenciales infractores. Asimismo, en nuestra doctrina se ha consolidado especialmente la crítica al legislador de determinadas criminalizaciones y aumentos en la severidad de las penas sobre la base de la escasa o nula capacidad disuasoria de las mismas y se ha obviado por completo una crítica más dura todavía cual es la relativa a los

---

479 SHERMAN, L. W., «Criminology and Criminalization: Defiance and the Science of the Criminal Sanction», en *International Annals of Criminolog*, vol. 31, núm. 1-2, 1993.

posibles efectos perversos del empleo de la estrategia disuasoria. Por otro lado, también creo que este enfoque merece especial atención porque, como veremos a continuación, SHERMAN propone una teoría integrada que tiene como objetivo analizar el posible efecto de desafío que puedan generar sanciones penales que exceden de lo que la ciudadanía consideraría tolerable, es decir, propone un interesante marco teórico del que los estudiosos del Derecho penal pueden hacer uso y operativiza las variables para su medición.

4.1. La teoría de la disuasión vs. teoría del etiquetamiento: la teoría del desafío

La teoría de la disuasión, como se ha venido analizando, es una teoría de los efectos de la sanción. Concretamente, esta teoría propone que cuanto más costoso sea el delito para el potencial delincuente, más *efectos* disuasorios producirá y, para hacer más costoso el delito es necesario manipular las características del castigo. Sin embargo, otras teorías criminológicas como las del etiquetamiento también realizan predicciones sobre los efectos de la sanción, pero en estos casos la predicción es precisamente la contraria: las sanciones, en la medida en que afectan negativamente a la identidad personal y eliminan oportunidades, abren la puerta a comportamientos desviados y, por tanto, la sanción penal no solo no previene los delitos, sino que puede ser una explicación por la que se cometen[480]. Ambas teorías proponen hipótesis contrarias[481] y, como explica

---

480 Véase una explicación de las distintas teorías del etiquetamiento así como de los presupuestos básicos en SERRANO MAÍLLO, A., *Introducción..., ob. cit.*

481 BRAME, R., y PATERNOSTER, R., «Defiance Theory», en MILLER, M. J. (ED.), *The Encyclopedia of Theoretical Criminology*, Blackwell Publishing, 2014.

SHERMAN, durante mucho tiempo han mantenido una preeminencia clara, «exigiendo» la elección por alguna de las dos[482]. No obstante, entre unas teorías y las otras surgen teorías integradoras como es la teoría del desafío. Como se ha adelantado en el apartado anterior, esta teoría, formulada por Lawrence W. SHERMAN, vendría a integrar, en realidad, «elementos de teorías del control social y del etiquetamiento»[483].

En su célebre artículo *Defiance, Deterrence, and Irrelevance: A Theory of the Criminal Sanction* publicado en 1993, el autor se hace la siguiente pregunta: «¿En qué condiciones cada tipo de sanción penal reduce, aumenta o no tiene ningún efecto sobre futuros delitos?»[484]. Para SHERMAN, el papel que la amenaza de castigo pueda tener en la causación y la prevención del delito ha recibido una atención escasa, existiendo una descompensación evidente en la literatura criminológica que trata de describir y explicar el crimen y su teorización (se refiere a las teorías criminológicas), con la falta de una teoría que guíe a la investigación empírica en materia de los efectos que produce

---

482 SHERMAN, L. W., «Defiance, deterrence, and irrelevance: A theory of the criminal sanction», en *Journal of Research in Crime and Delinquency*, vol. 30, núm. 4, 1993.

483 SERRANO MAÍLLO, A., *Introducción..., ob. cit.*, p. 452. En concreto, SHERMAN señala que: «Hasta hace poco, las doctrinas de la disuasión y del etiquetado han mantenido un dominio sobre el campo, exigiendo una elección entre ambas. Pero tres nuevas teorías ofrecen la promesa de resolver el estancamiento con un poder explicativo mucho mayor. La más visible entre los criminólogos es la teoría de la vergüenza reintegrativa de Braithwaite. La más destacada entre los politólogos es la escuela de la justicia procesal, en particular el importante estudio de Tyler sobre el cumplimiento. La tercera teoría es la sociología de Scheff y Retzinger sobre las "emociones maestras" del orgullo y la vergüenza que dominan las respuestas humanas a las sanciones experimentadas y vicarias» (SHERMAN, L. W., «Defiance, deterrence, and irrelevance...», *ob. cit.*, p. 446)

484 *Ibidem.*

la sanción. En sus palabras: «Una ciencia de los efectos de las sanciones requiere teorías explícitas de esos efectos, no sólo teorías modificadas de la causalidad del delito»[485]. Comprometido con esta tarea, SHERMAN desarrolla su teoría del desafío (*Defiance Theory*), una teoría sobre los efectos de la sanción y que integra tres teorías relativamente recientes. En primer lugar, la teoría del avergonzamiento reintegrador (*Theory of Reintegrative Shaming*) de BRAITHWITE[486]; en segundo lugar, la teoría de la justicia procedimental de TYLER[487]; y, en tercer lugar, la teoría de las emociones y su relación con los vínculos sociales de SCHEFF y RETZINGER[488]. De acuerdo con la primera teoría (el avergonzamiento reintegrador), las sanciones penales pueden imponerse de dos formas: de una forma en la que la misma suponga una estigmatización o de una forma en la que consiga un efecto reintegrador. Mientras que las sanciones estigmatizadoras producirán efectos criminógenos, las que puedan imponerse de manera reintegradora producirán efectos de control del crimen[489]. De acuerdo con la segunda (la

---

485 *Ibidem.*

486 BRAITHWAITE, J., *Crime, Shame and Reintegration,* Cambridge University Press, Cambridge, 1989.

487 TYLER, T. R., *Why People Obey the Law,* Yale University Press, New Haven, 1990.

488 SCHEFF, T. J., y RETZINGER, S. M., *Emotions and Violence: Shame and Rage in Destructive Conflicts,* Lexington Books, Lexington, 1991.

489 De conformidad con esta teoría, que una persona que ya ha delinquido siga delinquiendo podría depender del tipo de reacción social que se produce frente a su conducta. En este sentido, hay dos tipos de reacciones. La primera, de carácter reintegrador, supondría una respuesta negativa pero no desproporcionada e incluiría elementos de «reaceptación», y que consigue generar en el delincuente un sentimiento de vergüenza que lo ayuda a entender el daño que ha realizado. La segunda, sin embargo, puede ser una reacción social totalmente estigmatizadora, excluyendo y marginando al delincuente de la sociedad, aumentando así sus probabilidades de continuar

justicia procedimental), la obediencia a las normas depende de, por un lado, cómo de justas y moralmente correctas se perciban las normas y a las autoridades, por otro, como sea el modo en el que se imponen. Efectivamente, las sanciones que además de percibirse justas son impuestas de manera justa (un trato justo, proporcional, equitativo, imparcial, etc.) tenderán a generar más cumplimiento y deferencia[490] hacia la norma y las autoridades. Finalmente, y en cuanto a la tercera, explicaría que los individuos se diferencian por la respuesta emocional a las sanciones dependiendo de cómo sea el vínculo social que mantienen con el agente sancionador (autoridad) y con la sociedad en general[491]. Con la integración de todas estas teorías, el cumplimiento o desafío a las normas dependerá de cuatro grandes conceptos clave: legitimidad, vínculo social, vergüenza y orgullo[492].

---

con su carrera delictiva. Véase un resumen de esta teoría en SERRANO MAÍLLO, A., *Teoría Criminológica. La explicación del delito en la sociedad contemporánea*, Dykinson, Madrid, 2017, pp. 294 y ss.

490 En este sentido, la teoría de la justiciar procedimental capitaneada principalmente por TOM R. TYLER ha recibido una gran atención empírica en las últimas décadas, tratando de, por un lado, descomponer el propio concepto de obediencia a la ley y, por otro, poniendo a prueba la hipótesis de esta teoría. La literatura es vasta en este sentido, pero baste con nombrar algunos trabajos como: BOTTOMS, A., y TANKEBE, J., «Beyond procedural justice: A dialogic approach to legitimacy in criminal justice», en *The Journal of Criminal Law and Criminology*, 2012; BRADFORD, B., «Policing and social identity: Procedural justice, inclusión and cooperation between police and public», en *An International Journal of Research and Policy*, 2012; CASTRO-TOLEDO, F. J., «Obediencia a la ley y apoyo al Sistema de justiciar penal en colectivos vulnerables», en *Revista General de Derecho Penal*, núm. 32, 2019; MAZEROLLE, L., BENNETT, S., SARGEANT, D. J., SARGEANT, E., y MANNING, M., «Procedural justice and police legitimacy: a systematic review of the research evidence», en *Journal of Experimental Criminology*, vol. 9, 2013.

491 SHERMAN, L. W., «Defiance, deterrence…», *ob. cit.*

492 *Ibid.*, p. 448.

De acuerdo con lo anterior, se pueden realizar tres predicciones sobre los efectos de las sanciones teniendo en cuenta todos los anteriores elementos:

i. Efecto desafío: las sanciones producirán un efecto de desafío hacia la norma que se puede concretar bien en la persistencia del comportamiento, en infracciones más frecuentes o en una escalabilidad de la gravedad de las conductas delictivas en la medida en que: a) los sujetos experimenten la conducta sancionatoria como ilegítima; b) tengan unos vínculos sociales pobres con la autoridad sancionadora y/o con la comunidad; y, c) no sientan vergüenza por su conducta sino que se sientan orgullosos de no pertenecer a esa comunidad normativa sancionadora[493].

ii. Efecto disuasorio: las sanciones producirán un efecto disuasorio que se puede traducir en el desistimiento, en una menor frecuencia de infracciones o en la realización de delitos menos graves en la medida en que: a) el sujeto experimente la conducta sancionadora como legítima; b) tenga buenos vínculos sociales con la autoridad sancionadora y/o con la comunidad; y, c) acepte la vergüenza por su conducta y se sientan orgullosos de la solidaridad de la comunidad[494].

iii. Efectos irrelevantes: las sanciones no tendrán efectos, ni preventivos ni criminógenos, en la medida en que factores que producen el desafío y factores que producen disuasión están contrabalanceados[495].

---

493 *Ibidem.*

494 *Ibidem.*

495 *Ibid.*, p. 449.

Asimismo, SHERMAN define el «efecto desafío» como el incremento ya sea en la prevalencia, en la incidencia o en la gravedad de los delitos producido por el orgullo y la falta de vergüenza hacia la administración de la sanción. Se puede hablar de desafío individual cuando se trata de ese efecto en un determinado sujeto hacia su propio castigo, o de desafío general si esta reacción se produce en un mismo grupo o colectividad. Asimismo, cabe diferenciar entre desafío directo cuando se realiza un delito contra el agente sancionador, mientras que el indirecto hace referencia a cuando se desplaza a un objetivo que representa indirectamente al agente sancionador[496].

Para que la sanción produzca un efecto de rebeldía en el sujeto sancionado deben de darse cuatro condiciones: a) el infractor define la sanción penal como injusta; b) tiene un vínculo muy pobre con el agente sancionador o la comunidad a la que éste último representa; c) el infractor percibe la sanción como estigmatizadora, que es una sanción «de autor» y no del hecho; d) el infractor se niega a reconocer la vergüenza que la sanción le ha hecho sentir[497]. Asimismo, SHERMAN describe la injusticia de la sanción (*unfair*) cuando se dan una o las dos siguientes condiciones.

> 1. El agente sancionador se comporta con falta de respeto hacia el infractor, o hacia el grupo al que éste pertenece, independientemente de lo justa que sea la sanción en cuanto al fondo. 2. La sanción es sustancialmente arbitraria, discriminatoria, excesiva, insuficiente o, de otro modo, objetivamente injusta[498].

Con todo, tal y como explican BRAME y PATERNOSTER, la teoría del desafío constituye una teoría mucho más matizada sobre los efectos de las sanciones. Las sanciones penales pueden

---

496 *Ibid.*, p. 459.

497 *Ibid.*, p. 460.

498 *Ibid.*, pp. 460-461.

disuadir de la realización de delitos, pueden aumentar su realización o pueden ser simplemente irrelevantes para el delito. Este efecto dependería, pues, tanto de la forma en la que las sanciones son impuestas y en las características concretas (relevantes para esta teoría) de los individuos[499]. Ahora bien, como estos mismos autores indican: «Por supuesto, la cuestión es si las predicciones hechas por la teoría del desafío son confirmadas por los datos disponibles»[500].

4.2. Puesta a prueba de la teoría del desafío

A pesar de que han transcurrido tres décadas desde la formulación de esta teoría y que realiza una serie de apreciaciones que hasta el momento habían sido de alguna forma obviadas, todavía son escasos los estudios empíricos que pongan a prueba esta teoría[501], y aquellos estudios cuyos resultados vendrían a apoyarla, han sido diseñados originalmente con otros objetivos[502] y no para poner a prueba específicamente esta teoría, con lo que deben tomarse con la debida cautela que ello implica[503]. En todo caso, sí que es posible señalar estudios que de una manera, podríamos decir, «no definitiva», como cualquier resultado empírico, irían en la línea de los elementos y predicciones de esta teoría[504].

---

499 Brame, R., y Paternoster, R., «Defiance...», *ob. cit.*

500 *Ibid.*, p. 3.

501 Véase un resumen, por ejemplo, en Letteney, K. W., «Defiance Theory», en Schreck, C. J. (Ed.), *The Encyclopedia of Juvenile Delinquency and* Justice, John Wiley & Sons, 2017.

502 Bouffard, L. A., y Sherman, L. W., «Defiance Theory», en Bruinsma, G., y Weisburd, D. (Eds.), *Encyclopedia of Criminology and Criminal Justice*, Springer, 2014.

503 *Ibid.*

504 Serrano Maíllo, A., *Introducción...*, *ob. cit.*

En este sentido, PATERNOSTER, BACHMAN, BRAME y SHERMAN llevaron a cabo un estudio en el que, utilizando los datos del Experimento de Violencia Doméstica de Milwaukee[505], analizaron en qué medida los procedimientos «justos» por parte de los policías que acudían a la escena del incidente influía en posteriores incidentes similares. De acuerdo con este estudio, cuando la policía actuaba de una forma que se puede considerar como procedimentalmente justa en lo que respecta al arresto de los sospechosos, la tasa de posteriores incidentes era significativamente más baja que en aquellos supuestos en los que no se daba ese trato, mostrando la importancia de la percepción de un trato justo para un posterior cumplimiento[506]. LEEPER PIQUERO y BOUFFARD, por su parte, analizaron en qué medida la forma en la que la policía trataba a los sospechosos generaba una actitud desafiante y, en consecuencia, éstos se resistían a los arrestos. Utilizando los datos del Estudio de Servicios Policiales (*Police Services Study*), los autores obtienen que aquellos «encuentros» con la policía en los que los agentes utilizan un lenguaje no amenazante mediante el cual incluso se «riñe» o se «alecciona», tienen menos probabilidad de ocasionar una actitud desafiante. Por el contrario, encuentros confrontantes y amenazantes tienen más probabilidades de generar rebeldía. En particular, ser esposado, «cacheado» o físicamente forzado a cumplir con la solicitud del policía

---

505 Véase sobre ello SHERMAN, L. W., SCHMIDT, J. D., ROGAN, D. P., SMITH, D. A., GARTIN, P. R., COHN, E. G., COLLINS, D J., y BACICH, A. R., «Variable Effects of Arrest on Criminal Careers: The Milwaukee Domestic Violence Experiment», en *Journal of Criminal Law and Criminology*, vol. 83, núm. 1, 1992.

506 Un trato más justo del sospechoso implicaba situaciones como escuchar la versión del infractor, no utilizar las esposas, y transmitir que la policía no se había hecho una idea preconcebida de los hechos. PATERNOSTER, R., BACHMAN, R., BRAME, R., y SHERMAN, L. W., «Do Fair Procedures Matter? The Effect of Procedural Justice on Spouse Assault», en *Law & Society Review*, vol. 31, núm. 1, 1997.

pueden ser acciones estigmatizantes si son realizadas en público y, en consecuencia, pueden aumentar las probabilidades de una actitud desafiante[507]. En un sentido similar, BELVEDERE, WORRAL y TIBBETTS analizaron datos policiales con el objetivo de analizar la razón por la que las personas arrestadas se resisten a su detención. Con una muestra de 400 informes policiales, de los cuales 200 casos tenían añadidos cargos por resistencia al arresto, encontraron que los sospechosos afroamericanos se resistían más que los caucásicos. Los autores argumentan este resultado entendiendo que ello puede que sea así porque es plausible pensar que los sospechosos afroamericanos tienen más probabilidad de percibir la acción policial de policías blancos como ilegítima e injusta[508]. FREEMAN, LIOSSIS y DAVID llevaron a cabo, por su parte, un estudio con el objetivo de analizar en qué medida las variables del modelo de la disuasión, del desafío y de la desviación eran predictoras de la conducta de conducir bajo la influencia del alcohol. Este estudio se llevó a cabo sobre una muestra de 166 reincidentes de conducción influenciada, y realizaron un análisis de regresión para determinar la influencia de las variables de la disuasión (certeza, severidad y prontitud), de la teoría del desafío (consideración de la pena como justa; cómo de justa es la pena en comparación con otros; justicia procedimental, sentimientos de vergüenza, legitimidad del Gobierno), y la teoría de la desviación (convicciones criminales, apego moral a la norma, respeto por la ley, número de condenas por conducir bajo la influencia del alcohol) en las intenciones de volver a realizar la conducta, la frecuencia de haber conducido bajo los efectos en los últimos

---

507 LEEPER PIQUERO, N., y BOUFFARD, L. A., «A Preliminary and Partial test of Specific Defiance», en *Journal of Crime and Justice*, vol. 26, 2003.

508 BELVEDERE, K., WORRALL, J. L., y TIBBETTS, S. G., «Explaining Suspect Resistance in Police-Citizen Encounters», en *Criminal Justice Review*, vol. 30, núm. 1, 2005.

6 meses y, la frecuencia de conducción influenciada a lo largo de la vida. Entre los resultados encuentran que variables de los tres modelos son predictoras de la reincidencia, sumándose este estudio al apoyo de la teoría del desafío[509], aunque sea de forma parcial. Otro estudio interesante que trata de poner a prueba la teoría del desafío es el llevado a cabo por TTOFI y FARRINGTON. Estos autores, empleando la técnica del caso escenario encuestaron a 182 niños. En el caso hipotético el infractor es sancionado por sus padres. Los participantes, tras leerlo, tuvieron que contestar a los ítems de las principales variables de la teoría del desafío, encontrando apoyo empírico para la misma[510]. Del mismo modo, BOUFFARD y LEEPER PIQUERO encontraron apoyo para dos de los tres principales elementos de la teoría del desafío. Es decir, encontraron que aquellos sujetos que percibían el trato de la policía como injusto y tenían unos vínculos sociales pobres acababan teniendo más contactos con la policía posteriormente que aquellos que percibían la acción policial como justa y tenían unos buenos vínculos sociales[511].

De acuerdo con la literatura disponible, parece que la teoría de los efectos de la sanción penal de SHERMAN recibe cierto apoyo empírico, aunque todavía sea muy tímido porque apenas ha recibido interés en la investigación empírica.

---

509 FREEMAN, J., LIOSSIS, P., y DAVID, N., «Deterrence, Defiance and Deviance: An Investigation Into a Group of Recidivist Drink Drivers' Self-Reported Offending Behaviours», en *The Australian and New Zealand Journal of Criminology*, vol. 39, núm. 1, 2006.

510 TTOFI, M. M., y FARRINGTON, D. P., «Bullying: Short-Term and Long-Term Effects, and the Importance of Defiance Theory in Explanation and Prevention», en *Victims & Offenders: An International Journal of Evidence-based Research, Policy and Practice*, vol. 3, 2008.

511 BOUFFARD, L. A., y PIQUERO, N. L., «Defiance theory and life course explanations of persistent offending», en *Crime and Delinquency*, vol. 56, 2010.

5. PREVENCIÓN MÁS ALLÁ DE LA DISUASIÓN EN SENTIDO ESTRICTO

Durante el análisis de la primera parte de este capítulo he intentado aislar el mecanismo disuasorio de otros mecanismos que podrían estar detrás de la prevención que puede generar la sanción penal con un objetivo meramente didáctico y de análisis de las principales hipótesis que se suelen hacer con respecto al castigo. Con ello, me he acogido así a un concepto restrictivo de disuasión[512]. Pero como también se habrá podido observar a lo largo del análisis, la investigación empírica ha ido mostrando una serie de mecanismos que no tendrían tanto que ver con la amenaza de la sanción formal en sí, sino con otras fuentes, como sería el supuesto de las sanciones informales o la importancia para el cumplimiento de la legitimidad empírica de la norma[513], tal y como muestra la literatura

---

512 KENNEDY, D., *Disuasión…, ob. cit.*, p. 71.

513 Recordemos que ya ZIMRING, F.E., y HAWKINS, G. J., *Deterrence…, ob. cit.*, entendían que las sanciones informales desencadenadas por las sanciones formales también son disuasorias. Asimismo, como hemos analizado, GEERKEN, M. R., y WALTER, R. G., «Deterrence: Some…», *ob. cit.*, distinguían entre los dos mecanismos disuasorios: el que es consecuencia de la sanción formal y el que lo es de la sanción informal. De manera similar, para MEIER y JOHNSON, es necesario «explicar la relación entre el comportamiento, por un lado, y tanto las sanciones legales como las extralegales, por otro» (MEIER, R. F., y JOHNSON, W. T., «Deterrence as a Social Control: the Legal and Extralegal Production of Conformity», en *Americal Sociological Review*, vol. 42, núm. 2, 1977). De hecho, algunos estudios, partiendo de estas premisas todo un conjunto de estudios dirigidos a comprobarlas muestran que las sanciones informales pueden tener un efecto preventivo incluso más elevado que las formales. Este era el caso de los estudios en materia del pago de impuestos en el que se veía que, efectivamente, la amenaza de la sanción informal desencadenada por la formal hacía que las personas quisieran cumplir más (KLEPPER, S., y NAGIN, D., «The Deterrent Effect…», *ob. cit.*).

sobre el efecto desafío. Por ello, y de acuerdo con las líneas de investigación penal, criminológica y de la psicología social y cognitiva, me referiré a otras fuentes de cumplimiento como las normas sociales y el sistema de valores del individuo.

Especialmente útil nos resulta ahora la clasificación de Antony BOTTOMS sobre los tipos de cumplimiento en función de los mecanismos que lo activan. Este autor ha diferenciado entre cuatro categorías: el instrumental, el normativo, el situacional y el basado en el hábito y la rutina[514]. Como *cumplimiento*

Asimismo, también se ha visto en la medida en que los estudios han mostrado lo importantes que son las normas sociales para el cumplimiento en el sentido de que ofrecen una guía sobre cuál es el modelo de conducta a seguir, la literatura sobre estos mecanismos recomienda utilizar esa fuente de cumplimiento para dirigir la conducta (POGARSKY, G., y HERMAN, S., «Nudging...», *ob. cit.*). Igualmente, y con respecto al sistema de valores del individuo, también se ha estudiado en distintas ocasiones que el cumplimiento de las normas muchas veces no se va a producir porque haya una amenaza legal que intimide al sujeto infractor, sino porque sus propios valores se lo impiden (SERRANO MAÍLLO, A., *Introducción..., ob. cit.;* WILLIAM, K. R., y HAWKINS, R., «Perceptual Research...», *ob. cit.*). En este sentido, el juicio moral que los sujetos realizan sobre las conductas también puede ser determinante para el cumplimiento de las normas. Son muchas, en definitiva, las referencias constantes a estas dos fuentes o mecanismos de cumplimiento en la literatura de la disuasión de tal forma que pueden quedar incluidas en el contenido del concepto de disuasión, o también pueden ser analizadas y estudiadas como enfoques o fuentes de cumplimiento separadas, tal y como ha venido haciendo la literatura en materia de cumplimiento normativo.

514 BOTTOMS, A., «Understanding Compliance with Laws and Regulations: A Mechanism-Based Aproach», en KRAMBIA-KAPARDIS, M. (ED.), *Financial Compliance. Issues, Concerns and Future Directions,* Palgrave MacMilan, Switzerland, 2019; BOTTOMS, A., «Compliance and Community Sanctions», en BOTTOMS, A., GELSTHORPE, L., y REX, S. (EDS.), *Community Penalties. Changes and Challenges,* Willan,

instrumental entiende a aquél cuyos mecanismos son esencialmente los incentivos y los desincentivos. Este sería el cumplimiento derivado del enfoque de la disuasión que ha ocupado gran parte de nuestra atención, en el que la amenaza y los costes del delito son desincentivos, y éstos a su vez, funcionan como motores del cumplimiento[515]. Igualmente, dentro del

---

Cullompton, 2001; Bottoms, A., «Morality, Crime, Compliance and Public Policy», en Bottoms, A., y Tonry, M. (Eds.), *Ideology, Crime and Criminal Justice: A Symposium in Honour of Sir Leon Radzinowicz,* Willan, Cullompton, 2002.

515 Sobre este tipo de cumplimiento hay que tener en cuenta, según el autor, las siguientes cuatro cuestiones: la primera es que el enfoque de los incentivos y los desincentivos implica que estos últimos tienen que ser considerados siempre desde la perspectiva del sujeto al que se pretende influir; la segunda es que, en la medida en que este tipo de cumplimiento así considerado no pretende la internalización del cumplimiento, sino que el mecanismo que se encuentra detrás es el cálculo de costes y beneficios, una característica inherente es que la norma legal debe ser aplicada de forma constante. En tercer lugar, también hay que tener en cuenta sobre este enfoque, y todo ello acorde con la revisión de la literatura que hemos llevado a cabo, es que este tipo de enfoque puede ser útil para determinados tipos de sujetos que son aquellos que se plantean infringir una norma. No será útil, sin embargo, para aquellos sujetos que no se plantean delinquir por diversas cuestiones entre las que se encuentran las de índole moral. Igualmente hay que tener en cuenta que la investigación en materita de disuasión ha mostrado que los desincentivos inmediatos tienen más efectos que aquellos que se considera que pueden tener lugar en otro momento del futuro (efecto descuento), el mismo modo que también la literatura ha mostrado que la certeza percibida tiene mayores efectos disuasorios que simplemente el aumento de la severidad. Asimismo, también es necesario tener en cuenta que incluso desde la perspectiva del cumplimiento instrumental, ese cumplimiento puede ser de diferente tipo dependiendo del sujeto. Así, mientras que puede haber un sujeto motivado al cumplimiento por la internalización de la norma y la creencia en que es lo que se debe hacer, y también puede haber un sujeto que

cumplimiento instrumental también tiene en cuenta lo que el autor denomina «cumplimiento creativo». Se refiere con este tipo de cumplimiento a aquel que se lleva a cabo especialmente en el ámbito de la empresa, y es lo que tradicionalmente se ha venido a llamar «ingeniería legal»[516]. Esto es, un cumplimiento técnico.

El segundo tipo de cumplimiento que diferencia BOTTOMS es el *normativo*. Aquí con normativo no se refiere a las normas positivizadas *strictu sensu*, sino a normas entendidas estas como expectativas de comportamiento[517]. Este tipo de normas, indica el autor, tienen dos funciones: pueden promover o facilitar el cumplimiento o pueden limitarlo. Concretamente explica que:

> Si estamos familiarizados con las normas de un determinado grupo o contexto, esto nos permite desenvolvernos más fácilmente en la vida cotidiana de acuerdo con las costumbres y expectativas locales: así, las normas pueden facilitar, permitir y fomentar la acción social. (A la inversa, por supuesto, el desconocimiento de las normas de una cultura diferente

---

cumple como mero requisito formal. Finalmente, y, en cuarto lugar, también hay que tener en cuenta que el cumplimiento instrumental puede estar condicionado por el contexto normativo. Aquí se incluirían las posibles sanciones informales y los estudios que muestran que, como anteriormente se ha mencionado, la disponibilidad a declarar todos los ingresos a Hacienda puede aumentar en la medida en que no hacerlo puede desencadenar en una serie de sanciones informales (BOTTOMS, A., «Understanding Compliance...», *ob. cit.*).

516 En palabras de MCBARNET'S: «Legal engineers know that they are not following the intentions or spirit of the law [...] In the mindset that underlies and fosters legal engineering, all the responsibility for control is placed on the regulators» (MCBARNET, D., «Questioning the Legitimacy of Compliance: A Case Study of the Banking Crisis», en CRAWFORD A., y HUCKLESBY, A. (EDS.), *Legitimacy and Compliance in Criminal Justice*, Routledge, London, 2013, p. 72).

517 Así también BAIER, M., «Relations between Social and Legal Norms», en BAIER, M. (Ed.), *Social and Legal Norms. Towards a Socio-legal Understanding of Normativity*, Ashgate, Surrey, 2013.

> puede crear problemas, como descubren rápidamente los occidentales que visitan Japón por primera vez). Pero, además, como las normas regulan la acción y el juicio, actúan como una restricción, empujando a la gente a comportarse de la manera que la norma espera. Los individuos no necesariamente seguirán estas expectativas, pero, aunque actúen en claro desafío a la norma, sabrán cuáles son las expectativas sociales, y podemos estar seguros de que muy a menudo la gente actúa de forma congruente con la conducta que la norma prescribe[518]

Dentro de este tipo de cumplimiento, BOTTOMS identifica cuatro mecanismos: la legitimidad, la aceptación de la norma social, el apego normativo, y la respuesta a las señales normativas[519]. Aunque en los siguientes subapartados nos interesaremos un poco más por estos mecanismos, baste con mencionar que por el mecanismo de la legitimidad el autor se refiere esencialmente a la percepción de que la norma es justa, que la pena se distribuye de forma justa y la misma se aplica de una forma procedimentalmente justa[520]. Con la aceptación de la norma social, BOTTOMS se refiere a que si el sujeto tiene previamente la creencia de que la conducta prohibida está mal, es más difícil que acabe incumpliéndola[521]. Por apego normativo entiende la influencia que puede tener el contexto normativo o los grupos sociales en los que se inserta el sujeto potencialmente infractor. Por último, por el cumplimiento como respuesta a las señales normativas se refiere a la influencia que pueden tener los mecanismos de *nudging*.

El tercer tipo de cumplimiento es el que denomina de tipo *situacional* para referirse a ese tipo de cumplimiento que, siendo diferente del instrumental y del normativo, viene dado por

---

518 BOTTOMS, A., «Understanding Compliance…», *ob. cit.*, pp. 13-14.

519 *Ibid.*, p. 14 y ss.

520 *Ibidem.*

521 *Ibidem.*

las características situacionales[522]. Dentro de este tipo diferencia a su vez cuatro subtipos: la limitación y la facilitación arquitectónicas, y la limitación y facilitación socio-estructurales. En cuanto a la limitación arquitectónica, el autor diferencia también dependiendo de si esa limitación se aplica a la potencial víctima u objetivo, al potencial infractor o a los posibles medios comisivos. Aplicados al objetivo serían aquellos mecanismos que dificultan al infractor el acceso al mismo; aplicado al potencial infractor serían aquellos mecanismos que le impiden cometer el delito como sería la prisión, la prohibición de salir del domicilio, la pulsera electrónica de localización, etc. En cuanto a la aplicación a los medios comisivos, quedarían incluidos aquellos mecanismos como la exigencia de controles estrictos para la compraventa de venenos, armas, etc. Por lo que se refiere a la facilitación arquitectónica serían supuestos como el del Lago de Chicago en el que pintando unas rayas en el suelo de la carretera para que crearan un efecto visual de velocidad se conseguía reducir los accidentes de tráfico. En el caso de las limitaciones socio-estructurales como subtipo de cumplimiento situacional se refiere a aquellas formas de cumplimiento que derivan de la sumisión a un poder superior. El autor lo identifica con un cumplimiento «fatalístico» y pone como ejemplo la subordinación más absoluta a la que pueden someterse algunos condenados en prisión al poder del personal de instituciones penitenciarias, aceptando incluso un comportamiento por parte de estos últimos más que discutible, en la medida en que la alternativa puede ser el traslado a módulos donde saben que su vida y su integridad corre un riesgo real. En cambio, los facilitadores socio-estructurales serían mecanismos como el sellado de antecedentes penales. Puesto que con Internet cada vez los antecedentes son de más fácil acceso y ello puede suponer una barrera para, por ejemplo, encontrar

---

522 *Ibidem.*

trabajo, alquiler, etc., algunas políticas mitigadoras de ello serían aquellas que promueven el sellado de los antecedentes para fomentar el desistimiento[523].

Por último, el *cumplimiento basado en el hábito o la rutina* es aquel cumplimiento que predomina porque se lleva a cabo prácticamente sin pensarlo. En el caso del cumplimiento por rutina, se trataría de aquellas situaciones en las que se cumplen las normas sin cuestionar si el Derecho debiera o no prescribir tal o cual conducta. Ejemplo de ello sería llevar a los niños al colegio o ponernos el cinturón en el coche. El cumplimiento por hábito es aquel en el que no se requiere de una acción positiva para dar cumplimiento a la norma como en los dos casos anteriores (acción de llevar a los niños, acción de ponerse el cinturón o comprobar que todos los que se encuentran en el coche lo llevan). Es más bien el cumplimiento que se debe a una disposición mental o forma habitual de pensar o actuar. Por ejemplo, la mayoría de la ciudadanía ni siquiera se plantea el hecho de cometer delitos como un robo[524].

Dejando a un lado el cumplimiento de tipo situacional y el que se basa en el hábito y la rutina, quizá para futuros trabajos, me interesa ahora resaltar los mecanismos relativos a lo que BOTTOMS ha identificado como cumplimiento normativo y que incluye el efecto que para la conformidad hacia las normas puede tener la legitimidad tanto en un sentido sustantivo, esto es, la percepción de que la norma es justa, como en un sentido procedimental. Pero también el poder de las normas o contexto sociales para la dirección de la conducta. Me interesan en concreto estas fuentes de cumplimiento porque, en primer lugar, son las que han estado presentes en la literatura criminológica sobre la disuasión y cuyos elementos han propiciado que

---

523 *Ibidem.*

524 *Ibidem.*

la mayoría de los criminólogos adopten un concepto amplio de disuasión en el que se incluyen los efectos que producen las sanciones informales, el contexto moral social, o la moralidad de los sujetos infractores. En segundo lugar, porque son los dos enfoques que la literatura sobre el cumplimiento normativo ha solido tener en cuenta cuando ha analizado los factores asociados con el comportamiento conforme a las normas[525].

5.1. Las normas e influencia sociales

Posiblemente si nos preguntaran por qué no cometemos determinadas conductas prohibidas, entre nuestras razones argumentaríamos, quizás, las de índole instrumental, pero también las relativas a nuestro contexto social como, por ejemplo, lo que pudieran pensar de nosotros nuestro grupo de referencia (amigos, compañeros de trabajo, etc.), o también argumentaríamos que nadie de las personas con las que nos relacionamos harían tal cosa. Para nosotros es importante nuestro contexto normativo, es relevante lo que los demás piensen de nosotros y también

---

525 MIRÓ LLINARES, F., «La función de la pena...», *ob. cit.*, sobre los modelos de cumplimiento en general; MIRÓ LLINARES, F., y BAUTISTA ORTUÑO, F., «¿Por qué...», *ob. cit.*, para el caso de las normas contra la seguridad vial; ROBBINS, B., y KISER, E., «State coerción, moral attiudes, and tax compliance: Evidence from a national factorial survey experiment of income tax evasion», en *Social Science Research*, vol. 91, 2020, para la evasión de impuestos; WINGROVE, T., KORPAS, A., L., WEISZ, V., «Why were millions of people not obeying the law? Motivational influences on non-compliance with the law in the case of music piracy», en *Psychology, Crime & Law*, vol. 17, núm. 3, 2011, para el caso de la piratería digital; BAUTISTA ORTUÑO, R., «¿Eres un cyberhate? Predictores de la comunicación violenta y el discurso del odio en Internet», en *International e-Journal of Criminal Sciences*, núm. 11, 2017, para el caso de los mensajes ofensivos en Internet, entre muchos otros.

nos importa comportarnos como las normas sociales[526] nos indican que todos los demás lo hacen. Como afirma KAHAN

> Las personas no deciden cometer delitos de forma aislada, sino que sus decisiones interactúan y se refuerzan entre sí de diversas maneras. En particular, es mucho más probable que los individuos cometan delitos cuando perciben que la actividad delictiva es generalizada. En esas circunstancias, es probable que deduzcan que el riesgo de ser descubiertos por un delito es bajo. También pueden llegar a la conclusión de que el estigma o el coste reputacional de ser un delincuente es relativamente bajo. De hecho, si el comportamiento delictivo es común entre sus compañeros, pueden incluso ver que esa actividad mejora su estatus[527].

En este sentido, una larga tradición en la investigación en psicología social[528] da cuenta, por un lado, del poder que tiene

---

[526] Entendidas estas en consonancia con CIALDINI y TROST como «reglas y estándares que son entendidos por los miembros de un grupo y que guían o constriñen el comportamiento social, sin necesidad de la fuerza de la ley» (CIALDINI, R., y TROST, M., «Social Inlfuence: Social Norms, Conformity and Compliance», en GILBERT, D., FIKSKE, S., y LINDZEY, G. (EDS.), *The Handbook of Social Psychology,* McGraw-Hill, New York, 1998, p. 152). También, en un sentido similar, pero añadiendo elementos de especificidad, NOLAN las define como «reglas y estándares que son entendidas por los miembros de un grupo, y que guían hacia el comportamiento social moralmente relevante por medio de las sanciones sociales, en lugar de por la vía de la fuerza de las leyes» (NOLAN, J., «Social Norms and Their Enforcement», en HARKINS, S., WILLIAMS, K., y BURGER, J. (EDS.), *The Oxford Handbook of Social Inlfuence,* Oxford University Press, Oxford, 2017, p. 148)

[527] KAHAN, D., «Social Influence...», *ob. cit.,* p. 350

[528] DECOENE, S., y BEYENS, K., «Compliance Dynamics: A Multidisciplinary Review and Exploration of Compliance Processes in the Belgian Context», en UGWUDIKE, P., y RAYNOER, P. (EDS.), *What Works in Offender Compliance. International Perspectives and Evidence-Based Practice,* Palgrave Macmillan, New York, 2013.

la influencia social y, en segundo lugar, los mecanismos a través de los que la misma opera[529]. Como reconocen los autores que más han analizado con especial atención y detalle la cuestión[530], una aportación de especial interés en este campo la realizaron CIALDINI, RENO y KALGREN en 1990 cuando formularon su Teoría Focal de la conducta[531], y popularizaron las dos dimensiones asociadas con las normas sociales (la tipicidad y la deseabilidad)[532], distinguiendo entre la norma descriptiva y la prescriptiva. Antes de describir en qué consiste cada una, resulta interesante la diferenciación a la que NOLAN y WALLEN hacen referencia entre la propia norma social o de conducta y la creencia sobre la norma social, porque muchas veces la intervención de la norma no va a necesitar de una interacción directa para ser persuasiva[533]. En este sentido, la norma descriptiva es la que provee al sujeto de la información sobre lo que todos

---

529 CIALDINI, R., *Influencia, la psicología de la persuasión,* Traducción de Jesús De la Torre Olid, Haper Collins, 2022.

530 Véase NOLAN, J., M., y WALLEN, K. E., «Social Norms and Persuasion», en VAN ROOIJ, B., y SOKOL, D. D. (EDS.), *The Cambridge Handbook of Compliance,* Cambridge University Press, Cambridge, 2021.

531 CIALDINI, R., RENO, R., y KALGREN, C., «A Focus Theory of Normative Conduct: Recycling the Concept of Norms to Reduce Littering in Public Places», en *Journal of Personality and Social Psychology,* vol. 58, 1990.

532 DEUTSCH, M., y GERARD, H., «A Study of Normative and Informational Social Influences upon individual Judgment», en *Journal of Abnormal and Social Psychology,* vol. 51, 1995. Ambos autores pueden considerarse los primeros en acuñar y clasificar los dos grandes tipos de normas sociales o de influencia social: una de carácter informacional y otra de carácter normativa.

533 NOLAN, J., M., y WALLEN, K. E., «Social Norms...», *ob. cit.,* p. 404. En este sentido FARROW, K., GROLLEAU, G., y IBAÑEZ, L. «Social Norms and Pro-environmental Behavior: A Review of the Evidence», en *Ecological Economics,* vol. 140, 2017.

hacen, el comportamiento que es típico[534], y las creencias descriptivas sería lo que el sujeto cree o piensa sobre qué es lo que hace la mayoría de la gente. La norma prescriptiva, en cambio, hace referencia a la norma que prescribe el comportamiento socialmente deseable, y las creencias prescriptivas es lo que el sujeto percibe sobre la aprobación o desaprobación social por la conducta. Así, como describen NOLAN y WALLEN, es más probable que nos veamos persuadidos a actuar de una determinada manera si tenemos las expectativas de que:

> (1) bastante gente se ajusta a la regla de comportamiento (expectativa empírica; típica/descriptiva); (2) bastante gente piensa que debes ajustarte a la regla y te sancionará por la no conformidad (expectativa normativa; deseable/prescriptiva); (3) prefieres ajustarte a la regla basándote en esas expectativas empíricas y normativas (preferencia condicional)[535].

La literatura ha puesto a prueba de forma consistente lo anterior observando que las intervenciones basadas en las normas sociales en diversos ámbitos como el consumo de alcohol[536], la dieta saludable[537], las conductas solidarias[538], el pago

---

534 En este sentido, como explica CIALDINI, las normas descriptivas nos indican que «si mucha gente está haciendo esto es probablemente sabio realizarlo» (CIALDINI, R., «Descriptive Social Norms as Underappreciated Sources of Social Control», en *Psychometrika,* vol. 72, 2007, p. 1).

535 NOLAN, J., M., y WALLEN, K. E., «Social Norms…», *ob. cit.,* p. 505.

536 PRESTWICH, A., KELLAR, I., CONNER, M., LAWTON, R., GARDNER P., y TURGUT, L., «Does Changing Social Influence Engender Changes in Alcohol Intake? A Meta-analysis», en *Journal of Consulting and Criminal Psychology,* vol. 84, 2016.

537 ROBINSON, E., THOMAS, J., AVEYARD, P., HIGGS, S., «What Everyone Els Is Eating: A Systematic Review and Meta-analysis of the Effect of Informational Eating Norms on Eating Behavior», en *Journal of the Academy of Nutrition and Dietetics,* vol. 114, 2014.

538 JACOB, C., GUÉGUEN, N., y BOULBRY, G., «How Proof of Previous Donations Inlfuences Compliance with a Donation Request: Three Field Experiments», en *International Review on Public and Nonprofit Marketing,* vol. 15, 2018.

de impuestos[539], las conductas contrarias a Derecho, entre muchas otras, son bastante efectivas. Asimismo, es importante que, para que ejerzan una eficacia mayor y no dar lugar a efectos contraproducentes, la norma descriptiva y la prescriptiva deben estar alineadas. En caso contrario, pueden darse conductas indeseadas. Así, por ejemplo, si lo que se comunica constantemente es que la gente está incumplimiento (norma descriptiva) solamente se está reforzando el carácter normativo del comportamiento incumplidor[540], por lo que al mensaje habría que añadirle la parte prescriptiva en la que se indicara lo que debe hacerse o cuál es comportamiento socialmente deseado. Asimismo, igualmente interesante resulta el hecho de que con respecto a la norma prescriptiva (la que indica lo que se debe a hacer) es más efectiva formulada en términos negativos. En este sentido CIALDINI y colaboradores encontraron que el mensaje «No elimines la madera petrificada del parque» era más efectivo que el mensaje «Deja la madera petrificada en el parque»[541], algo que se ha atribuido a que cognitivamente le prestamos más atención a las formulaciones negativas ya que leemos la información más atentamente para evitar la desaprobación social[542].

Si bien en el ámbito de la criminología no se ha incorporado el modelo procedente de la psicología social tal y como se ha descrito anteriormente o, al menos, no es habitual encontrar en

---

539 HALPERN, D., *Inside the Nudge Unite: How Small Changes Can Make a Big Difference,* W.H. Allen, London, 2015.

540 CIALDINI, R., «Crafting Normative Messages to Protect the Environment», en *Current Directions in Psychological Science,* vol. 12, 2003.

541 CIALDINI, R., DEMAIN, L., SAGARIN, B., BARRETT, D., RHOADS, K., y WINTERS, P., «Managing Social Norms for Persuasive Impact», en *Social Influence,* vol. 1, 2006.

542 BERGQUIST, M., y NILSSON, A., «The Dos and DON'T in Social Norms: A Descriptive Don't-Norm Increases Conformity», en *Journal of Theoretical Social Psychology,* vol. 3, 2019.

la literatura criminológica una referencia directa a la literatura sobre las normas sociales que se ha analizado, tampoco es ajena en absoluto al poder que la influencia social tiene sobre el potencial infractor desde dos perspectivas. La primera, quizá la que más atención ha acaparado de las dos en la literatura criminológica, es la influencia que sobre la conducta del potencial infractor tienen sus pares o su grupo de referencia[543]. La segunda, como se ha analizado en este mismo capítulo, es respecto a la investigación que indica que las sanciones informales tienen un efecto disuasorio a veces incluso superado por el efecto de las sanciones formales[544]. Dicho de otro modo, lo que los demás piensen de los potenciales infractores es un elemento clave que éstos tienen en cuenta para decidir si infringir una norma o no. Asimismo, con respecto al *nudging*, POGARSKY y HERMAN ponen de relieve cómo desde las políticas de

---

543 SERRANO MAÍLLO, A., *Introducción…, ob. cit.*; En este sentido, como resumen HOEBEN y THOMAS: «La influencia potencial de los compañeros en la delincuencia suele considerarse desde la perspectiva de la influencia normativa o la perspectiva de la oportunidad. Bajo la perspectiva normativa, los pares socializan a los individuos para que internalicen normas, valores y motivos que conducen a la delincuencia y, por lo tanto, moldean el comportamiento en el desarrollo durante un período de tiempo más largo. Esta socialización o transferencia de normas y valores entre compañeros, puede producirse a través del refuerzo directo o del refuerzo vicario, mediante la observación de los comportamientos de los demás y las consecuencias de esos comportamientos. En la perspectiva de la oportunidad, los compañeros pueden afectar al comportamiento inmediato de los individuos haciendo que la delincuencia sea más fácil (por ejemplo, un cómplice competente) y más gratificante para cometerla (por ejemplo, un público agradecido)» (HOEBEN, E. M., y THOMAS, K. J., «Peers and offender decision-making», en *Criminology & Public Policy*, vol. 28, 2019, p. 761).

544 VAN ERP, J., «Shaming and Compliance», en VAN ROOIJ, B., y SOKOL, D. D. (EDS.), *The Cambridge Handbook of Compliance*, Cambridge University Press, Cambridge, 2021.

prevención se podrían utilizar mecanismos como la saliencia de determinada información basada en los modelos de conducta social para influir en el comportamiento de las personas por medio de, por ejemplo, mensajes en los que se comunicara a los ciudadanos cuál es el modelo de conducta social establecido y querido[545].

Toda vez que lo anterior puede considerarse una evidencia bastante sólida sobre por qué, en determinados momentos, actuamos como lo hacemos, y efectivamente en muchas ocasiones lo hacemos porque respondemos a un modelo de conducta social, desde el ámbito del Derecho penal y la teoría de la pena, autores como MIRÓ LLINARES[546] o KAHAN[547], por ejemplo, les han atribuido a las normas penales una función expresiva de dicho modelo de conducta social. Las normas, entonces, vendrían a dar la información a los ciudadanos sobre cuál es modelo de conducta a seguir y qué es lo que la sociedad en su conjunto desaprueba.

5.2. El sistema de valores y la legitimidad de la norma

A la pregunta con la que abríamos el anterior apartado, a la de las razones que daríamos para no cometer un delito, le

---

545 POGARSKY, G., y HERMAN, S., «Nudging...», *ob. cit.*

546 MIRÓ LLINARES, F., «La función de la pena...», *ob. cit.*, p. 20: «La norma penal no es sólo una amenaza, sino la expresión del modelo de conducta socialmente adecuado y revestido de legitimidad formal y, usualmente, material. Y al tipificarse una conducta y adscribírsele a ella una pena, siempre que eso se haga desde un sistema legítimo y en correspondencia con las intuiciones de justicia generales, se está comunicando a las personas que ese comportamiento es considerado por la sociedad como un modelo de conducta no válido, activándose, así, tanto el mecanismo de la influencia social como el de la legitimidad moral».

547 KAHAN, D., «Social Influence...», *ob. cit.*

añadiríamos seguramente una razón fundamental: no lo cometemos porque se trata de una conducta que, en la mayoría de las ocasiones, entendemos como moralmente inadecuada, mala o injusta. Seguramente diríamos «porque no está bien». En no pocas ocasiones los individuos no incumplen las normas porque su propio sistema de valores éticos se lo impide[548], despertando este mecanismo un gran interés desde la psicología social y moral[549]. Y ello en la medida en que, aunque el contenido de las creencias morales puede variar en función del tiempo y del lugar, la creencia de que hay cosas que están «bien» y cosas que están «mal»[550] está presente en todas las culturas[551], constituyendo las creencias morales de los individuos

---

548 Piquero, A. R., Paternoster, R., Pogasrky, G., y Loughran, T., «Elaborating...», *ob. cit.*

549 Bartels, D. M., Bauman, C. W., Cushman, F. A., Pizarro, D. A., y McGrau, A. P., «Moral Judgment and Decision-Making», en Keren, G., y Wu, G. (Eds.), *The Wiley Blackwell Handbook of Judgment and Decision Making*, Wiley, Chicester, 2015.

550 Hitlin, S., y Vaisey, S., «The new sociology of morality», en *Annual Review of Sociology*, vol. 39, núm. 1, 2013. Al respecto, es importante clarificar que sobre esta dimensión se ha diferenciado entre los bienes morales y las prohibiciones morales. En el caso de los bienes morales serían aquellas cuestiones o cosas que las personas persiguen para tener una vida plena, pero en el caso de las prohibiciones morales se trata de violaciones que es necesario evitar. Como explican Vaisey y Miles, aunque ambas categorías se puedan superponer en algunas ocasiones, son analíticamente diferentes. Como ambos autores señalan «los términos clave relacionados con el primer tipo son bueno, malo, digno, indigno, valioso y esencial; los términos clave para el segundo tipo son (in)aceptable, (in)apropiado), bien o mal» (Vaisey, S., y Miles, A., «Tools from moral psychology for measuring personal moral culture», en *Theory and Society*, vol. 43, 2014, p. 312).

551 Shweder, R. A., Mahapatra, M., y Miller, J. G., «Culture and moral development», en Kagan, J., y Lamb, S. (eds), *The emergence of morality in young children*, University of Chicago Press, Chicago, 1987.

una auténtica fuente de control social[552]. En este sentido, las personas actuamos con una motivación moral en la medida en que solemos actuar en la dirección de lo que creemos que es bueno o malo para nosotros. En el caso que nos ocupa, la conducta cumplidora de la mayoría de las personas vendría guiada por lo que VAISEY y MILES denominan «prohibiciones morales» como pueden ser no hacer sufrir a los demás, no tratar de manera injusta o desigual, no desobedecer a la autoridad, entre otras[553]. Esto es, a la hora de decidir si cometer un delito o no, los sujetos también actúan guiados por sus valores morales[554]. Si bien es el ámbito de la psicología y la sociología morales el campo más abonado en lo que se refiere a esta cuestión, que los valores morales y éticos del individuo son un elemento relevante en la prevención del delito tampoco ha pasado inadvertido en la criminología. De hecho, uno de los elementos o características diferenciadoras que puede tener un efecto en la disuasión es precisamente la inhibición moral[555]. Uno de los mecanismos basados en la moralidad que

---

552 Sobre los tipos de juicios morales y el estado del arte en la literatura de la psicología moral arespecto véase en profundidad MALLE, B. F., «Moral Judgments», en *Annual Review of Psychology*, vol. 72, 2021; SCHOPFER, A., y PIQUERO, A. R., «Self-Control, Moral Beliefs, and Criminal Activity», en *Deviant Behavior*, vol. 27, 2006.

553 VAISEY, S., y MILES, A., «Tools from moral...», *ob. cit.* Véase sobre la Teoría de los Fundamentos Morales y en profundidad GRAHAM, J., HAIDT, J., KOLEVA, S., MOTYL, M., IYER, R., WOJCIK, S. P., y DITTO, P. H., «Chapter Two- Moral Foundations Theory: The Pragmatic Validity of Moral Pluralism», en *Advances in Experimental Social Psychology*, vol. 47, 2013.

554 WIKSTRÖM, P-O. H., «Individuals, settings, and acts of crime: situational mechanism and th explanation of crime», en WIKSTRÖM, P-O., H., y SAMPSON, R. J. (EDS.), *The Explanation of Crime. Context, Mechanisms, and Development*, Cambridge University Press, Cambridge, 2006.

555 PIQUERO, A. R., PATERNOSTER, R., POGASRKY, G., y LOUGHRAN, T., «Elaborating...», *ob. cit.*

pueden afectar al cumplimiento de las normas penales en este sentido son, por ejemplo, los imperativos morales. Los imperativos morales serían principios que dirigen la conducta en términos de deber con independencia de la situación dada[556]. En este sentido, la literatura criminológica empírica ha dado cuenta precisamente del efecto moderador que tiene la inhibición moral con respecto a la amenaza legal en el sentido de que aquellos que guían su comportamiento por tales imperativos morales, que ya están especialmente comprometidos con el cumplimiento[557], no se van a ver influenciados por la amenaza ni harán ningún cálculo de costes y beneficios en el sentido instrumental[558]/[559].

Uno de los valores morales que se ha analizado ampliamente en la literatura tanto de la psicología social y moral como de la criminología y que se ha integrado como un enfoque más de cumplimiento es el relativo a la legitimidad[560] experimentada o

---

556 Asimismo, estos autores dan cuenta que en la literatura al respecto se ha dividido entre aquella que entiende que los imperativos morales impiden siempre la conducta infractora, y aquellos autores que indican que en realidad los imperativos morales son solo un punto de partida más, pero para que tengan efecto tienen que activarse y darse otro tipo de microfundamentos de la acción social y elementos de la situación (ROBBINS, B., y KISER, E., «State coerción...», *ob. cit.*)

557 Para POGARSKY serían los conformistas (POGARSKY, G., «Identifying...», *ob. cit.*)

558 ETZIONI, A., *The Moral Dimesion: Toward a New Economics,* Free Press, New York, 1988.

559 PIQUERO, A. R., PATERNOSTER, R., POGASRKY, G., y LOUGHRAN, T., «Elaborating...», *ob. cit.*;

560 No es infrecuente que en ocasiones se confundan constructos de la moral o de las creencias morales con constructos de legitimidad. La legitimidad percibida sobre la norma, tanto en un sentido sustantivo como procedimental, puede coincidir con los valores morales del individuo. Asimismo, el valor de la justicia es uno que también puede encontrarse en ambos constructos, pero no hay que confun-

percibida por parte de los individuos frente a la norma y/o las autoridades que la aplican, y cuyo núcleo es el juicio sobre cómo de justas se perciben las normas y su aplicación. Ambos mecanismos han sido incluidos dentro de lo que se ha denominado el constructo de la «legitimidad»[561], y dentro de

---

dirlos porque cabe diferenciación. Como explica TYLER (TYLER, T. R., «Psychological Perspectives on Legitimacy and Legitimation», en *Annual Review of Psychology*, vol. 57, 2006), si bien la legitimidad entendida como los sentimientos de deber o de obligación es un valor del individuo que se asemeja a los valores morales en tanto guías de motivación, la legitimidad es un sentimiento de deber con respecto a las instituciones y acuerdos sociales mientras que los valores morales son más bien normas personales que pueden tener que ver con la norma o no y sobre los que el sujeto trata de ajustarse. Puede pasar que el valor de deber y los valores morales coincidan. Por ejemplo, puede darse el supuesto de que una persona cumpla la norma porque cree que debe obedecerla y también porque la conducta prohibida es una conducta que considera moralmente incorrecta. Pero también puede suceder que una persona perciba como ilegítima una orden o una norma de una autoridad y decida actuar y guiarse por sus propias convicciones morales y desatender dicha norma u orden.

561 Si bien es una cuestión que no puede ser abordada aquí, lo cierto es que en la literatura hay una pluralidad de conceptos de legitimidad. Así, por ejemplo, para BEETHAM se trata de «el poder que es reconocido como legítimo (*rightful*) por agentes relevantes, que incluyen a los titulares del poder y su personal, a los que están sujetos por el poder y terceras partes cuyo apoyo o reconocimiento puede ayudar a confirmarlo» (BEETHAM, D., «Revisiting Legitimacy, Twenty Years on», en TANKEBE, J. y LIEBLING, A. (EDS.), *Legitimacy and Criminal Justice: An International Exploration*, Oxford University Press, Oxford, 2013, p. 19). TYLER, en una revisión sobre el concepto, enumera también unas cuantas definiciones que se han dado desde la psicología como la de FRENCH y RAVEN que entienden que es la influencia social que se deriva de sentimientos como el «deber», «tener que», «o tener derecho a» (FRENCH, J. R. P., y RAVEN, B. H., «The bases of social power», en CARTWRIGHT, D. (ED.), *Studies in Social Power*, Univ. Mich. Inst. Soc. Res, Ann Arbor, 1959). También menciona la

éste podemos diferenciar entre la «legitimidad sustantiva» y la «legitimidad procedimental».

Por legitimidad sustantiva se puede entender como aquella fuente de cumplimiento basada en el alineamiento del contenido de la norma con el sentido moral de los individuos[562]. Dos de los autores que conjuntamente más se han centrado en este tipo de legitimidad por su propio valor democrático, pero, sobre todo, preventivo son Paul H. ROBINSON y John M. DARLEY[563]. Estos dos autores muestran a lo largo de una multitud de estudios empíricos la existencia de una serie de intuiciones de justicia, estas son, juicios espontáneos sobre el castigo que una determinada persona merece por la comisión de un determinado delito, poniendo en relación la culpabilidad con el merecimiento de la sanción[564]. Así, las intuiciones de justicia son una fuente importante de donde extraer las reglas de distribución de la responsabilidad y el castigo estatal[565], útiles precisamente por su valor preventivo[566]. Éste último se alcanza en la medida en que al identificar las intuiciones de justicia

---

de SUCHMAN que entiende la legitimidad como «una percepción generalizada o asunción de que las acciones de una entidad son deseables, adecuadas o apropiadas en un determinado sistema social de normas, valores, creencias y definiciones» (SUCHMAN, M. C., «Managing legitimacy: strategic and institutional approaches», *Acad. Manage. Rev*, vol. 20, 1995). Véase en profundidad TYLER, T. R., «Psychological...», *ob. cit.*

562 MIRÓ LLINARES, F., «La función de la pena...», *ob. cit.*

563 ROBINSON, P. H., y DARLEY, J. M., *Justice, Liability, and Blame. Community Views and the Criminal Law*, Westview Press, Boulder, 1995; ROBINSON, P. H., *Intuitions of Justice and the Utility of Desert*, Oxford University Press, New York, 2013.

564 ROBINSON, P. H., y DARLEY, J. M., «Intuitions of justice: Implications for criminal law and justice policy», *S. Cal. L. Rev*, vol. 81, 2007.

565 ROBINSON, P. H., *Principios...*, *ob. cit.*

566 ROBINSON, P. H., «Una tregua...», *ob. cit.*

con las normas penales el sistema de justicia y el Derecho penales obtienen la credibilidad moral para hacer justicia, aumentando la deferencia hacia el mismo[567]. Como BILZ y NADLER exponen, mientras que la identificación de las normas con las intuiciones de justicia puede dar como resultado que se entienda o se perciba al Derecho penal como una fuente legítima de orientación moral, el cumplimiento con las normas puede minarse si precisamente se hace lo contrario, esto es, no hay una correspondencia entre la visión comunitaria y el Derecho[568].

Por otro lado, la legitimidad entendida en un sentido procedimental se refiere a la fuente de cumplimiento que se deriva del hecho de percibir que las normas se aplican de una manera justa y equitativa. El autor más reconocido en este campo es Tom R. TYLER, quien en su obra *Why people obey the law* puso de manifiesto el cumplimiento basado en la legitimidad percibida de la norma y las autoridades que las aplican[569]. En este sentido, se trataría de entender la legitimidad como una propiedad que adquieren las autoridades, las instituciones y las normas penales que hace que la ciudadanía, en concreto, aquella parte que se relaciona con estas instituciones y autoridades en algún momento, las perciban como apropiadas, equitativas y justas[570]. Como afirman GARCÍA AÑÓN y colaboradores, en la investigación al respecto se trata de analizar cómo interactúan «los elementos que tienen importancia a la hora de configurar las relaciones entre personas que tienen el poder y las que

567 ROBINSON, P. H., *Principios..., ob. cit.*

568 BILZ, K., y NADLER, J., «Law, moral attitudes, and behavioral change», en ZAMIR, E., y TEICHMAN, D. (EDS.), *The Oxford Handbook of Behavioral Economics and the Law,* Oxford University Press, New York, 2014.

569 TYLER, T. R., *Why People Obey..., ob. cit.*

570 TYLER, T. R., «Procedural justice, legitimacy, and the effective rule of law», en *Crime and Justice,* vol. 30, 2003.

deben respetar las decisiones del mismo»[571]. Al respecto, la literatura se ha centrado en mostrar cómo las experiencias con el sistema legal y sus agentes, particularmente la experiencia con la policía, modula las percepciones sobre la legitimidad de éstas[572]. De esta manera, si los que tienen contacto con el sistema de justicia penal entienden que han recibido un trato justo y equitativo desarrollan una deferencia o un sentimiento de obediencia y de cooperación[573]. Con ello, la legitimidad procedimental estaría compuesta por dos dimensiones, cada una de las cuales tiene, a su vez, sus propias variables. La primera sería la evaluación de la equidad en la toma de decisiones. Ésta estaría integrada o se compondría de la percepción sobre la neutralidad, la transparencia y la objetividad de la autoridad que en un momento determinado está aplicando la norma. La segunda sería la evaluación del trato recibido por parte de esa autoridad en la aplicación de esa norma, esto es, la percepción sobre si el mismo es respetuoso y digno[574].

Más allá de las investigaciones que efectivamente muestran una relación positiva entre el cumplimiento y el constructo de

---

571 García Añón, J., Llorente Ferreres, A., Bradford, B., García Sáez, J. A., y Gascón Cuenca, A., *Identificación policial por perfil étnico en España. Informe sobre experiencias y actitudes en relación con las actuaciones policiales*, Tirant lo Blanch, Valencia, 2013, p. 75.

572 Tyler, T., «Procedural justice and policing: A rush to judgment?», en *Annual Review of Law and Social Science*, vol. 13, 2017.

573 Mazerolle, L. G., Antrobus, E., Bennett, S., y Tyler, T. R., «Shaping citizen perceptions of police legitimacy: A randomized field trial of procedural justice», en *Criminology*, vol. 51, 2013; Reisig, M. D., Tankebe, J., y Mesko, G., «Procedural justice, police legitimacy, and public cooperation with the police among young Slovene adults», en *Varstvoslovje: Journal of Criminla Justice & Security*, vol. 14, 2012; Tankebe, J., Reisig, M. D., y Wang, X., «A multidimensional model of police legitimacy: A cross-cultural assessment», en *Law and Human Behavior*, vol. 40, 2016.

574 Tyler, T. R., «Procedural justice...», *ob. cit.*

la legitimidad, más arriba también se ha puesto de manifiesto cómo una falta de equidad procedimental es uno de los componentes que puede dar lugar al efecto desafío de las sanciones penales. En este sentido, tanto la legitimidad sustantiva como la procedimental son dos fuentes de cumplimiento especialmente valiosas en la medida en que producen una socialización legal basada en el consenso y no en la coerción. Siempre será mejor conseguir un cumplimiento voluntario que no uno derivado del uso del poder de castigar que, además, para que produzca sus efectos se requiere de una serie de intervenciones mucho más costosas.

Asimismo, estos enfoques, especialmente el que se refiere a las normas sociales y la legitimidad sustantiva son relevantes tanto desde un punto de vista preventivo, como desde la perspectiva del entendimiento de las normas penales. Si con respecto a las normas sociales se indicaba que algunos autores de la doctrina han entendido las normas penales como la positivización de las mismas, también se ha entendido que las normas penales manifiestan las intuiciones de justicia de la ciudadanía y, por tanto, como se ha comentado, pueden ser una guía orientativa de la conducta, adquiriendo tanto la norma como el sistema credibilidad moral[575]. Como señala BOTTOMS, los mecanismos instrumentales (disuasión) y los relativos al contexto normativo (legitimidad y normas sociales) interaccionan y se retroalimentan[576]. Esta interacción puede ser en dos direcciones: a) lo normativo da lugar a lo instrumental; b) lo instrumental da lugar a lo normativo. Con respecto a la primera opción, afirma BOTTOMS que

> [...] una conclusión razonable de la investigación empírica es que existe una conexión integral entre el cumplimiento normativo y el cumplimiento instrumental, de manera que los

---

575 MIRÓ LLINARES, F., «La función de la pena...», *ob. cit.*

576 BOTTOMS, A., «Understanding Compliance...», *ob. cit.*,

> incentivos y desincentivos funcionan mejor para las personas o entidades corporativas que tienen fuertes vínculos con un grupo social (por ejemplo, una familia, una comunidad local o compañeros de una comunidad empresarial), en un contexto en el que la reputación es importante para la posición inicial de la persona o entidad corporativa de ese grupo, y los miembros del grupo social tienen claras expectativas normativas relacionadas con el comportamiento al que se dirige la ley o la regulación[577]

Con respecto a la segunda, a si el mecanismo de los desincentivos puede dar lugar a normas sociales, admite el autor que aunque el conocimiento que se tiene todavía es tentativo, parece ser que también se da. Piénsese, por ejemplo, en el caso de la conducción influenciada. Si bien antes de determinadas leyes tal conducta no tenía una connotación moral especialmente negativa, a partir de la prohibición y con el tiempo, claramente la ha ido adquiriendo[578].

6. COROLARIO

Como afirman PRATT y colaboradores[579] no se corre demasiado riesgo de caer en un error cuando se afirma que la teoría de la disuasión y la estrategia disuasoria van a seguir formando parte del sistema de justicia penal en general y del Derecho penal en particular, pero también del imaginario político[580] y colectivo. Al fin y al cabo, el sistema de justicia penal tiene en parte como filosofía la disuasión de comportamientos delictivos, ya sea a través de una amenaza legal generalizada, ya sea a través de la experiencia del propio castigo[581]. Esto no significa

---

577 *Ibid.*, p. 27.

578 *Ibidem.*

579 PRATT, T., *et al.*, «The Empirical Status...», *ob. cit.*

580 KLECK, G., SEVER, B., LI, S., y GERTZ, M., «The missing link...», *ob. cit.*

581 PATERNOSTER, R., «Perceptual Deterrence...», *ob. cit.*

que la pena no cumpla con otros propósitos, pero a mi juicio es difícil desterrar sin más la idea de la prevención general negativa del sistema de justicia penal. Las propias normas penales, sin ir más lejos, difícilmente pueden no ser vistas como una amenaza en su formulación[582]. Aunque se trate en cierta medida de un escenario contrafáctico, entre los expertos se asume que el sistema de justicia penal disuade en alguna medida porque se entiende que de no haberlo el delito sería mucho más prevalente[583]. Cuestión distinta es en qué medida las leyes penales pueden tener ese efecto preventivo-general, en qué medida la conminación o el incremento de la severidad de las penas, política penal que por lo demás es la generalmente utilizada, puede «funcionar» o no en términos preventivos, y en qué medida puede justificarse al amparo de argumentos de disuasión tales incrementos punitivos. Al respecto se ha visto que la respuesta a ello ni debería darse solamente desde un plano normativo, como lo hacían en su día autores como FEUERBACH, probablemente porque no dispusieran ni del conocimiento ni de los instrumentos para acceder al mismo sobre el funcionamiento del castigo, ni tampoco desde un enfoque empírico dicotómico (previene o no; funciona o no). Más bien al contrario, la investigación se ha ido interesando por cada nivel del castigo hasta llegar a conocer diversas cuestiones como, por ejemplo, la necesidad de alterar el riesgo percibido de la sanción o qué procesos pueden verse involucrados en la toma de decisión de cometer un delito. Si bien es cierto que puede dar la sensación de prácticamente un pleno conocimiento de todo lo anterior, lo cierto es que como señalan la mayoría de los expertos en la materia[584] sabemos poco sobre cómo funciona realmente la disuasión, de cómo se forman concretamente

---

582 PASCUAL MATELLÁN, L., «Hacia un prevencionismo...», *ob. cit.*

583 MEDINA ARIZA, J. J., *Políticas y estrategias…, ob. cit.*

584 Entre ellos PATERNOSTER, R., «How much…»; KENNEDY, D., *Disuasión…, ob. cit.*, etc.

las percepciones. Los estudios apuntan a una fuerza disuasoria mayor de la certeza que de la severidad[585], pero tampoco se ha indagado suficientemente si castigos más severos producen más miedo a la sanción[586]. Es cierto, como se ha visto, que no pocos estudios arrojan resultados muy modestos para la teoría de la disuasión, sobre todo si se comparan con los resultados de otras explicaciones del delito que pueden dar mejor cuenta sobre por qué determinados sujetos deciden infringir una norma[587], y también si se trata de estudios basados en datos agregados, y posiblemente por ello se ha tendido fácilmente a descartar esta teoría o filosofía del castigo. Ese descarte puede deberse o bien a que a la luz de lo que parecen indicar los estudios puede parecer que no merece la pena, si se permite el coloquialismo, «seguir sacando de donde no hay», o bien porque detrás del rechazo hay alguna razón de corte ideológico. No obstante, a mi juicio, en primer lugar, desde una perspectiva empírica todavía quedan muchas preguntas de investigación por analizar; en segundo lugar, como se ha comentado, aunque diera la sensación de que ya se ha explorado todo lo necesario para llegar a la conclusión de que la disuasión no funciona y, por tanto, debemos pasar a otra estrategia ésta es una falsa sensación; en tercer lugar, porque si al fin y al cabo es una estrategia que difícilmente va a ser desterrada, es imperativo seguir investigando en la materia; y, por último, porque los resultados muestran que la disuasión puede funcionar. Eso sí: no de la forma tan simple como normalmente se formula, sino que depende de muchos condicionantes que se han tratado de ir poniendo de relieve en este y el anterior capítulo. Por otro lado, y, en la medida en que lo que interesa para que el uso del castigo sea acorde con el fin atribuido al Derecho penal es que

---

585 APEL, R., «Sanctions…», *ob. cit.*

586 PICKETT, J. T., «Using Behavioral…», *ob. cit.*.

587 PRATT, T., *et al.*, «The Empirical Status…», *ob. cit.*

la pena pueda prevenir, especialmente por medio de su enunciación legal, es necesario analizar todos aquellos mecanismos que están detrás del cumplimiento de las normas. En este sentido, es necesario ir más allá de la disuasión, obligándonos a salir de la zona de confort y explorar los hallazgos de otras ramas como la psicología social y moral que pueden contribuir a la comprensión sobre cómo la norma penal puede prevenir.

Capítulo IV

Conclusiones y prospectiva

Tras el análisis realizado sobre los diferentes mecanismos de cumplimiento de la norma, especialmente el disuasorio o instrumental, creo que cabe extraer conclusiones que pueden ser divididas en función del aporte que, se entiende, se hace a los ámbitos a los que más pudiera interesar el objeto de investigación tratado: la criminología, el Derecho penal y la política criminal.

1. CONCLUSIONES PARA LA CRIMINOLOGÍA

1.1. Abandono de la investigación sobre la disuasión en el ámbito criminológico español

Si a la criminología le ha interesado la teoría de la disuasión general es porque la misma siempre ha tenido una aspiración de explicar por qué se incumplen las normas, y en tanto en cuanto pueda explicar el incumplimiento, también pueden llevarse a cabo desde la misma criminología estrategias de prevención, en este caso, indicando en qué medida la pena disuade y cómo tiene que ser esta para lograr tal efecto.

Tras caer en desgracia a partir de 1900, esta teoría fue recuperada a finales de los años 60 con el auge del enfoque económico, pero ese renacimiento del interés por la misma no se ha producido igual en Estados Unidos que en España. En efecto, como se ha ido señalando, sobre esta teoría se ha avanzado mucho en la literatura anglosajona. El interés tanto teórico como empírico no ha cesado en todos estos años, siendo la literatura casi inabarcable. Sin embargo, ese interés no ha tenido mucho eco en la literatura española. La teoría de la disuasión aparece en los manuales de criminología como una de las teorías disponibles (la Escuela Clásica), pero casi más como una reminiscencia por la que hay que pasar y normalmente explicada a través de los referentes de la Ilustración y, a lo sumo, una referencia a algunos estudios clásicos sobre el efecto disuasorio general. Da la sensación de que, en sintonía con lo que sucedía cuando esta teoría fue abandonada, se entiende que un análisis de costes y beneficios del sujeto es una explicación demasiado simple y poco fructífera porque no da cuenta realmente entre otras cosas, por ejemplo, de las motivaciones del infractor, ni tampoco variables de tipo social o estructural, en las que habría estado interesada buena parte de la criminología. Además, no se escatima en poner de relieve que esta teoría «no funciona», que los estudios en su mayoría estadounidenses sobre la pena de muerte o las penas de larga duración muestran que éstas no disuaden. Y sin mayores problemas se suele pasar a la exposición de las teorías sobre la criminalidad (*big theories*) que tratan de explicar las causas personales y sociales de por qué una persona comete un delito. Con ello se ha tendido a dejar de lado a la teoría de la disuasión que al contrario de las anteriores es una teoría de alcance medio, quedando prácticamente reservada para el ámbito de los enfoques ambientales. Sin embargo, creo que es necesario que la criminología española se interese más por este mecanismo por varias razones: a) la primera es que no ha perdido su interés científico. Saber cómo interactúan las personas con respecto a la sanción penal es importante y es un conocimiento que puede ser utilizado en estrategias de prevención, al menos, la que sea posible por medio de las normas. Al fin y al cabo, las normas penales no van a desaparecer y la criminología tiene un importante papel en ayudar a determinar qué tipo de normas penales y castigos son más adecuados; b) la segunda es que, como se ha indicado en otro lugar de este trabajo, muchas reformas del Código Penal y el uso que se hace del Derecho penal por el legislador, parte sin dudarlo de estas premisas, con lo que interesa más que nunca indagar en los efectos de la sanción penal para poder proporcionar el conocimiento empírico que es necesario para indicar cómo deben ser las sanciones penales.

1.2. La disuasión como proceso comunicativo

Una de las cuestiones que llama la atención del abandono del análisis empírico de la disuasión en España es que se tiende a, como se ha dicho, indicar rápidamente que los estudios muestran que las leyes penales estadounidenses han tenido un impacto en la reducción del delito tan modesto que no quedan justificadas en atención a su fin preventivo. Esto último, como se ha analizado en el anterior capítulo, es cierto, pero también lo son muchos más extremos. Entre ellos destaca, por ejemplo, que la teoría de la disuasión es una teoría subjetiva de los efectos de la sanción penal. Ello implica dos cuestiones: la primera es que la disuasión es un mecanismo de transmisión de la información en que consiste la amenaza y los riesgos de cometer la infracción; la segunda, que los efectos que produzca esa comunicación dependen en gran medida de cómo sean percibidos los riesgos de cometer el delito. En este sentido, posiblemente lo que indiquen los estudios es que la disuasión general tal y como se ha venido llevando a cabo no tiene gran poder de influencia. En efecto, si como cualquier mensaje comunicativo, la amenaza legal tiene que ser recibida por el receptor para que cause un determinado efecto, difícilmente podrá hacerlo si la estrategia de disuasión general no trata de centrarse en los mecanismos por los que se puede transmitir de manera efectiva dicha información para que la misma tenga capacidad de poder modificar las conductas.

Siguiendo esta línea argumental, posiblemente una de las líneas de investigación que debería seguir la criminología es el análisis de la mejor forma de transmitir la información, en la medida en que no hay que dar por hecho que la mera modificación de los códigos penales va a producir *per se* algún efecto sobre la delincuencia. Dicho de otro modo, quizá la cuestión no esté tanto en hacer las normas y diseñar los castigos como se había venido haciendo hasta ahora, sino hacerlo basándolos en la investigación sobre lo que funciona y, en todo caso, pensando el diseño para que esté dirigido especialmente a la dirección de la conducta hacia el cumplimiento. Es decir, ya no es tanto si el legislador, con más o con menos justificación, decide modificar una ley por medio de la cual se introduce una pena como la prisión permanente revisable e indicar los expertos que ésta no disuade porque así lo podemos deducir de la literatura anglosajona, sino, ahora que sabemos mucho más sobre el mecanismo de la disuasión y tenemos mucha más información empírica, cabe preguntarnos si no deberíamos abordar las normas desde lo que sabemos de la disuasión y otros mecanismos relacionados con la enunciación legal para tratar de mejorar su potencial preventivo.

Posiblemente sean mayoría los autores de la doctrina penal y de la criminología los que estén de acuerdo en admitir que el Derecho penal y, con éste la pena, debe ser utilizado únicamente cuando se considere estrictamente necesario; que es mejor prevenir que tener que castigar; que la pena es un mal necesario, pero un mal al fin y al cabo; que hay que llevar a cabo todos los esfuerzos posibles para atajar lo que pueden ser las causas del delito a través de, por ejemplo, mejoras en las políticas de educación, de protección social, entre muchas otras, para no tener que utilizar un instrumento tan «brutal» como es la pena. En esto estaban de acuerdo hasta los propios autores de la Ilustración. BECCARIA ya escribió en su *De los delitos y las penas* que, aunque la pena justa es la pena útil, es mejor prevenir el delito que tener que castigarlo, que la pena no es la panacea y que se podría prevenir el delito mejor a través de otras intervenciones como la educación[588]. Pero ni al Marqués le pareció en su momento incompatible afirmar que la pena tiene que servir para prevenir con afirmar que la mejor prevención se debe llevar a cabo por otras vías extra-penales, ni a mí tampoco me lo parece.

En tanto en cuanto la pena deba seguir existiendo y asumamos que la misma debe servir para prevenir, la criminología no debería abandonar la investigación empírica en materia de disuasión por completo a favor del estudio de las causas sociales del delito u otras materias más atractivas, porque, a mi juicio, puede aspirar a indicar cómo tienen que ser las normas penales para que alcancen su máximo potencial preventivo, o qué tipo de políticas públicas o estrategias se pueden adoptar sobre la base de lo que sabemos sobre cómo funciona el mecanismo disuasorio.

1.3. La certeza de la sanción: el principio de la certeza

Uno de los hallazgos que se ha mostrado consistente en la literatura es el potencial preventivo que tiene la certeza de la sanción, entendida esta como la certeza de aprehensión. En efecto, los estudios señalan que de las dos variables normalmente evaluadas por la literatura es el riesgo de ser aprehendido por las autoridades la que tiene un efecto disuasorio. En este sentido, hay razón para creer que el aumento de la certeza tiene una capacidad para modificar la conducta del sujeto. Así, NAGIN vuelve a llegar casi a la misma conclusión sobre la certeza de la sanción en su revisión de la literatura de 2018 que en la que llevó a cabo en 2013:

---

588 Así, en la sección 45, el autor italiano expresaba que «Finalmente, el más seguro pero más difícil medio de evitar delitos es perfeccionar la educación» (BECCARIA, M., *Tratado de…*, *ob. cit*, p. 85).

> Llego a la conclusión, al igual que muchas revisiones anteriores de la investigación sobre la disuasión, de que los datos que apoyan el efecto disuasorio de varias medidas de la certeza del castigo son mucho más convincentes y consistentes que las de la severidad del castigo[589].

Este dato ya indica que el legislador no puede operar al margen de estas evidencias si pretende que la estrategia disuasoria sea efectiva. En este sentido, no puede modificarse un determinado delito para aumentar las penas y esperar que ese cambio por sí mismo afecte a las percepciones del potencial infractor que se dispone a realizar una infracción. La política pública en materia de prevención debe tener en cuenta necesariamente la importancia de la certeza sobre la severidad para el efecto disuasorio de la norma de que se trate, y elaborar estrategias en este sentido.

1.4. La severidad de las sanciones

Desde un punto de vista de los efectos generales de la sanción penal, son dos el tipo de medidas que resultan de interés. Por un lado, interesa comprobar si aumentos en la severidad extremos en las leyes penales traen como consecuencia una reducción de la delincuencia; por otro, si cualquier nivel de severidad puede tener efectos disuasorios[590].

En cuanto a los posibles efectos marginales, la investigación muestra que incrementos en la severidad de las penas no producen por sí mismos una reducción de la delincuencia. Es decir, no se ha comprobado que un castigo que sea más severo

---

589 NAGIN, D. S., «Deterrent Effects of the Certainty…», *ob. cit.*, p. 157.

590 TONRY, M., «An Honest Politician's Guide to Deterrence: Certainty, Severity, Celerity, and Parsimony», en NAGIN, D. S., CULLEN, F. T., LERO JONSON, C. (EDS.), *Deterrence, Choice, and Crime. Contemporary Perspectives*, Routledge, New York and London, 2018.

de lo que lo era anteriormente prevenga más delitos de lo que lo hacía cuando era más benévolo. Es por ello por lo que aumentar la severidad de delitos que ya son de por sí severos es irracional desde el punto de vista instrumental, porque si no evitan que los delitos acaben aconteciendo con una severidad alta, nada indica que una severidad incluso mayor vaya a producir un mayor efecto disuasorio.

Sin embargo, los estudios anteriores sobre los efectos marginales normalmente analizan, como hemos visto, el posible efecto de reducción de la delincuencia de leyes penales como las *three strikes* o las penas de muerte. No obstante, algo que llama en realidad la atención es precisamente la escasa investigación en torno a si otro tipo de aumentos de la severidad de la sanción (e.g., prisión de tres a cuatro años) tiene algún poder preventivo. En este sentido, destaca TONRY que, de la literatura sobre los efectos marginales del establecimiento de leyes tan severas como la cadena perpetua o similares, no puede directamente derivarse que aumentos más modestos en la severidad no vayan a producir ningún efecto preventivo o que los resultados serían similares que en los casos anteriores, es decir, modestos en el mejor de los casos.

No obstante, aunque existe este vacío, indica TONRY que, a su juicio, no cree que los resultados fueran a ser muy diferentes a los obtenidos en los estudios sobre los efectos de leyes como las *three strikes*. A esta conclusión llega porque entiende que los estudios de calibración han mostrado en varias ocasiones que la ciudadanía no calibra adecuadamente la severidad y certeza objetivas del castigo, y si no calibra bien la severidad objetiva difícilmente, dice TONRY, puede presumirse que cambios modestos en la severidad producirían un efecto disuasorio.

No obstante, frente a ello, entiendo que la conclusión de TONRY, pudiendo estar en lo cierto, es un tanto precipitada y a la misma podría criticársele lo mismo que indica él sobre la necesidad de no extrapolar los resultados de los estudios en materia de leyes penales realmente severas al estudio del efecto de la severidad en modificaciones modestas de la misma. Como ha mostrado la literatura, una cuestión es la disuasión como mecanismo de transmisión de la información que necesita afectar a las percepciones individuales de los potenciales infractores; y, otra es si, en el supuesto de que esa afectación pudiera garantizarse, las variables de la disuasión tienen capacidad para modificar la conducta. De esta forma, la criminología podría tener aquí un papel importante para determinar cuáles son los grados de certeza y cómo deberían combinarse con los distintos grados de severidad, con el objetivo último de indicar la estrategia disuasoria óptima.

1.5. Otros factores que influyen en el cumplimiento de las normas

Si bien, como se ha ido poniendo de relieve en el anterior capítulo, la criminología empezó pronto a tener en cuenta y a considerar que hay otros elementos que podrían entenderse también como «costes del delito» y que van más allá de la sanción formal, con la aportación de la psicología social y la psicología moral al debate, este extremo ha quedado todavía más patente. En este sentido, en muchas ocasiones la razón por la que nos amoldamos a la disciplina social es porque el contexto normativo así nos lo exige. Para la vida en comunidad importa el modelo de conducta socialmente establecido, y también importa lo que las personas piensan que es correcto o incorrecto. Por este motivo, la criminología también tiene una buena oportunidad para explotar esta vía con el objetivo de analizar en qué medida el poder de las normas sociales y de la legitimidad percibida puede favorecer el cumplimiento de estas, y todo ello, más allá de las teorías criminológicas que tradicionalmente han dado cuenta de que, efectivamente, la influencia social que ejercen los pares sobre el individuo puede ser un factor de riesgo para la comisión delictiva. Aquí estamos tratando de ir más allá de eso para poner de relieve que la criminología tiene un campo por explorar cual es analizar y determinar en qué condiciones y circunstancias, así como qué elementos determinan el cumplimiento de las normas.

1.6. El potencial de la economía del comportamiento

Una de las últimas líneas de investigación en la literatura criminológica es la relativa a la forma en la que los delincuentes pueden tomar las decisiones delictivas y, específicamente, en qué medida pueden estar implicados algunos sesgos y heurísticos. En este sentido, ésta todavía es incipiente y, por el momento, algunos experimentos no han mostrado los efectos que se esperaban o que se predecían[591]. No obstante, esta línea de investigación es importante porque puede ayudar a explicar algunos resultados que se habían mostrado consistentes en la literatura criminológica, pero también porque si es posible predecir los sesgos y heurísticos con respecto a los riesgos percibidos de cometer un delito, se podrán diseñar estrategias disuasorias mucho más efectivas.

1.7. La necesidad de evaluar los efectos contraproducentes

Más allá de todo lo anterior, a la criminología también le corresponde, a mi juicio, evaluar los efectos contraproducentes de la sanción penal. Como ha quedado señalado, en general se ha tendido a focalizar la atención sobre los efectos disuasorios de la ley penal, del uso de la severidad y la certeza de la sanción. Sin embargo, mucho menos abundante es la literatura que se ha preocupado por los posibles efectos perversos que

---

591 Veáse una revisión de la literatura en GÓMEZ-BELLVIS, A. B., «Desde Feuerbach hasta Kahneman...», *ob. cit.*

puede producir esa misma sanción penal para el cumplimiento de las normas. En este trabajo me he centrado en uno de ellos que es el incumplimiento derivado de una falta de legitimidad de la norma penal, erosionada por una serie de características que la misma adquiere, entre las que se encuentra que se considere injusta. No obstante, la literatura también ha mostrado otro tipo de efectos contraproducentes como, por ejemplo, el incumplimiento derivado del establecimiento de una norma de tal forma que la misma se considere no como una amenaza sino como la comunicación del modelo de conducta social ampliamente establecido y consistente en el incumplimiento[592]. En todo caso, parece poco discutible que esta es una línea de investigación en la que es necesario profundizar mucho más y la criminología dispone de las herramientas necesarias para hacerlo.

2. CONCLUSIONES PARA EL DERECHO PENAL

2.1. Razones para tener en cuenta lo empírico

En no pocas ocasiones en Derecho penal se tiende a asimilar «empírico» con criminología o, al menos, con otra cosa que no es Derecho penal. Ello ha permitido, a mi juicio, que la dogmática y la doctrina se hayan mantenido durante tanto tiempo al margen de los estudios que podrían haberle proporcionado información relevante. En este sentido, si aceptáramos dicha máxima, que los estudios empíricos sobre el castigo no son Derecho penal y, por tanto, no son necesarios para esta rama del ordenamiento jurídico, este trabajo solo tendría implicaciones esencialmente para la criminología o

---

[592] KENNEDY, D., *Disuasión…*, *ob. cit.*

para la política criminal, no pudiendo aportar gran cosa al Derecho penal en general y a la dogmática en particular.

Sin embargo, mi deseo es que el contenido pueda interesar tanto a un criminólogo como a un penalista, considerando, además, que posiblemente el Derecho penal esté más ávido de incorporar argumentos con base empírica que la criminología que está mucho más acostumbrada a mirar a los estudios científicos o a crear los suyos propios para apoyar determinadas hipótesis y rechazar otras tantas. En este sentido, creo que hay razones de peso por las que atender a las ciencias sociales-empíricas en el ámbito de la pena para incorporar al debate tales conocimientos. A continuación, sin ánimo de exhaustividad, enuncio las siguientes:

- *De carácter superficial*: como se ha puesto de relieve en el segundo capítulo, creo que es necesario actualizar el debate sobre el fin preventivo de la pena y el Derecho penal en la manualística de Derecho penal. Como recordaba ORTIZ DE URBINA GIMENO, no parece que tenga mucho sentido que en la exposición del debate que se ofrece a los estudiantes se obvien los estudios científicos sobre los efectos de la sanción penal cuando se exponen las teorías de la pena[593], especialmente cuando ya se cuenta con buenas revisiones de la literatura. Pero es que, además, como señalan MEARES, KATYAL y KAHAN, ello puede resultar incluso perjudicial en la formación de todos aquellos juristas a los que no se les va a instruir en estos efectos individuales y sociales de la sanción penal pese a que se defienda una posición en la que se entiende que la función del castigo es generar «X» efectos, dificultando así que los mismos puedan en un futuro desarrollar propuestas de política criminal o,

[593] ORTIZ DE URBINA GIMENO, I., «¿Consecuencialismo sin...», *ob. cit.*

al menos, una actitud más crítica frente a determinadas intervenciones legislativas[594]. En todo caso, aunque esta es una cuestión a la que habría que prestar atención, se ha catalogado de superficial en tanto en cuanto no es la razón de más peso por la cual sería necesario atender a los datos empíricos.

- *De tipo epistémico*: igualmente, en el segundo capítulo también he abogado por la necesidad de tener en cuenta los datos empíricos sobre los efectos individuales y sociales de la pena porque ello sitúa a la doctrina que lo haga en una mejor posición epistémica. Si asumimos con cierta facilidad que una sanción va a causar o causa, de hecho, tal o cual efecto, debemos conocer cómo funciona el castigo y no basarnos en un «realismo cotidiano». ¿Cómo va la dogmática a criticar determinadas intervenciones del legislador sobre la base de los efectos de la sanción penal si no tiene en su poder el conocimiento sobre cuáles son esos efectos?
- *Para ser consecuentes*: Si, como se ha hecho a lo largo de todo este trabajo, se asume que el Derecho penal cumple una función preventiva y también que la pena tiene una parte, por tanto, instrumental, y debe servir también a ese fin preventivo, es necesario atender a ello. A mi juicio, y como voy a sostener en este mismo apartado, el debate sobre la toma en consideración de las consecuencias medidas empíricamente tiene dos fases: la primera es la relativa a defender frente a aquellos que entienden que no es necesario atender a los estudios empíricos procedentes de los estudios científico-sociales, que las consecuencias son importantes, que el Derecho penal debe mirar a las mismas, y que la pena

594 MEARES, T. L., KATYAL, N., y KAHAN, D. M., «Updating...», *ob. cit.*

tiene unos efectos sociales e individuales que hay que tener en cuenta para un mejor diseño de la misma. La segunda es la relativa a incorporar de forma efectiva lo que se sabe sobre esos efectos en los diferentes debates tradicionalmente reservados a la dogmática y donde se entienda que los mismos son importantes. A mi juicio, la primera cuestión, la de la promesa de mirar a los datos empíricos, debería darse por superada y avanzar hacia la segunda, no tan común incluso entre aquellos que defienden la mirada a los estudios científicos.

- *Para el ejercicio de la función crítica y la contribución a la política criminal por parte de la dogmática y la doctrina:* una de las consecuencias que tendría estar en una mejor posición epistémica, de conocer cómo funciona el castigo y cuáles son los efectos sociales e individuales que van revelando los estudios científicos en la materia sería, sin duda, la mejor posición también para desenmascarar las razones del legislador. No es que este trabajo no lo esté haciendo ya la dogmática y la doctrina penal desde argumentaciones normativas, pero desde luego que, cuando una justificación para la reforma del Código Penal esté basada en la disuasión o en algún otro efecto preventivo de la pena, la doctrina que no esté al tanto de los conocimientos empíricos sobre los efectos sociales e individuales de la sanción, poco podrá decir. Podrá seguir diciendo lo que intuye, lo que cree que pasaría a su juicio, pero no lo que tiene más posibilidades de pasar en la realidad en atención al conocimiento acumulado gracias a décadas de estudios científicos. En este sentido, creo que la dogmática y la doctrina se tienen que armar con el conocimiento empírico para poder realizar una crítica más completa al legislador. En mi opinión, tener un mayor conocimiento sobre los efectos sociales e individuales del castigo puede ayudar a criticar determinadas intervenciones, y hacer caer justificaciones consecuencialistas que no se sostienen al contrastarlas con la realidad. Con ello evitaríamos ofrecerle al legislador un marco conceptual vacío de conocimiento empírico del que se pueda servir libremente para realizar las modificaciones que considere oportunas y con unas motivaciones bien distintas a la prevención. Pero, además, también sería interesante tal conocimiento para las propias propuestas de *lege ferenda* que la doctrina suele realizar. La dogmática y la doctrina no han renunciado a su labor creativa. Tanto desde la perspectiva de la teoría del delito en tanto en cuanto se trata de orientar las categorías del delito a determinadas funciones de la pena, como desde la parte especial del Derecho penal, en la que se tiende a proponer mejoras a los distintos tipos penales, normalmente basadas en una coherencia del sistema y en valoraciones normativas. Sin embargo, a mi juicio, también atañe a una doctrina orientada a las consecuencias la proposición de sanciones óptimas que, valoradas en función de la eficacia, la eficiencia y la efectividad, sean las más aconsejables. Durante muchos años, demasiados, se ha obviado esta tarea, quizá porque se ha creído que con el arsenal normativo es suficiente para poder ejercer la función crítica; quizá, porque no se considera que esta forma de proceder se ajuste a los valores de la propia dogmática o de un Derecho penal correcto que no debe dejarse llevar por el Derecho penal de la eficiencia; quizá, porque se ha considerado que ello forma más parte de la forma de proceder de otras ramas como el Derecho Administrativo o la Economía. No obstante, creo que los penalistas deberíamos abrirnos a incorporar a nuestro arsenal normativo otra serie de herramientas más empíricas y que pueden servir para el ejercicio de contención del Derecho penal.

En este sentido, aunque seguir mirando por el rabillo del ojo a las ciencias sociales es todavía posible, no es razonable seguir haciéndolo en aquellos debates en los que se dice y se asumen determinados efectos del Derecho penal. Por ello, es momento de dar contenido empírico a esas intuiciones que se han mantenido durante tanto tiempo por todos aquellos que defendiendo una teoría preventiva de la pena han asumido que en algún momento esta efectivamente previene, bien sea por medio de una amenaza legal o bien sea por el lanzamiento de un mensaje comunicativo en el que se ponen de relieve los valores sociales. En lugar de directamente apelar a una falacia naturalista que posiblemente no sea tal, la dogmática haría bien en dar un paso más allá. Por este motivo, en realidad, ya no se trata de una cuestión de «datos empíricos sí, datos empíricos no». Asumiendo, como se hace, la función preventiva del Derecho penal, debemos superar la dicotomía, asumir que efectivamente «datos empíricos, sí», y establecer cómo y cuándo. Es sobre esta última cuestión en la que la dogmática debería estar dispuesta a entrar y en la que tiene un trabajo importante por delante.

2.2. Implicaciones para el debate sobre la teoría de la pena

En este trabajo, como se habrá observado ya a estas alturas, el lector no podrá encontrar ninguna propuesta de teoría de la pena por mi parte. Mi objetivo, en cambio, ha sido mucho más modesto y se ha circunscrito al análisis del efecto preventivo de la enunciación del castigo como medio para conseguir la prevención de conductas desde el Derecho penal. Sin embargo, sí cabe extraer una serie de conclusiones que son de interés para el debate de la teoría de la pena, en concreto, el relacionado con la prevención general social que puede realizarse por medio de la enunciación de la norma penal. De lo analizado hasta aquí se podrían extraer las siguientes conclusiones:

- No es demasiado controvertido afirmar y, por tanto, partir de la consideración de que la enunciación de la norma penal por medio de la criminalización de nuevas conductas o de la modificación de las ya existentes es un acto comunicativo. Pero este no es un acto comunicativo que se lanza desde el Estado por que sí, sino que se espera que el mismo genere un determinado efecto preventivo, que contribuya a la decisión del que se plantea si infringir o no una determinada norma.

- A partir de aquí, sin embargo, las posturas pueden diferir en la dogmática en torno a si esa prevención se produce por medio de la prevención general negativa o si, en cambio, se da por medio de la reafirmación de determinados valores sociales que estarían integrados en las normas penales consiguiendo de ese modo el cumplimiento voluntario y la cooperación social, es decir, por medio de la prevención general positiva. ¿Cuál es, entonces, el mecanismo por el cual esa comunicación genera efectos preventivos?
- Tradicionalmente se ha dado por sentado que la enunciación o, más bien, la conminación de penas buscaba lanzar una amenaza lo suficientemente poderosa como para repeler la inclinación hacia la comisión delictiva del potencial infractor. Un sujeto racional que evalúe los beneficios y los costes de cometer un delito, tenderá a no realizarlo si percibe que los costes de cometerlo superan a los beneficios. Este es el marco de la prevención general intimidatoria. Esta idea tan intuitiva y elevada al rango de teoría sobre la función de la pena, ha guiado en muchas ocasiones la criminalización de conductas y el aumento de penas. No obstante, que la enunciación de penas y el aumento de la severidad tenga un efecto, por decirlo de alguna manera, ecológico, es prácticamente algo anecdótico. Para que la disuasión general funcione, para que el sujeto realmente decida no incumplir sobre la base de la disuasión, se requiere que el mismo sujeto perciba los riesgos de cometer el delito, perciba

que efectivamente hay una determinada certeza de que será aprehendido y dentro de esa certeza, que la severidad percibida sea suficiente para que supere los beneficios del delito. Por ejemplo, no tendría sentido una certeza total de que se va a ser detectado conduciendo por encima de los límites de velocidad, pero la sanción correspondiente sea de una multa de cinco euros, porque entonces, aunque la certeza sea total, es posible que compense exceder los límites de velocidad y haya quien pague el precio por excederlo (este fenómeno se conoce en la literatura anglosajona como «*a fine is a price*»). Del mismo modo, de nada vale que la severidad consista en una multa de 1000 euros por exceder la velocidad si la certeza del sujeto de que será efectivamente detectado por las autoridades es prácticamente nula. En la medida en que para que la disuasión general funcione se requieren de muchos más condicionantes que poco a poco ha ido desentrañando la literatura empírica, junto con el hecho de que los estudios sobre factores de cumplimiento han mostrado que la razón para cumplir la norma la mayoría de las veces está en otro tipo de factores, se podría indicar que la teoría de la prevención general negativa o intimidatoria tiene serios problemas para funcionar como explicación principal del cumplimiento de las normas.

- En cambio, en la línea de lo señalado por MIRÓ LLINARES[595], que se apoya en las aportaciones realizadas en la literatura por autores como ROBINSON[596], NADLER[597] o MCADAMS[598], pero también en atención a lo expuesto

595 MIRÓ LLINARES, F., «La función...», *ob. cit.*

596 ROBINSON, P. H., *Intuitions of Justice...*, *ob. cit.*

597 BILZ, K., y NADLER, J., «Law, moral attitudes...», *ob. cit.*

598 MCADAMS, R., *The expressive...*, *ob. cit.*

por BOTTOMS[599] sobre los mecanismos de cumplimiento, parece que la mayor parte del cumplimiento de las normas se debe al contexto normativo. Es cierto que también es posible que en muchas ocasiones se cumpla por hábito o rutina[600], pero incluso el hábito y la rutina vendrían dados previamente por las normas sociales y el contexto normativo que estaría tan interiorizado por el sujeto que ni siquiera llegaría a preguntarse ni a cuestionar por qué está cumpliendo o sobre la base de qué toma la decisión de cumplir. Como se ha visto, tal contexto normativo viene dado por las normas sociales, estas son, «reglas y estándares compartidos por un grupo que sirven para guiar y/o restringir el comportamiento social de sus miembros, que surgen de la interacción social, que pueden estar más o menos explicitadas y cuya trasgresión se penaliza con sanciones informales que aplica la sociedad»[601]. Estas normas sociales, además, tienden con el tiempo a convertirse en normas legales y, entonces, a formar parte del catálogo de las cuestiones que no son permisibles socialmente. Del mismo modo, las normas legales facilitan, si se entienden legítimas y coinciden con ciertas intuiciones de justicia como añadiría ROBINSON[602], que se conviertan, asimismo, en normas sociales.

- En este sentido, los estudios empíricos en materia de cumplimiento vendrían a reforzar aquellas posturas que, como KAHAN[603] o MIRÓ LLINARES[604], entienden que la función del castigo en su enunciación es la prevención

---

599 BOTTOMS, A., «Understanding Compliance…», *ob. cit.*

600 *Ibid.*

601 MIRÓ LLINARES, F., y BAUTISTA ORTUÑO, R., «¿Por qué…», *ob. cit.*, p. 14.

602 ROBINSON, P. H., «Una tregua…», *ob. cit.*

603 KAHAN, D., «Social Influence…», *ob. cit.*

604 MIRÓ LLINARES, F., «La función de la pena…», *ob. cit.*

general social, pero por medio de la comunicación a la ciudadanía del modelo de conducta social, de lo que es admisible en la sociedad. Con una norma penal se les estaría informando a los ciudadanos cuál es la conducta que se espera de ellos o, más bien, cuál es la conducta que se espera en la que no incurran. Los estudios sobre influencia social mostrarían que, por un lado, a las personas nos preocupa y por tanto nos motiva el juicio de aprobación o desaprobación social y también que, en caso de duda, tendemos a observar cuál es la conducta típica para tratar de adaptar la nuestra a la normatividad.

- Asimismo, los estudios sobre cumplimiento normativo también identifican que para dicho cumplimiento es esencial lo que el sujeto valore como correcto o incorrecto, justo o injusto. Un autor que ha dedicado prácticamente el grueso de su contribución académica a tratar de mostrarlo es ROBINSON que, junto a DARLEY[605], han revelado empíricamente que, en efecto, la ciudadanía tiene una serie de intuiciones compartidas sobre lo que debería ser delito y también en qué medida debe castigarse y cuánto. Estas intuiciones sobre el *core of wrongdoing*, como señalan estos autores, son en realidad, mucho más matizadas de lo que se tiende a pensar. De esta forma, ROBINSON le da especialmente importancia y considera esencial que haya una identificación entre la norma legal y las intuiciones de justicia porque ello tiene como consecuencia el cumplimiento normativo derivado de la interiorización de las normas sociales y del modelo de conducta legítimo[606]. Si se da esa correspondencia, si el Derecho penal y el sistema de justicia penal aplica las normas penales basadas en las intuiciones de

---

605 ROBINSON, P. H., y DARLEY, J. M., *Justice…, ob. cit.*

606 ROBINSON, P. H., «Una tregua…», *ob. cit.*

justicia y se gana la reputación de ser un Derecho penal que se aplica en este sentido, el mismo adquiere credibilidad moral. Esta credibilidad moral permite que, cuando se tipifica una conducta o cuando se establece una determinada pena se le atribuya una cierta credibilidad y deferencia derivada de entender que lo que habrá detrás de esa modificación o de esa distribución del castigo es acorde con las intuiciones de justicia de la comunidad, reforzando de nuevo el modelo de conducta social. Así, en un sistema de justicia penal con un Derecho penal que reúna estas cualidades, se tenderá a asumir por parte de la ciudadanía cuestiones como, por ejemplo, que aquellas conductas a las que se asocia penas como la cadena perpetua son conductas realmente graves; que el hecho de que la ley prohíba determinadas conductas es porque se consideran socialmente condenables; entre muchas otras cuestiones[607]. Es en este sentido en el que un Derecho penal acorde con todo lo anterior que se gane la credibilidad moral suficiente conseguirá el cumplimiento normativo de la manera menos costosa posible y la cooperación necesaria por parte de sus destinatarios.

- La literatura previa iría en la dirección de mostrar que, efectivamente, en no pocas ocasiones las normas penales funcionan como la expresión del modelo de conducta legítimo y, por tanto, es necesaria esa legitimidad percibida y que la norma y las sanciones tengan una serie de cualidades que el legislador no debería sacrificar. Me refiero aquí a cualidades como la legitimidad percibida, en tanto en cuanto las normas no estén revestidas de la misma y su aplicación se experimente como algo injusto, como algo que no debería ser delito

607 *Ibid.*

o que haya una desproporcionalidad en su castigo, puede minar la credibilidad moral hacia el sistema, el vínculo con el agente sancionador, entre otros efectos contraproducentes no solo para el cumplimiento de la norma considerada de forma aislada, sino para el propio sistema y la autoridad sancionadora.

- ¿Significa lo anterior, entonces, que la disuasión es descartable en todos los casos? En modo alguno lo anterior niega las posibilidades disuasorias derivadas de la intimidación. Ello sería absurdo y bastaría con plantearse las conductas en la que la mayoría de los ciudadanos incurren como, por ejemplo, conducir por encima de la velocidad permitida o ingerir alguna cantidad de alcohol y posteriormente conducir. En el primero de los casos, la mayoría de las personas reducirán su velocidad de forma inmediata cuando avisten el correspondiente radar. En el segundo, también la mayoría se planteará no ingerir nada de alcohol ante la posibilidad de encontrarse con un control policial que es habitual que se sitúe en una localización por la que necesariamente se tiene que transitar. Lo que se niega o se pone en cuestión es que la enunciación por sí misma tenga el efecto intimidatorio en la población general cuando los estudios han mostrado de forma consistente que para que la disuasión funcione tienen que darse toda una serie de requisitos que no se dan en la realidad. No obstante, cuando esos presupuestos se dan, el mecanismo disuasorio puede entrar a formar parte de la decisión de no incumplir con la norma, y siempre y cuando el sujeto se plantee incumplir. Es más factible, por tanto, en atención a lo que sabemos, entender que el mecanismo que produce la mayor parte de la prevención por medio de la enunciación de la norma penal es principalmente la comunicación de la norma social positivizada y a la que se le ha otorgado una legitimidad formal, material y sustantiva. Al menos, parece más factible asumir esto último que presuponer que la función principal de la enunciación es solo y principalmente la disuasión general cuando los estudios se han encargado de poner en serias dificultades esta asunción.

- En consecuencia, si bien el mecanismo mayoritario por el que se cumplirían las normas es la mencionada influencia social y la legitimidad sustantiva, la disuasión puede servir también como mecanismo frente a aquellos que se planteen infringir la norma al margen de lo que dicte el modelo de conducta social establecido. En este sentido, el mecanismo de la disuasión operaría como una razón más o más bien como un segundo nivel de razonamiento dirigido al sujeto que se plantea infringir la norma según el cual el Derecho penal le está comunicando que en caso de incumplimiento se le aplicará una pena que hará que los beneficios del delito sean inferiores a los costes. Además, si asumimos que el primer nivel de razonamiento en el diálogo entre el Estado y el sujeto es la comunicación del modelo de conducta social, también lo es que en este segundo nivel de razonamiento en el que operaría la disuasión, el mensaje comunicativo estaría compuesto por la amenaza que supone la sanción formal, pero también la informal. Pero para que ello sea así, como se ha ido señalando en distintos apartados, la estrategia disuasoria tiene que estar específicamente diseñada para lograr tal utilidad y, por tanto, responder a los requisitos que ha ido revelando la literatura empírica.

En este sentido, entendemos que posiciones como la de KAHAN[608] o la de MIRÓ LINARES[609] con respecto a la función de la

608 KAHAN, D., «Social Influence…», *ob. cit.*

609 MIRÓ LLINARES, F., «La función de la pena…», *ob. cit.*

pena están mucho más próximas a las conclusiones que cabe extraer de los estudios científico-sociales sobre el castigo y, desde luego, son una muestra de cómo la información empírica puede imbricarse con un debate que tradicionalmente se había relegado al ámbito de lo normativo. A ellos cabe sumar autores como ROBINSON[610] o como RODRÍGUEZ HORCAJO[611], que han tratado de formular sus respectivas posiciones utilizando el conocimiento empírico y proponiendo «soluciones» a un debate que llevaba décadas enconado. En todo caso, como en todo gran debate, cualquier solución es siempre parcial y cada una de estas posturas plantea también problemáticas a las que tendrán que hacer frente los respectivos autores.

3. CONCLUSIONES PARA LA POLÍTICA CRIMINAL

En la introducción de este libro, he dejado constancia de que uno de mis deseos, como el de cualquier académico, es que esta investigación tenga alguna suerte de impacto de política pública porque la vocación de este trabajo no es solo de servir al foro académico, sino que con mi persistente e inagotable ingenuidad pretendo que tenga una utilidad para la política criminal. En la medida en que la estrategia disuasoria es una de las que emplea el legislador para tratar de contener el delito dentro de unos límites considerados socialmente tolerables, o es la estrategia de la que hace uso cuando una situación de alarma social así lo requiere, esta investigación puede servir para informar empíricamente esas decisiones.

Desde una perspectiva más general que me da el haber realizado la revisión de la literatura en materia de disuasión y, más allá de que la primera recomendación sería que en España

---

610 ROBINSON, P. H., *Intuitions of Justice..., ob. cit.*

611 RODRÍGUEZ HORCAJO, D., *Comportamiento..., ob. cit.*

deberían incentivarse más los estudios circunscritos a nuestras propias leyes para no tener que acudir a estudios de la literatura anglosajona, el legislador podría tomar nota de, al menos, las siguientes conclusiones.

3.1. Leyes más duras como las cadenas perpetuas, no necesariamente tienen como consecuencia una reducción del delito

Es hasta cierto punto comprensible que el legislador preocupado por un determinado tipo de violencia o de crímenes de especial gravedad y, en no pocas ocasiones presionado por las propias víctimas o asociaciones de víctimas (que, por lo demás, suelen tener el respaldo y la empatía de la mayor parte de la sociedad), tenga la tentación de aumentar la severidad de las penas para dar una respuesta a este tipo de delitos. Sería el caso de, por ejemplo, la prisión permanente revisable en nuestro país, o las cadenas perpetuas o penas de muerte en Estados Unidos. Sin perjuicio de la necesidad de estudios rigurosos que analicen, al modo en el que lo hacen en Estados Unidos, el efecto de la prisión permanente revisable en la prevención del tipo de delitos para los que esta pena está prevista, desde la literatura disponible en este tipo de condenas se obtiene que este tipo de leyes y penas especialmente severas no previenen la delincuencia más de lo que lo hacen leyes y penas menos severas. En consecuencia, si la idea es la de la prevención, este tipo de penas no son necesarias y no cumplen tal fin mejor de lo que lo hacen penas menos severas.

3.2. Sin la certeza de la sanción, la estrategia disuasoria cae en saco roto

En la línea de lo que se comentaba anteriormente, puede parecer muy intuitiva la idea de que aumentar la severidad y la certeza de las sanciones va a traer como consecuencia que el coste del delito aumente para el potencial infractor y, por tanto, éste decida no infringir la norma. De los estudios que han tratado de analizar específicamente estas dos variables, lo que se obtiene es que no es tanto la severidad lo que tiene capacidad para disuadir el comportamiento delictivo sino la certeza de ser aprehendido. En este sentido, el legislador español debe plantearse seriamente en qué medida sirve al fin preventivo el aumento de la severidad de las penas cuando de los estudios cabe deducir que de muy poco. Tocar el Código Penal (ya de por sí especialmente duro, e incluso en algunas ocasiones desproporcional) y no hacer nada más al respecto, es una estrategia que en lo que interesa que es la prevención puede resultar estéril, y además en algún sentido poco justa. Esto último porque si la función con la que se compromete tal legislador es con la prevención y sabe, gracias a la acumulación de conocimiento empírico, que aumentar las penas no implica necesariamente un rédito preventivo si no toma otro tipo de acciones relacionadas con otras variables como la certeza, la legitimidad o los modelos de conducta social, no es que sea un legislador imprudente sino que actúa de manera dolosa con respecto a la falta de cumplimiento de lo que en sus manos está hacer para prevenir el delito.

3.3. Toma en consideración de las intuiciones de justicia y las normas sociales

Sería difícil discutir que el legislador actúa siempre en contra de dichas intuiciones o normas sociales. Más bien al contrario, se tiende a criminalizar aquello que socialmente se considera intolerable. Cuestión distinta es por medio de qué cauces el legislador llega a aprehender este tipo de cuestiones. Sin embargo, es posible que en diversas ocasiones se desvíe o no evalúe adecuadamente cuáles son las normas sociales o sea demasiado parcial, criminalizando y aumentado la pena de aquellos delitos sobre los que solo una parte muy concreta de la ciudadanía transmite que son intolerables. En este sentido, debe ocuparse de evaluar correctamente dichas intuiciones y normas sociales para tratar de integrarlas en la medida de lo posible a las normas penales.

3.4. Evaluación de los efectos de la sanción penal

Además de todo lo anterior, el legislador tiene una importante tarea que va más allá de las clásicas discusiones sobre la filosofía del castigo. Hasta ahora da la sensación de que se ha banalizado la cuestión del proceder del legislador con respecto a la estrategia disuasoria. Pareciera que, aunque se sabe o intuye que no termina por funcionar de la forma en la que ha venido aplicando dicha estrategia, que el legislador aumente las sanciones penales no tiene más importancia más allá de que no produzca el efecto preventivo. Es como si lo «peor» que puede pasar al criminalizar una conducta o aumentar las penas bajo la premisa disuasoria es que no tenga efectos disuasorios. Pero puede haber más consecuencias derivadas de la norma penal y que pueden tener efectos contraproducentes en términos de prevención y nocivos en términos de credibilidad y legitimidad de la norma y del sistema de justicia penal, ambos efectos igualmente preocupantes. En este sentido, que el legislador atienda a los estudios o que evalúe seriamente su intervención ya no solo debe ser una cuestión técnica de si la estrategia adoptada va a funcionar o no, sino necesaria para evitar efectos que empeoren la situación de partida.

3.5. A modo de corolario y vuelta, de nuevo, a la dogmática

Para finalizar, no se me escapa que esperar que el legislador se tome en serio todo lo anterior es caer en un saco de meras ilusiones, y que lo anterior es una lista de deseos que difícilmente se va a poder ver cumplida. Sin embargo, sí creo que la adopción de un enfoque más empírico en este tipo de cuestiones puede proporcionar una herramienta crítica más a una dogmática y doctrina penal que, en lugar de proporcionar al legislador un marco conceptual que le ayude a justificar criminalizaciones que permiten eludir la necesidad de evaluar empíricamente sus efectos, puede contribuir a desmitificar las intervenciones legislativas que se hagan bajo el presupuesto preventivo. Uno de los objetivos de ello sería el de obligar al legislador a que explique las auténticas razones por las que criminaliza algunas conductas o aumenta las penas de otras tantas. En ese plano, al desmontar las justificaciones preventivas normalmente aducidas, el legislador deberá reconocer que posiblemente lo que esté detrás de su intervención legislativa sean cuestiones morales o de satisfacción de determinadas demandas procedentes de asociaciones de víctimas, u otros motivos. Pero, al menos, si ello se consigue, será posible entrar y debatir sobre esas razones, y hacer frente a distintos debates que deben abordarse y no esconderlos bajo justificaciones aparentemente no partidistas.

Bibliografía

AGUIAR, F., GAITÁN, A., y VICIANA, H., *Una introducción a la ética experimental*, Cátedra, Madrid, 2020.

AKERS, R., *Criminological Theories: Introduction and Evaluation*, Roxbury, Los Angeles, 1997.

ALCÁCER GUIRAO, R., «Facticidad y normatividad. Notas sobre la relación entre ciencias sociales y Derecho penal», en *ADPC*, vol. 52, 1999.

ALCÁCER GUIRAO, R., «Los fines del Derecho penal: Una aproximación desde la filosofía política», en *Anuario de Derecho Penal y Ciencias Penales*, Tomo 51, 1998.

ALTMAN, M. C., *A Theory of Legal Punishment. Deterrence, Retribution, and the Aims of the State*, Routledge, London and New York, 2021.

ÁLVAREZ GARCÍA, F. J., *Consideraciones sobre los fines de la pena en el ordenamiento constitucional español*, Comares, Granada, 2001.

ÁLVAREZ GARCÍA, F., «Las desobediencias en Derecho penal», en *Eunomía. Revista en Cultura de la Legalidad*, núm. 4, marzo-agosto 2013.

ALVIRA MARTÍN, F., «El efecto disuador de la pena», en *Estudios Penales y Criminológicos*, vol. VII. Cursos e Congresos nº 32. Servizo de Publicacións da Universidade de Santiago de Compostela, 1984.

ANDEANES, J., «General Prevention Revisited: Research and Policy Implications», en *The Journal of Criminal Law & Criminology*, vol. 66, 1975.

ANDEANES, J., «The Moral or Educative Influence of Criminal Law», en *Journal of Social Issues*, vol. 27, núm. 2, 1971.

ANDENAES, J., «General Prevention – Illusion or Reality?», en *Journal of Criminal Law and Criminology*, 176, 1952.

ANDENAES, J., «General Prevention Revisited: Research and Policy Implications», vol. 66, núm. 3, en *J. Crim. L. & Criminology*, 1975.

ANDERSON, E., y PILDES, R. H., «Expressive theories of law: a general statement», en *University of Pennsylvania Law Review*, vol. 148, núm. 2, 2000.

ANDERSON, L. S., CHIRICOS, T. G., y WALDO, G. P., «Formal and informal sanctions: A comparison of deterrent effects», en *Social Problems*, vol. 25, 1977.

APEL y DEWITT (APEL, R., y DEWITT, S. E., «Informal and Formal Sanctions», en NAGIN, D. S., CULLEN, F. T., y JONSON, C. L. (EDS.), *Deterrence, Choice, and Crime. Contemporary Perspectives,* Routledge, New York/ London, 2018.

APEL, R., «Sanctions, Perceptions, and Crime: Implications for Criminal Deterrence», en *Journal of Quantitative Criminology,* vol. 29, 2013.

APEL, R., y NAGIN, D., «General Deterrence: A Review of Recent Evidence», en WILSON, J. Q, y PETERSILIA, J. (EDS.), *Crime and public policy,* Oxford University Press, New York, 2011.

APT, B. L., «Do we know how to punish?», en *New Criminal Law Review,* vol. 19, núm. 3, 2016.

ARIEL, B., SHERMAN, L. W., y NEWTON, M., «Testing hot-spots police patrols against no-treatment controls: Temporal and spatial deterrence effects in the London Undergrould experiment», en *Criminology,* vol. 58, 2020.

ATIENZA, M., *Contribución a una teoría de la legislación,* Civitas, 1997.

AUSTIN, J., CLARK, J., HARDYMAN, P., y HENRY, A. D., «The Impact of 'Three Strkes and You're Out'», en *Punishment and Society,* vol. 1, 1999.

BACIGALUPO, E., «Filosofía e ideología de las teorías de la pena», en *Derecho y* Humanidades, vol. 1, núm. 16, 2010.

BAGARIC, M., y AMARASKEKARA, K., «The Errors of Retributivism», en *Melb. U. L. Rev.,* 124, 2000.

BAIER, M., «Relations between Social and Legal Norms», en BAIER, M. (Ed.), *Social and Legal Norms. Towards a Socio-legal Understanding of Normativity,* Ashgate, Surrey, 2013.

BARNUM, T. C., NAGIN, D., y POGARSKY, G., «Sanction risk perceptions, coherence, and deterrence», en *Criminology,* vol. 59, 2021.

BARTELS, D. M., BAUMAN, C. W., CUSHMAN, F. A., PIZARRO, D. A., y MCGRAU, A. P., «Moral Judgment and Decision-Making», en KEREN, G., Y WU, G. (EDS.), *The Wiley Blackwell Handbook of Judgment and Decision Making,* Wiley, Chicester, 2015.

BAUTISTA ORTUÑO, R., «¿Eres un cyberhate? Predictores de la comunicación violenta y el discurso del odio en Internet», en *International e-Journal of Criminal Sciences,* núm. 11, 2017.

BECERRA MUÑOZ, J., «La toma de decisiones legislativas penales», en *Revista Española de Derecho Constitucional,* núm.99, 2013.

BECERRA MUÑOZ, J., *La toma de decisiones en política criminal: bases para un análisis multidisciplinar,* Tirant lo Blanch, Valencia 2013.

BECKER, G., «Crime and Punishment: an Economic Approach», en *Journal of Political Economy*, vol. 76, núm. 2, 1962.

BECKER, S., BRYMAN, A., y FERGUSON, H. (EDS.), *Understanding Research for Social Policy and Social Work. Themes, methods and approaches*, The Policy Press, Bristol, 2012.

BEETHAM, D., «Revisiting Legitimacy, Twenty Years on», en TANKEBE, J. y LIEBLING, A. (EDS.), *Legitimacy and Criminal Justice: An International Exploration*, Oxford University Press, Oxford, 2013.

BELTRÁN CALFURRAPA, R., «Víctima, reparación y proceso penal: una proyección desde las teorías expresivas de la pena», en *Rev. Bras. De Dereito Processual Penal*, vol. 5, núm. 1, 2019.

BELVEDERE, K., WORRALL, J. L., y TIBBETTS, S. G., «Explaining Suspect Resistance in Police-Citizen Encounters», en *Criminal Justice Review*, vol. 30, núm. 1, 2005.

BENESSIA ET. AL., *The rightful place on sicence: science on the verge*, Consortium for Sicence, Policy & Outcomes, Tempe, AZ and Washington, DC, 2016.

BENITO, D., *Evidencia empíricia y populismo punitivo. El diseño de la política criminal*, Bosch Editor, Barcelona, 2020.

BERGQUIST, M., y NILSSON, A., «The Dos and DON'T in Social Norms: A Descriptive Don't-Norm Increases Conformity», en *Journal of Theoretical Social Psychology*, vol. 3, 2019.

BILZ, K., «Testing the Expressive Theory of Punishment», en *Journal fo Empirical Legal Studies*, vol. 13, 2016.

BILZ, K., y DARLEY, J. M., «What's Wrong with Harmless Theories of Punishment», en *Chicago Kent Law Review*, vol. 79, 2004.

BILZ, K., y NADLER, J., «Law, moral attitudes, and behavioral change», en ZAMIR, E., y TEICHMAN, D. (EDS.), *The Oxford Handbook of Behavioral Economics and the Law*, Oxford University Press, New York, 2014.

BJORGO, T., *Preventing Crime. A Holistic Approach*, Palgrave Macmillan, 2016.

BLALOCK, H. M., *Introducción a la investigación social*, Amorrortu Editores, 2011; SANI, F., y TODMAN, J., *Experimental design and statistics for psychology. A first Course*, Blackwell Publishing, 2006.

BODEN, R., y EPSTEIN, D., «Managing the research imagination? Globalisation and research in higher education», en *Globalization, Societies and Education*, vol. 4, 2006.

BORJA JIMÉNEZ, E., "Sobre el concepto de política criminal. Una aproximación a su significado desde la obra de Claus Roxin", en *ADPCP*, vol. LVI, 2003.

BOTTKE, W., «La actual discusión sobre las finalidades de la pena», en SILVA SÁNCHEZ, J. M. (ED.), *Política Criminal y nuevo Derecho Penal. Libro Homenaje a Claus Roxin, Bosch* Editor, Barcelona, 1997.

BOTTOMS, A., «Compliance and Community Sanctions», en BOTTOMS, A., GELSTHORPE, L., y REX, S. (EDS.), *Community Penalties. Changes and Challenges*, Willan, Cullompton, 2001.

BOTTOMS, A., «Morality, Crime, Compliance and Public Policy», en BOTTOMS, A., y TONRY, M. (EDS.), *Ideology, Crime and Criminal Justice: A Symposium in Honour of Sir Leon Radzinowicz*, Willan, Cullompton, 2002.

BOTTOMS, A., «Understanding Compliance with Laws and Regulations: A Mechanism-Based Aproach», en KRAMBIA-KAPARDIS, M. (ED.), *Financial Compliance. Issues, Concerns and Future Directions*, Palgrave MacMilan, Switzerland, 2019.

BOTTOMS, A., y TANKEBE, J., «Beyond procedural justice: A dialogic approach to legitimacy in criminal justice», en *The Journal of Criminal Law and Criminology*, 2012.

BOUFFARD, L. A., y PIQUERO, N. L., «Defiance theory and life course explanations of persistent offending», en *Crime and Delinquency*, vol. 56, 2010.

BOUFFARD, L. A., y SHERMAN, L. W., «Defiance Theory», en BRUINSMA, G., y WEISBURD, D. (EDS.), *Encyclopedia of Criminology and Criminal Justice*, Springer, 2014.

BRADFORD, B., «Policing and social identity: Procedural justice, inclusión and cooperation between police and public», en *An International Journal of Research and Policy*, 2012.

BRAGA, A. A., *Police Enforcement Strategies to Prevent Crime in Hot Spot Areas.* Edited by Office of Community Oriented Policing, Washington, DC, US Department of Justice, 2008.

BRAITHWAITE, J., *Crime, Shame and Reintegration*, Cambridge University Press, Cambridge, 1989.

BRAME, R., y PATERNOSTER, R., «Defiance Theory», en MILLER, M. J. (ED.), *The Encyclopedia of Theoretical Criminology*, Blackwell Publishing, 2014.

Bunge, M., *La investigación científica: su estrategia y su filosofía,* Siglo XXI, 2004.

Bustos Ramírez, J. J., y Hormazábal Malarée, H., *Lecciones de Derecho Penal (Volumen I),* Editorial Trotta, Madrid, 1997.

Cancio Meliá, M., y Ortiz de Urbina Gimeno, I., «Introducción», en Robinson, P. H., *Principios distributivos del Derecho penal. A quién debe sancionarse y en qué medida,* Marcial Pons, Madrid, 2012.

Cardenal Montraveta, S., «¿Eficacia preventiva general intimidatoria de la pena? Consecuencias para la decisión sobre la suspensión de su ejecución», en *Revista Electrónica de Ciencia Penal y Criminología,* RECPC 17-18, 2015.

Cartwright, N., «Are RTCs the gold standard?», en *BioSocieties,* vol. 2, núm. 1, 2007.

Caruso Fontán, V., «¿Qué pueden aportar a día de hoy las teorías sobre los fundamentos y fines de la pena? Reflexiones en torno a la dirección político criminal de nuestro sistema penal», en *Revista Electrónica de Ciencia Penal y Criminología,* RECPC 21-24, 2019.

Casillas, C., Macía, M., y Rico, J., *Guía de Evaluación de Diseño de Políticas Públicas,* Ministerio de Política Territorial y Función Pública, 2020.

Castaño Tierno, P., «¿Otra política penal es posible? Un estudio sobre la viabilidad de una política criminal alternativa al populismo punitivo», en *Estudios Penales y Criminológicos,* vol. XXXIV, 2014.

Castro-Toledo, F. J., «Obediencia a la ley y apoyo al Sistema de justiciar penal en colectivos vulnerables», en *Revista General de Derecho Penal,* núm. 32, 2019.

Castro-Toledo, F. J., «Si todo vale, nada vale. Breves apuntes para la delimitación entre la buena y la mala ciencia criminológica», en *PostC: La PosRevista sobre Crimen, Ciencia y Sociedad de la Era PosCovid19,* número de Otoño, 2021.

Chalfin, A., y McCrary, J., «Criminal Deterrence: A Review of the Literature», en *Journal of Economic Literature,* vol. 55, núm. 1, 2017.

Charles, K. K., y Durlauf, S. N., «Pitfalls in the Use of Time Series Methods to Study Deterrence and Capital Punishment», en *Journal of Quantitative Criminology,* vol. 29, núm. 1, 2013.

Cialdini, R., «Crafting Normative Messages to Protect the Environment», en *Current Directions in Psychological Science,* vol. 12, 2003.

Cialdini, R., «Descriptive Social Norms as Underappreciated Sources of Social Control», en *Psychometrika,* vol. 72, 2007.

CIALDINI, R., DEMAIN, L., SAGARIN, B., BARRETT, D., RHOADS, K., y WINTERS, P., «Managing Social Norms for Persuasive Impact», en *Social Influence*, vol. 1, 2006.

CIALDINI, R., *Influencia, la psicología de la persuasión*, Traducción de Jesús De la Torre Olid, Haper Collins, 2022.

CIALDINI, R., RENO, R., y KALGREN, C., «A Focus Theory of Normative Conduct: Recycling the Concept of Norms to Reduce Littering in Public Places», en *Journal of Personality and Social Psychology*, vol. 58, 1990.

CIALDINI, R., y TROST, M., «Social Inlfuence: Social Norms, Conformity and Compliance», en GILBERT, D., FIKSKE, S., y LINDZEY, G. (EDS.), *The Handbook of Social Psychology*, McGraw-Hill, New York, 1998.

CID MOLINÉ, J., y MORESO, J. J., «Derecho Penal y Filosofía analítica», en *Anuario de Derecho Penal y Ciencias Penales*, 1991.

COBO DEL ROSAL, M., y VIVES ANTÓN, T. S., *Derecho penal Parte General, 5ª Edición, corregida, aumentada y actualizada*, Tirant lo Blanch, Valencia, 1999.

CORNISH, D. B., y CLARKE, R. V., *The Reasoning Criminal: Rational Choice Perspectives on Offending*, Springer-Verlag, New York, 1986.

CORRAL MARAVER, N., *Racionalidad legislativa y elaboración del Derecho penal en la Unión Europea*, Tirant lo Blanch, Valencia, 2020, entre otros.

COTTINGHAM, J., «Varieties of retribution», en *The Philosophical Quarterly*, vol. 29, núm. 116, 1979.

CULLEN, F. T., PRATT, T. C., TURANOVIC, J. J., y BUTLER, L., «When Bad News Arrives: Project HOPE in a Post-Factual World», en *Journal of Contemporary Criminal Justice*, vol. 34, núm. 1, 2018.

CUTIÑO, S., *Fines de la pena, sistema penitenciario y política criminal*, Tirant lo Blanch, Valencia, 2017.

CUTIÑO, S., *Fines de la pena, Sistema Penitenciario y Política Criminal*, Tirant lo Blanch, Valencia, 2017.

DARLEY, J. M., «On the unlikely prospect of reducing crime rates by increasing the severity of prison sentences», en *Journal of Law and Policy*, vol. 13, núm. 1, 2005.

DAVIES, P. T., "What is Evidence-Based Education?", en *British Journal of Educational Studies*, vol. 47, núm. 2, 1999.

DECOENE, S., y BEYENS, K., «Compliance Dynamics: A Multidisciplinary Review and Exploration of Compliance Processes in the Belgian Context», en UGWUDIKE, P., y RAYNOER, P. (EDS.), *What Works in Offender Compliance. International Perspectives and Evidence-Based Practice*, Palgrave Macmillan, New York, 2013.

DEMETRIO CRESPO, E. (DIR.) y MAROTO CALATAYUD, M. (COORD.), *Neurociencias y Derecho penal. Nuevas perspectivas en el ámbito de la culpabilidad y tratamiento jurídico penal de la peligrosidad*, Edisofer, Madrid, 2013.

DEMETRIO CRESPO, E., «Crítica al funcionalismo normativista», en *Revista de Derecho Penal y Criminología*, núm. 3, 2010.

DEMETRIO CRESPO, E., *Prevención general e individualización judicial de la pena*, BdF, Buenos Aires, 2016.

DEUTSCH, M., y GERARD, H., «A Study of Normative and Informational Social Influences upon individual Judgment», en *Journal of Abnormal and Social Psychology*, vol. 51, 1995.

DI TELLA, R., y SCHARGRODSKY, E., «Do Police Reduce Crime? Estimates Using the Allocation of Police Forces After a Terrorist Attack», en *The American Economic Review*, vol. 94, núm. 1, 2004.

DIAMOND, S., y MUELLER, D., «Empirical Legal Scholarship in Law Reviews», en *Annual Review of Law and Social Science*, núm. 6, 2010.

DIEGUEZ, A., «¿Existe 'El Método Científico'? Filosofía y ciencia en el siglo XXI». *El Confidencial*, 16 de junio de 2020.

DÍEZ RIPOLLÉS, J. L., «Bien jurídico protegido en un Derecho penal garantista», en *Jueces para la democracia*, núm. 30, 1997.

DÍEZ RIPOLLÉS, J. L., «Exigencias sociales y política criminal», en *Claves de Razón Práctica*, núm. 85, 1998.

DÍEZ RIPOLLÉS, J. L., «Presupuestos de un modelo racional de la legislación penal», en *Doxa: Cuadernos de Filosofía del Derecho*, núm. 24, 2001.

DÍEZ RIPOLLÉS, J. L., «Un modelo dinámico de legislación penal», en DÍEZ RIPOLLÉS, J. L., ROBEMO CASABONA, C. M., GRACIA MARTÍN, L., HIGUERA GUIMERÁ, J. F. (EDS.), *La ciencia del Derecho penal ante el nuevo siglo. Libro Homenaje al profesor don José Cerexo* Mir, Tecnos, 2002.

DÍEZ RIPOLLÉS, J. L., *Derecho Penal español Parte General* (5ª edición revisada), Tirant lo Blanch, Valencia, 2020.

DÍEZ RIPOLLÉS, J. L., *La política criminal en la encrucijada*, BdeF, Buenos Aires, 2007.

DÍEZ RIPOLLÉS, J. L., *La racionalidad de las leyes penales*, Trotta, Madrid, 2013.

DÍEZ RIPOLLÉS, J. L., *Política Criminal y Derecho Penal -Estudios-*, Tirant lo Blanch, Valencia, 2020.

DITTO, P. H., y LOPEZ, D. F., «Motivated skepticism: Use of differential decision criteria for preferred and non-preferred conclusions», en Journal of Personality and Social Psychology, 63, 1992.

DOBB, A. N., y WEBSTER, C. M., «Sentence Severity and Crime: Accepting the Null Hypothesis», en *Crime and Justice: Review of Research*, vol. 30, 2003.

DOMÉNECH PASCUAL, G., «Por qué y cómo hacer análisis económico del Derecho», en *Revista de Administración Pública*, núm. 195, 2014.

DONINI, M., «La relación entre derecho penal y política: método democrático y método científico» en ARROYO ZAPATERO, L., NEUMANN, U., Y NIETO MARTÍN, A. (COORDS.), *Crítica y justificación del Derecho penal en el cambio de siglo*, Ediciones de la Universidad Castilla-La Mancha, Cuenca, 2003.

DONINI, M., *El Derecho Penal frente a los desafíos de la Modernidad. Estudios de Derecho Penal*, ARA Editores, Lima, 2010.

DONINI, M., *El Derecho penal frente los desafíos de la modernidad*, Ara Editores, Perú, 2010.

DOOB, A. N., y WEBSTER, C. M., «Sentence severity and crime: Accepting the null hypothesis», en *Crime and Justice*, vol. 30, 2003.

DUFF, R. A., *Punishment, communication and community*, Oxford University Press, New York, 2001.

DURÁN MIGLIARDI, M., «La prevención general positiva como límite constitucional de la pena. Concepto, ámbitos de aplicación y discusión sobre su función», en *Revista de Derecho*, vol. 29, núm. 1, 2016.

EASSEY, J. M., y BOMAN, J. H., «Deterrence Theory», en Jennings, W. G. (Ed.), *The Encyclopedia of Crime and Punishment*, John Wiley & Sons, 2016.

EHRLICH, I., «The Deterrent Effect of Capital Punishment: A Matter of Life and Death», 65 Am. *Econ. Rev, 397.*, 1975.

ENGEN, A., «Communication, Expression, and the Justification of Punishment», en *Athens Journal of Humanities & Arts*, vol. 1, 1984.

ETZIONI, A., *The Moral Dimesion: Toward a New Economics*, Free Press, New York, 1988.

FARROW, K., GROLLEAU, G., y IBAÑEZ, L. «Social Norms and Pro-environmental Behavior: A Review of the Evidence», en *Ecological Economics*, vol. 140, 2017.

FEIJOO SÁNCHEZ, B., «Las teorías clásicas de la pena», en *Revista Peruana de Ciencias Penales*, núm. 12, 2002.

FEINBERG, J., «The Expressive Function of Punishment», en *Philosphy of Law*, vol. 49, núm. 3, 1965.

FEINBERG, J., *Doing and Deserving: Essays in the Theory of Responsibility*, Princeton University Press, Princeton, 1970.

FERRAJOLI, L., *Derecho y razón*, Trotta, Madrid, 1995.

FEUERBACH, P. J. A R. V., *Tratado de Derecho penal común vigente en Alemania* (traducido de la 14ª edición alemana por Eugenio RAÚL ZAFFARONI e Irma HAGEMEier), Hammurabi, Buenos Aires, 1989.

FREEMAN, J., LIOSSIS, P., y DAVID, N., «Deterrence, Defiance and Deviance: An Investigation Into a Group of Recidivist Drink Drivers' Self-Reported Offending Behaviours», en *The Australian and New Zealand Journal of Criminology*, vol. 39, núm. 1, 2006.

FRENCH, J. R. P., y RAVEN, B. H., «The bases of social power», en CARTWRIGHT, D. (ED.), *Studies in Social Power*, Univ. Mich. Inst. Soc. Res, Ann Arbor, 1959.

FRISCH, W., «Pena, delito y sistema de delito en transformación», en *Indret*, núm. 3, 2014.

FUENTES OSORIO, J. L., y FAJARDO DEL CASTILLO, T., «Motivos de absolución en los delitos contra el medio ambiente: Una comparación entre los delitos contra la fauna y contra los recursos naturales», en *Revista Electrónica de Criminología*, vol. 4, 2021.

GARCÍA AMADO, J. A., «Derecho penal y análisis económico del Derecho. ¿Vale la pena lo que cuesta?», en USCANGA BARRADAS, A., y REYES DÍAZ, C. H. (COORDS.), *Estduios contemporáneos de teoría y dogmática jurídica en Iberoamérica*, Universidad Nacional Autónoma de México, México, 2020.

GARCÍA AÑÓN, J., LLORENTE FERRERES, A., BRADFORD, B., GARCÍA SÁEZ, J. A., y GASCÓN CUENCA, A., *Identificación policial por perfil étnico en España. Informe sobre experiencias y actitudes en relación con las actuaciones policiales*, Tirant lo Blanch, Valencia, 2013.

GARCÍA-PABLOS DE MOLINA, A., «La aportación de la Criminología», en *Eguzkilore*, núm. 3, 1989.

GARCÍA-PABLOS DE MOLINA, A., *Introducción al Derecho penal*, Cuarta edición, Editorial universitaria Ramón Areces, Madrid, 2006.

GARLAND, D., *La cultural del control. Crimen y orden social en la sociedad contemporánea*, Editorial Gedisa, 2005.

GAROUPA, N., «Behavioral Economic Analysis of Crime: A Critical Review», en *European Journal of Law and Economics*, vol. 15, 2003.

GARRETT, B. L., «Evidence-Informed Criminal Justice», en George Washington Law Review, vol. 86, núm. 6, 2018.

GARRETT, B., L., «Evidence-informed criminal justice», en *George Washington Law Review,* vol. 86, núm. 6, 2018.

GARRIDO, V., STANGELAND, P., y RENDONDO, S., *Principios de Criminología,* 2ª edición, Tirant lo Blanch, Valencia, 2001.

GEERKEN, M. R., y WALTER, R. G., «Deterrence: Some Theoretical Considerations», en *Law and Society,* vol. 9, 1975.

GIBBS, J. P., «Crime, Punishment, and Deterrence», en *The Southwestern Social Science Quarterly,* vol. 48, núm. 4, 1968.

GIBBS, J. P., *Crime, Punishment, and Deterrence,* Elsevier, New York, 1975.

GIESEN, I., «The Use and Incorporation of Extralegal Insights in Legal Reasoning», en *Utrecht Law Review,* vol. 11, 2015.

GIL GIL, A., «Prevención general positiva y función ético-social del Derecho penal», en DÍEZ RIPOLLÉS, J. L., ROMEO CASABONA, C. M., GRACIA MARTÍN, L., e HIGUERA GUIMERÁ, J. F. (EDS.), *La Ciencia del Derecho Penal ante el nuevo siglo. Libro Homenaje al Profesor Doctor Don José Cerezo Mir,* Tecnos, 2002.

GIL GIL, A., LACRUZ LÓPEZ, J. M., MELENDO PARDOS, M., y NÚÑEZ FERNÁNDEZ, J., *Curso de Derecho Penal Parte General. Segunda edición,* Dykinson, Madrid, 2015.

GLASGOW, J., «The expressivist theory of punishment defended», en *Law and Philosophy,* vol. 34, núm. 6, 2015.

GÓMEZ BELLVÍS, A. B., «Desde Feuerbach hasta Kahneman: un análisis de la evolución de la teoría de la disuasión general», en *Revista General de Derecho Penal,* núm. 41, 2024.

GÓMEZ BELLVÍS, A. B., y FALCES DELGADO, C., «Los efectos del contexto en la expresión de las actitudes punitivas: El caso del apoyo ciudadano a la prisión permanente revisable», en *REC: Revista Electrónica de Criminología,* núm. 1, 2019.

GÓMEZ BELLVÍS, A. B., y MIRÓ LLINARES, F., «¿Por qué descargamos contenidos sin autorización en Internet? Un estudio exploratorio de los factores asociados al incumplimiento en el ámbito de la propiedad intelectual en el ciberespacio», en FUENTES SORIANO, O. (DIR.), *Era Digital, Sociedad y Derecho,* Tirant lo Blanch, Valencia, 2020.

GÓMEZ BELLVÍS, A. B., y MIRÓ LLINARES, F., «Do or do not, there is no "try": an exploratory quasi-experimental study of intuitions of justice applied to attempt and completion of the crime of homicide», en *Revista Española de Investigación Criminológica,* núm. 17, 2019.

GRACIA MARTÍN, *L.*, *Fundamentos de dogmática penal. Una introducción a la concepción finalista de la responsabilidad penal*, Atelier, Barcelona, 2006.

GRAHAM, J., HAIDT, J., KOLEVA, S., MOTYL, M., IYER, R., WOJCIK, S. P., y DITTO, P. H., «Chapter Two- Moral Foundations Theory: The Pragmatic Validity of Moral Pluralism», en *Advances in Experimental Social Psychology*, vol. 47, 2013.

GRASMICK, H. G., y BURSIK, R. J., «Conscience, significant others, and rational choice: Extending the deterrence model», en *Law and Society Review*, vol. 24, 1990.

GRECO, L., *Lo vivo y lo muerto en la teoría de la pena de Feuerbach. Una contribución al debate actual sobre los fundamentos del Derecho penal*, Marcial Pons, Madrid, 2015.

HALPERN, D., *Inside the Nudge Unite: How Small Changes Can Make a Big Difference*, W.H. Allen, London, 2015.

HAMMERSLEY, M., «Is the evidence-based practice movement doing more good than harm? Reflections on Iain Chalmers' case for research-based policy making and practice», en *The Policy Press*, vol. 1, núm. 1, 2005.

HAMPTON, J., «The Moral Education. Theory of Punishment», en *Philosophy & Public Affairs*, vol. 13, núm. 3, 1984.

HANNA, N., «¿Say what? A critique of expressive retributivism», en *Law and Philos*, vol. 27, 2008.

HAREL, A., «Behavioral analysis of criminal law», en ZAMIR, E., Y TEICHMAN, D. (EDS.), *The Oxford Handbook of Economics and the Law*, Oxford University Press, 2014.

HAREL, A., «Criminal Law as an Efficiency-Enhancing Device: The Contribution of Gary Becker», en DUBBER, M. (ED.), *Foundational Texts in Modern Criminal Law*, Oxford University Press, Oxford, 2014.

HASSEMER, W., *¿Por qué castigar? Razones por las que merece la pena la pena* (Traducción de Manuel CANCIO MELIÁ y Francisco MUÑOZ CONDE), Tirant lo Blanch, Valencia, 2016.

HAWKEN, A., y KLEIMAN, M., «Managing drug involved probationers with Swift and certain sanctions: Evaluating Hawaii's HOPE: Exceutive Summary», National Criminal Justice Reference Services, Washington DC, 2009.

HAYDEN, G., y ELLIS, S. E., «Law and Economics After Behavioral Economics», en *Kansas Law Review*, vol. 55, 2007.

HELLAND, E., y TABARROK, A., «Does Three Strikes Deter? A Nonparametric Estimation», en *Journal of Human Resources,* vol. 422, 2007.

HERNÁNDEZ SAMPIERI, R., FERNÁNDEZ COLLADO, C., y BAPTISTA LUCIO, P., *Metodología de la investigación,* 6ª edición, McGraw Hill Education, 2014.

HERRERA MORENO, M., «Nuevo naturalismo punitivo: aspectos de controversia en torno a los discursos penales de base evolucionaria», en *Revista Electrónica de Ciencia Penal y Criminología,* RECPC 20-09, 2018.

HIGGINS, G. E., y MARCUM C. D., *Digital Piracy. An Integrated Theoretical Approach,* Carolina Academic Press, Durham, 2001.

HIRTENLEHNER, H., y WIKSTRÖM, P. O. H., «Experience or deterrence? Revisiting and old but neglected issue», en *European Journal of Criminology,* vol 14, núm. 4, 2017.

HITLIN, S., y VAISEY, S., «The new sociology of morality», en *Annual Review of Sociology,* vol. 39, núm. 1, 2013.

HO, D., y KCRAMER, L., «Introduction: the empirical revolution in law», en *Stanford Law Review, 65,* 2013.

HOEBEN, E. M., y THOMAS, K. J., «Peers and offender decision-making», en *Criminology & Public Policy,* vol. 28, 2019.

HOERSTER, N., *Problemas de ética normativa,* Distribuciones Fontamara, México, 2009.

HÖRNLE, T., «PJA von Feuerbach and his Textbook of the Common Penal Law», en DUBBER, M. D. (ED.), *Foundational Texts in Modern Criminal Law,* Oxford University Press, Oxford, 2014.

HÖRNLE, T., *Teorías de la pena,* Traducción de Nuria PASTOR MUÑOZ, Universidad Externado de Colombia, Centro de Investigación en Filosofía y Derecho, 2015.

JACOB, C., GUÉGUEN, N., y BOULBRY, G., «How Proof of Previous Donations Inlfuences Compliance with a Donation Request: Three Field Experiments», en *International Review on Public and Nonprofit Marketing,* vol. 15, 2018.

JACOBS, B. A., «Deterrence and Deterrability», en Criminology, vol. 48, 2010.

JACOBSEN, K., y LANDAU, L. B., «The Dual Imperative in Refugee Research: Some Methodological and Ethical Considerations in Social Science on Forced Migration», en *Disasters,* vol. 27, núm. 3, 2003.

JAKOBS, G. *La pena esatal: significado y finalidad* (traducción y estudio preliminar de M. CANCIO MELIÁ y B. FEIJÓO SÁNCHEZ), Thomson-Civitas, Madrid, 2006.

JAKOBS, G., «La pena como reparación del daño», en REVES ALVARADO, A. (ED.), *Dogmática y Criminología. Dosvisiones complementarias del fenómeno delictivo. Homenaje a Alfonso Reyes Echandía,* Legis, Bogotá, 2005.

JAKOBS, G., «Sobre la teoría de la pena», en *Cuadernos de conferencias y artículos,* núm. 16 (traducción de Manuel CANCIO MELIÀ), Universidad de Externado de Colombia, 1998.

JAKOBS, G., *El lado comunicativo y el lado silencioso del Derecho penal. Expectativas normativas, intervención delictiva, Derecho penal del enemigo* (Edición de Miguel POLAINO-ORTS), Universidad de Sevilla, Sevilla, 2014.

JOHNSON, R., y CURETON, A., «Kant's Moral Philosophy», en *Stanford Encyclopedia of Philosophy,* publicado el 23 de febrero de 2004 y revisado el 21 de enero de 2022. Disponible en: https://plato.stanford.edu/entries/kant-moral/

KAHAN, D., "What's *Really* Wrong with Shaming Sanctions", en *Tex. Law. Review,* 2005.

KAHAN, D., «Social Influence, Social Meaning, and Deterrence», en *Virginia Law Review,* vol. 83, núm. 2, 1997, p. 362.

KAHAN, D., «Social Influence, Social Meaning, and Deterrence», en *Virginia Law Review,* vol. 83, núm. 2, 1997, p. 362.

KAHAN, D., «The Secret Ambition of Deterrence», en *Harvard Law Review,* vol. 113, 1999.

KAHAN, D., «What do alternative sanction means?», en *The University of Chicago Law Review,* vol. 63, núm. 2, 1996.

KAHAN, D., «What Do Alternative Sanctions Means?», en *The University of Chicago Law Review,* vol. 63, núm. 2, 1996.

KAISER, G., *Introducción a la Criminología* (Traducción de José Belloch Zimmermann), Espasa- Calpe, Madrid, 1983.

KANT, E., *Fundamentos para una metafísica de las costumbres* (Versión castellana y estudio preliminar de Roberto R. Armayo), Alianza Editorial, Madrid, 2012.

KATZ, J., *Seductions of Crime,* Basic Books, New York, 1988.

KENNEDY, D. M., *Deterrence and Crime Prevention. Reconsidering the prospect of sanction,* Routledge, New York, 2009.

KENNEDY, D., *Disuasión y prevención del delito. Reconsiderando la expectativa de pena* (Traducción de Luciana MORÓN), Marcial Pons, Madrid, 2016.

KLECK, G., SEVER, B., LI, S., y GERTZ, M., «The missing link in general deterrence research», en *Criminology*, vol. 43, 2005.

KLEIN, R., «From evidence-based medicine to evidence-based policy?», en *Journal of Health Services Research and Policy*, vol. 5, núm. 2, 2000.

KLEPPER, S., y NAGIN, D., «Tax Compliance and Perceptions of the Risks of detection and Criminal Prosecution», en *Law & Society Review*, vol. 23, núm. 2, 1989.

KLEPPER, S., y NAGIN, D., «The Deterrent Effect of Perceived Certainty and Severity Revisited», en *Criminology*, vol. 27, 1989.

KNOBE, J., y NICHOLS, S. (EDS.), *Experimental Philosophy*, vol. 1, OUP, Oxford, 2008.

KOVANDZIC, T. V., VIERAITIS, L. M., y BOOTS D. P., «Does the Death Penalty Save Lives? New Evidence from State Panel Data, 1977 to 2006», en *Criminology and Public Policy*, vol. 8, núm. 4, 2009.

LACEWIG, M., «Practical Wisdom», en *Philosophy for A2: Key Themes in Philosophy*, 2009.

LAND, K., RAYMOND, H. C., TESKE, JR., y ZHENG, H., «The Short-Term Effects of Executions on Homicides: Deterrence, Displacement, or Both?», en *Criminology*, vol. 47, núm. 4, 2009.

LARRAURI, E., *Introducción a la Criminología y al Sistema Penal*, Trotta, Madrid, 2015.

LASCURAÍN SÁNCHEZ, J. A. (COORD.), *Manual de Introducción al Derecho Penal*, Agencia Estatal Boletín Oficial del Estado, Madrid, 2019.

LAWLESS, R. M., ROBBENNOLT, J. K., y ULEN, TH. S., *Empirical Methods in* Law, Aspen Publishers, 2010.

LEEPER PIQUERO, N., y BOUFFARD, L. A., «A Preliminary and Partial test of Specific Defiance», en *Journal of Crime and Justice*, vol. 26, 2003.

LEEUW, F. L., «Empirical Legal Research: The Gap between Facts and Values and Legal Academic Training», en *Utrecht Law Review*, vol. 11, núm. 2, 2015.

LESCH, H. H., *La función de la pena* (traducido por Javier SÁNCHEZ-VERA GÓMEZ-TRELLES), Dykinson, Madrid, 1999.

LETTENEY, K. W., «Defiance Theory», en SCHRECK, C. J. (ED.), *The Encyclopedia of Juvenile Delinquency and* Justice, John Wiley & Sons, 2017.

Levitt, S., D., «The Effect of Prison Population Size on Crime Rates: Evidence from Prison Overcrowding Litigation», en *Quarterly Journal of Economics*, vol. 111, 1996.

Levy, K., «Why Retributivism Needs Consequentialism: The Rightful Place of Revenge in the Criminal Justice System», en *Rutgers Law Review*, vol. 66. 2014.

Loughran, T. A., Paternoster, R., Piquero, A. R., y Pogarsky, G., «On ambiguity in perceptions of risk: implications for criminal decision making and deterrence», en *Criminology*, vol. 29, núm. 4, 2011.

Loughran, T. A., Paternoster, R., y Weiss, D., «Hyperbolic Time Discounting, Offender Time Preferences and Deterrence», en *Journal of Quantitative Criminology*, vol. 28, 2012.

Malle, B. F., «Moral Judgments», en *Annual Review of Psychology*, vol. 72, 2021.

Mañalich, J. P., «La pena como retribución. Primera parte: La retribución como teoría de la pena"», en *Derecho Penal y Criminología*, vol. 28, núm. 83, 2007.

Mañalich, J. P., «La pena como retribución. Primera parte: La retribución como teoría de la pena», en *Derecho Penal y Criminología*, vol. 28, núm. 83, 2007.

Marín de Espinosa Ceballos, E. B., «El debate actual sobre los fines de la pena y su aplicación práctica», en *Revista de Derecho Penal y Criminología*, núm. 11, 2014.

Martínez Garay, L., «Evidence-based sentencing y evidencia científica. A la vez, algunas consideraciones sobre las "políticas basadas en la evidencia" y el Derecho penal», en *Teoría y Derecho*, núm. 28, 2020.

Martínez Garay, L., y Montes Suay, F., «El uso de valoraciones del riesgo de violencia en Derecho penal: algunas cautelas necesarias», en *Indret*, núm. 2, 2018.

Massaro, T. M., «The Meanings of Shame», en *Psychol. Pub. Pol'y & L.*, vol. 3, 1997.

Materni, M. C., «Criminal Punishment and the Pursuit of Justice», en *Br. J. Leg. Studies*, 2013.

Matsueda, R. L., y Kreager, D. A., «Deterring Delinquents: A Rational Choice Model of Theft and Violence», en *American Sociological Review*, vol. 71, 2006.

Mazerolle, L. G., Antrobus, E., Bennett, S., y Tyler, T. R., «Shaping citizen perceptions of police legitimacy: A randomized field trial of procedural justice», en *Criminology*, vol. 51, 2013.

MAZEROLLE, L., BENNETT, S., SARGEANT, D. J., SARGEANT, E., y MANNING, M., «Procedural justice and police legitimacy: a systematic review of the research evidence», en *Journal of Experimental Criminology*, vol. 9, 2013.

MCADAMS, R., *The expressive powers of law: Theories and limits*, Harvard University Press, 2015.

MCBARNET, D., «Questioning the Legitimacy of Compliance: A Case Study of the Banking Crisis», en CRAWFORD A., y HUCKLESBY, A. (EDS.), *Legitimacy and Compliance in Criminal Justice*, Routledge, London, 2013.

MEARES, T. L., KATYAL, N., y KAHAN, D. M., «Updating the Study of Punishment», en *Standford Law Review*, vol. 56, 2004.

MEDINA ARIZA, J. J., *Políticas y estrategias de Prevención del delito y Seguridad Ciudadana*, BdeF, Madrid, 2011.

MEIER, R. F., y JOHNSON, W. T., «Deterrence as a Social Control: the Legal and Extralegal Production of Conformity», en *Americal Sociological Review*, vol. 42, núm. 2, 1977.

MEINI, I., «La pena: función y presupuestos», en *Derecho PUCP*, núm. 71, 2013.

MELENDO PARDOS, M., y LACRÚZ LÓPEZ, J. M., «Evidencia empírica y política criminal», en MELENDO PARDOS, M., CALLEJO GALLEGO, M. J., y LACRUZ LÓPEZ, J. M., *Apuntes de Política Criminal*, Dykinson, Madrid, 2019.

MIGLIARDI, M. D., «Teorías absolutas de la pena: origen y fundamentos», en *Revista de Filosofía*, vol. 67, 2011.

MIR PUIG, S., «Límites del normativismo en Derecho penal», en VV. AA., *Libro Homenaje al profesor Dr. Gonzlo Rodríguez Mourullo*, Civitas, Madrid, 2005.

MIR PUIG, S., *Derecho Penal. Parte General* (10ª edición), Editorial Reppertor, Barcelona, 2016.

MIR PUIG, S., *Función de la pena y teoría del delito en el Estado social y democrático de Derecho, 2ª edición*, Casa Editorial, Barcelona, 1982.

MIRÓ LLINARES, F., «Aproximación a la evaluación legislativa penal y a sus exigencias metodológicas», en ABEL SOUTO, M., BRAGE CENDÁN, S. B., MARTÍNEZ-BUJÁN PÉREZ, C., VÁZQUEZ-PORTOMEÑE SEIJAS, F., GUINARTE CABADA, G. (COORDS.), *Estudios penales en homenaje al profesor José Manuel Lorenzo Salgado*, Tirant lo Blanch, Valencia, 2021.

Miró Llinares, F., «Aproximación a la función de la pena desde las evidencias sobre el cumplimiento normativo», en Silva Sánchez, J. M., Queralt Jiménez, J. J., Corcoy Bidasolo, M., Castiñeira Palou, M. T. (Coords.), *Estudios de Derecho Penal: Homenaje al profesor Santiago Mir Puig*, B de F, Uruguay, 2017.

Miró Llinares, F., «Cientismo, dogmatismo y Derecho penal», en de Vicente Remesal, J., Díaz y García Conlledo, M., Paredes Castañón, J. M., Olaizola Nogales, I., Trapero Barreales, M. A., Roso Cañadillas, R., y Lombana Villalba, J. A. (Dirs.), *Libro Homenaje al Profesor Diego-Manuel Luzón Peña con motivo de su 70ª aniversario*, Reus, 2020.

Miró Llinares, F., «Hechos en tierra de normas: una introducción epistemológica a la relevancia de la realidad fáctica en el Derecho penal», en Suárez López, J. M., Barquín Sanz, J., Benítez Ortúzar, I. F., Jiménez Díaz, M. J., Sáinz Cantero Caparrós, J. E. (Coords.), *Estudios Jurídico Penales y Criminológicos en Homenaje al prof. Dr. Dr. H. C. Mult. Lorenzo Morillas Cueva*, Dykinson, Madrid, 2018.

Miró Llinares, F., «La función de la pena ante el "paso empírico" del Derecho penal», en *Revista General de Derecho Penal*, núm. 27, 2017.

Miró Llinares, F., «La salud del debate sobre la pena: primeros síntomas tras una revisión sistemática de la literatura 2000-2020», en Miró Llinares, F., Fuentes Osorio, J. L. (Dirs.), Gómez-Bellvís, A. B. (Coord.), *El Derecho penal ante "lo empírico". Sobre el acercamiento del Derecho penal y la Política Criminal a la realidad empírica*, Marcial Pons, Madrid, 2021.

Miró Llinares, F., «Recensión a Jesús-María Silva Sánchez, *Malum passionis. Mitigar el dolor del Derecho penal*, Atelier, Barcelona, 2018 (267 págs.)», en *Indret*, núm. 1, 2019.

Miró Llinares, F., *Proyecto Docente*, no publicado, manuscrito cedido por el autor.

Miró Llinares, F., y Bautista Ortuño, R., «¿Por qué cumplimos las normas penales? Sobre la disuasión en materia de seguridad vial», en *Indret*, núm. 4, 2013.

Miró Llinares, F., y Castro Toledo, F. J., «Justicia procedimental, legitimidad sustantiva y medición de la política criminal: la legitimidad de (y en) RIMES», en Cerezo, A. I. (Dir.), *Política Criminal y Exclusión* Social, Tirant lo Blanch, Valencia, 2021.

Miró Llinares, F., y Gómez Bellvís, A. B., «Capítulo 1: Aproximación a la política criminal y las instituciones del control del delito en España», en Medina Ariza, J. (Coord.), *Instituciones de control del delito*, Dykinson, Madrid, 2022.

MOLINA FERNÁNDEZ, F., «Justicia penal y pensamiento científico», en *RJUAM,* núm. 23, 2011.

MOLINA FERNÁNDEZ, F., *Prólogo,* en RODRÍGUEZ HORCAJO, D., *Comportamiento humano y pena estatal: disuasión, cooperación y equidad,* Marcial Pons, Madrid, 2016.

MONTERO, F., «Concepto y justificación en una teoría integral de la pena», en *Política Criminal,* vol. 17, núm. 34, 2022.

MOORE, M. S., *Placing Blame: A Theory of the Criminal Law,* Oxford University Press, Oxford, 2010.

MORILLAS CUEVA, L., *Sistema de Derecho Penal. Parte General,* Dykinson, 2018.

MORRIS, N., «Impediments to Penal Reform», en *The University of Chicago Law Review,* vol. 33, núm. 4, 1966.

MULGAN, G., «Government, knowledge and the business of policy making: the potential and limits of evidence-based policy», en *Evidence and Policy,* vol. 1, núm. 2, 2005.

MULGAN, G., «Government, knowledge, and the business of policy making: the potential and limits of evidence-based policy», en *Evidence & Policy,* vol. 1, núm. 2, 2005.

MUSCO, E., «La irracionalidad en el Derecho penal», en *Revista Electrónica de Ciencia Penal y Criminología,* RECPC 16-r1, 2014.

NAGIN, D. S., «Deterrence in the Twinty-First Century» en *Crime and Justice,* vol. 42, 2013.

NAGIN, D. S., «Deterrent Effects on the Certainty and Severity of Punishment», en NAGIN, D. S., CULLEN, F. T., y JONSON, C. L. (EDS.), *Deterrence, Choice, and Crime. Contemporary Perspectives,* Routledge, New York and London, 2018.

NAGIN, D. S., CULLEN, F. T., y JONSON, C. L. (EDS.), *Deterrence, Choice, and Crime. Contemporary Perspectives,* Routledge, New York and London, 2018.

NAGIN, D. S., y PATERNOSTER, R., «Enduring Individual Differences and Rational Choice Theories of Crime», en *Law & Society Review,* vol. 27, núm. 3, 1993.

NAGIN, D. S., y PATERNOSTER, R., «Preventive effects of the perceived risk of arrest: Testing and expanded conception of deterrence», en *Criminology,* vol. 29, 1991.

NAGIN, D. S., y PEPPER, J. V. (EDS.), *Deterrence and the Death Penalty,* National Research Council of the National Academies, 2012.

NAGIN, D., S., y POGARSKY, G., « Integrating celerity, impulsivity, and extralegal sanction threats into a model of general deterrence: Theory and evidence», en *Criminology*, vol. 39, 2011.

NARAYAN, U., «Appropriate Responses and Preventive Benefits: Justifying Censure and Hard Treatment in Legal Punishment», en *Oxford Journal of Legal Studies*, vol. 13, núm. 2, 1993.

NAVARRO FRÍAS, I., «Técnica legislativa y Derecho penal», en *Estudios Penales y Criminológicos*, vol. XXX, 2010.

NICKERSON, R. S., «Confirmation bias: A ubiquitous phenomenon in many guises», en Review of General Psychology, 2, 1998.

NIETO MARTÍN, A., MUÑOZ DE MORALES ROMERO, M., y BECERRA MUÑOZ, J. (DIRS.), *Hacia una evaluación racional de las leyes penales*, Marcial Pons, Madrid, 2016.

NINO, C. S., *Introducción al análisis del Derecho*, Barcelona, 1991.

NOLAN, J., «Social Norms and Their Enforcement», en HARKINS, S., WILLIAMS, K., y BURGER, J. (EDS.), *The Oxford Handbook of Social Inlfuence*, Oxford University Press, Oxford, 2017.

NOLAN, J., M., y WALLEN, K. E., «Social Norms and Persuasion», en VAN ROOIJ, B., y SOKOL, D. D. (EDS.), *The Cambridge Handbook of Compliance*, Cambridge University Press, Cambridge, 2021.

NOZICK, R., *Philosophical explanations*, Harvard University Press,1981.

NUSSBAUM, M., *Hiding from Humanity: Disgust, Shame, and the Law*, Princeton University Press, Princeton, 2004.

OAKLEY, A., *Experiments in knowing: Gender and method in the social sciences*, Cambridge: Polity Press, 2000.

ORSINI MARTINELLI, J. P., «Una lectura utilitarista del Derecho penal mínimo», Traducción de José Ángel BRANDARIZ GARCÍA, en *AFDUC*, 17, 2013.

ORTIZ DE URBINA GIMENO, I., «¿Consecuencialismo sin consecuencias? ¿Deontología sin merecimiento? Acerca de algunas aporías de la teoría de la pena en el Derecho penal continental», en CARNEVALI RODRÍGUEZ, R. (COORD.), *Derecho, sanción y justicia penal*, BdeF, Buenos Aires, 2017.

ORTIZ DE URBINA GIMENO, I., «Análisis Económico del Derecho y Política Criminal», en *Revista de Derecho Penal y* Criminología, núm. 2, 2004.

OSSADÓN WIDOW, M. M., *La formulación de los tipos penales. Valoración crítica de los instrumentos de técnica legislativa*, Tesis doctoral, 2002.

Para RODRÍGUEZ HORCAJO, D., «Pena (Teoría de la)», en *Eunomía. Revista en Cultura de la Legalidad,* núm. 16, 2019.

PAREDES CASTAÑÓN J. M., «Recensión a Daniel Rodríguez Horcajo: Comportamiento humano y pena estatal: disuasión, cooperación y equidad, Marcial Pons, Madrid, 2015, 350 págs.», en *Revista de Derecho Penal y Criminología,* núm. 21, 2019.

PAREDES CASTAÑON, J. M., «Vademécum del legislador racional y decente: noventa reglas para una buena praxis legislativa en materia penal», en *Revista Penal México,* núm. 7, 2015.

PAREDES CASTAÑÓN, J. M., *La justificación de las leyes penales,* Tirant lo Blanch, Valencia, 2013.

PARKHURST, J., *The Politics of Evidence. From evidence-based policy to the good governance of evidence,* Routledge, London and New York, 2017.

PASCUAL MATELLÁN, L., «Hacia un prevencionismo sin límites. La apuesta por la disuasión concentrada», en *Revista General de Derecho Penal,* núm. 33, 2020.

PATERNOSTER, D., y BACHMAN, R. (EDS.), *Explaining Criminals and Crime. Essays in Contemporary Criminological Theory,* Oxford University Press, New York/Oxford, 2001.

PATERNOSTER, R., «How much do we really know about criminal deterrence?», en *The Journal of Criminal Law and Criminology,* vol. 100, núm. 3, 2010.

PATERNOSTER, R., «Perceived certainty and severity of punishment: A review of the evidence and issues», en *Justice Quarterly,* vol. 4, núm. 2, 1987.

PATERNOSTER, R., «Perceptual Deterrence Theory», en NAGIN, D. S., CULLEN, F. T., y JONSON, C. L., *Deterrence, Choice, and Crime. Contemporary Perspectives,* Routledge, New York and London, 2018.

PATERNOSTER, R., BACHMAN, R., BRAME, R., y SHERMAN, L. W., «Do Fair Procedures Matter? The Effect of Procedural Justice on Spouse Assault», en *Law & Society Review,* vol. 31, núm. 1, 1997.

PEÑARANDA RAMOS, E., y BASSO, G. J., «Capítulo VII. La pena: Nociones generales», en VV.AA. *Manual de Introducción al Derecho Penal,* Agencia Estatal Boletín Oficial del Estado, Madrid, 2019.

PÉREZ BARBERÁ, G., «Problemas y perspectivas de las teorías expresivas de la pena. Una justificación deontológica de la pena como institución», en *Indret,* 4, 2014.

Pérez Manzano, M., «Aportaciones de la prevención general positiva a la resolución de las antinomias de los fines de la pena», en Silva Sánchez, J. M. (Ed.), *Política criminal y nuevo Derecho Penal. Libro Homenaje a Claus Roxin,* Bosh Editor, Barcelona, 1997.

Pettit, P., «El consecuencialismo», en *Compendio de Ética,* Alianza, Madrid, 1995.

Pickett, J. T., «Using Behavioral Economics to Advance Deterrence Research and Improve Crime Policy: Some Illustrative Experiments», en *Crime & Delinquency,* vol. 64, núm. 12, 2018.

Piquero, A. R., Paternoster, R., Pogarsky, G., y Loughran, T., «Elaborating the Individual Difference Component in Deterrence Theory», en *Annu. Rev. Law Soc. Sci,* vol. 7, 2011.

Pogarsky, G. «General Deterrence: Review with Commentary on Decision-Making», en van Rooij, B., y Sokol, D. D. (Eds.), *The Cambridge Handbook of Compliance,* Cambridge University Press, Cambridge, 2021.

Pogarsky, G., «Deterrence and decision making: Research questions and theoretical refinements, en Krohn, M. D., Lizotte, A. J., y Hall, G. P. (Eds.), *Handbook on crime and* deviance, Nueva York, Springer, 2009.

Pogarsky, G., «Heuristics and Biases in the Criminology of Compliance», en van Rooij, B., y Sokol, D. D., *The Cambridge Handbook of Compliance,* Cambridge University Press, Cambridge, 2021.

Pogarsky, G., «Identifying "deterrable" offenders: Implications for research on deterrence», en *Justice Quarterly,* vol. 19, núm. 3, 2002.

Posner, E. A., *Law and Social Norms,* Harvard University Press, Cambridge, 2000.

Pozuelo, L., *La política criminal mediática. Génesis, desarrollo y costes,* Marcial Pons, Madrid, 2013.

Pratt, T., y Turanovic, J. J., «Celerity and Deterrence», en Nagin, D. S., Cullen, F. T., y Jonson, C. L. (Eds.), *Deterrence, Choice, and Crime. Contemporary Perspectives,* Routledge, New York/London, 2018.

Prestwich, A., Kellar, I., Conner, M., Lawton, R., Gardner P., y Turgut, L., «Does Changing Social Influence Engender Changes in Alcohol Intake? A Meta-analysis», en *Journal of Consulting and Criminal Psychology,* vol. 84, 2016.

Rachlinski, J. J., «Evidence-based law», en *Cornell Law Review,* vol. 96, núm. 4., 2011.

RAMOS VÁZQUEZ, J. A., «Análisis de la forma de aparición del delito de denuncia falsa (art. 456 CP) a través de una muestra jurisprudencial (2010-2019)», en *Revista Electrónica de Ciencia Penal y Criminología,* núm. 23, 2021.

RANDO-CASERMEIRO, P., «Disuasión y piratería», en *Indret,* núm. 3, 2019.

REBELLON, C. J., LEEPER PIQUERO, N., PIQUERO, A. R., y TIBBETTS, S. G., «Anticipated shaming and criminal offending», en *Journal of Criminal Justice,* vol. 38, 2010.

REICHARDT, C. S., *Quasi-Experimentation. A Guide to Design and analysis,* The Guilford Press, New York, 2019.

REILLY , B., y WITT, R., «Crime, Deterrence, and Unemployement in England and Wales: An Empirical Analysis», en *Bulletin of Economic* Research, vol. 48, 1996.

REISIG, M. D., TANKEBE, J., y MESKO, G., «Procedural justice, police legitimacy, and public cooperation with the police among young Slovene adults», en *Varstvoslovje: Journal of Criminla Justice & Security,* vol. 14, 2012.

RENKE, W. N., «Book Review – Criminal Deterrence and Sentence Severity: An Analysis of Recent Research, A. von Hirsch, A. E. Bottoms, E. Burney and P-o. Wikström (Portland, Oregon: Hart, 1999)», en *Alberta Law Review,* núm. 597, 2001.

RIGHI, E., *Derecho Penal. Parte General,* LexisNexis, Buenos Aires, 2008.

ROBBENNOLT, J. K., «Evaluating Empirical Research Methods: Using Empirical Research in Law and Policy», en *Neb. L. Rev,* vol. 81, 2002.

ROBBINS, B., y KISER, E., «State coerción, moral attiudes, and tax compliance: Evidence from a national factorial survey experiment of income tax evasion», en *Social Science Research,* vol. 91, 2020.

ROBINSON, E., THOMAS, J., AVEYARD, P., HIGGS, S., «What Everyone Els Is Eating: A Systematic Review and Meta-analysis of the Effect of Informational Eating Norms on Eating Behavior», en *Journal of the Academy of Nutrition and Dietetics,* vol. 114, 2014.

ROBINSON, P. H., «¿Una tregua en la guerra de los principios distributivos? Merecimiento empírico, credibilidad moral y la interiorización de las normas sociales» (Traducción de Ana B. GÓMEZ BELVÍS), en MIRÓ LLINARES, F., FUENTES OSORIO, J. L. (Dirs.), y GÓMEZ BELLVÍS, A. B. (Coord.)., *El Derecho penal ante «lo empírico». Sobre el acercamiento del Derecho penal y la Política Criminal a la realidad empírica,* Marcial Pons, Madrid, 2021.

ROBINSON, P. H., GARVEY, S. P., y KESSLER FERZAN, K. (Eds.), *Criminal Law Conversations*, Oxford University Press, 2011.

ROBINSON, P. H., *Intuitions of Justice and the Utility of Desert*, Oxford University Press, 2013.

ROBINSON, P. H., *Intuitions of Justice and the Utility of Desert*, Oxford University Press, New York, 2013.

ROBINSON, P. H., *Principios distributivos del Derecho penal. A quién debe sancionarse y en qué medida* (Traducción de ÍÑIGO ORTIZ DE URBINA GIMENO y Manuel CANCIO MELIÀ, Marcial Pons, Madrid, 2012.

ROBINSON, P. H., y DARLEY, J. M., «Intuitions of justice: Implications for criminal law and justice policy», *S. Cal. L. Rev*, vol. 81, 2007.

ROBINSON, P. H., y DARLEY, J. M., «The Utility of Desert», en *Northwestern University Law Review*, vol. 91, 1997.

ROBINSON, P. H., y DARLEY, J. M., *Justice, Liability, and Blame. Community Views and the Criminal Law*, Westview Press, Boulder, 1995.

RODRÍGUEZ FERRÁNDEZ, S., «Efectividad, eficacia y eficiencia de la ley penal», en *Política Criminal*, núm. 7, 2016.

RODRÍGUEZ HORCAJO, D., «Retribución y consecuencias: ¿Todo en uno?», en MIRÓ LLINARES, F., FUENTES OSORIO, J. L. (DIRS.), GÓMEZ-BELLVÍS, A. B. (COORD.), *El Derecho penal ante "lo empírico". Sobre el acercamiento del Derecho penal y la Política Criminal a la realidad empírica*, Marcial Pons, Madrid, 2021.

RODRÍGUEZ HORCAJO, D., *Comportamiento humano y pena estatal: disuasión, cooperación y equidad*, Marcial Pons, Madrid, 2016.

ROSS, L., GREENE, D., y HOUSE, P., «The false consensus effect: An egocentric bias in social perception and attribution processes», en *Journal of Experimental Social Psychology*, 13, 1977.

ROXIN, C., «Cambios en los fines de la teoría de la pena» en la *Teoría del delito en la discusión actual* (traducción de Manuel ABANTO VÁZQUEZ), Editorial Grijley, 2007.

SALTELLI, A., y GIAMPIETRO, M., «What is wrong with evidence based policy, and how can it be improved?», en *Futures*, vol. 91, 2017.

SALTZMAN, L., PATERNOSTER, R., WALDO, G. P., y CHIRICOS T. G., «Deterrent and experiential effects: the problem of causal order in perceptual deterrence research», en *Journal of Research in Crime and Delinquency*, vol. 19, núm. 2, 1982.

SAMPSON, R. J., «Gold Standard Myths: Observations on the Experimental Turn in Quantitative Criminology», en *Journal of Quantitative Criminology*, vol. 26, 2010.

SÁNCHEZ OTHARAN, J. F., *Protección penald el medio ambiente y disuasión. Una mirada desde el análisis económico del derecho.* Tesis Doctoral, 2019. Disponible en: https://www.tdx.cat/handle/10803/666560#page=1

SANDERSON, I., «Intelligent Policy Making for a Complex World: Pragmatism, Evidence and Learning», en *Political Studies*, vol. 57, 2009.

SANDERSON, I., «Intelligent Policy Making for a Complex World: Pragmatism, Evidence and Learning», en *Political Studies*, vol. 57, 2009.

SAREWITZ, D., «Science and environmental policy: An excess of objectivity», en FROEDEMENT, R. (ED.)., *Earth matters: The earth sciences philosophy, and the claims of community*, Prentice Hall, 2000.

SAUER, W., *Derecho penal (Parte General) (*traducido de la 3ª edición alemana por Juan DEL ROSAL y José CEREZO MIR), Bosch, Barcelona, 1956.

SCHEFF, T. J., y RETZINGER, S. M., *Emotions and Violence: Shame and Rage in Destructive Conflicts*, Lexington Books, Lexington, 1991.

SCHINKEL, M., «Punishment as moral communication: The experiences of long-term prisoners» en Punishment & Society, vol. 16, núm. 5, 2014.

SCHIRALDI, V., y AMBROSIO, T. J., *Striking Out: The Crime Control Impact of "Three-Strikes" Laws*, Justice Policy Institute, Washington, D. C., 1997.

SCHOPFER, A., y PIQUERO, A. R., «Self-Control, Moral Beliefs, and Criminal Activity», en *Deviant Behavior*, vol. 27, 2006.

SCHÜNEMANN, B., «Aporías de la teoría de la pena en la filosofía. Pensamientos sobre Immanuel Kant», en *Indret*, núm. 2, 2008.

SEARLE, J., *Actos de habla: ensayo filosófico de filosofía del lenguaje*, Cátedra, Madrid, 1990.

SERRANO GÓMEZ, A., «Consideraciones criminológicas sobre los efectos de la abolición de la pena de muerte en España», en *Anuario de Derecho penal y Ciencias Penales*, 1982.

SERRANO MAILLO, A., *Introducción a la Criminología*, Dykinson, Madrid, 2009.

SERRANO MAÍLLO, A., *Teoría Criminológica. La explicación del delito en la sociedad contemporánea*, Dykinson, Madrid, 2017.

SHAVELL, S., «A Note on Marginal Deterrence», en *International Review of Law and Economics*, vol. 12, núm. 3, 1992.

SHERMAN, L. W., «Criminology and criminalization: Defiance and the science of the criminal sanction», en *International Annals of Criminology*, vol. 31, núm. 1-2, 1993.

SHERMAN, L. W., «Criminology and Criminalization: Defiance and the Science of the Criminal Sanction», en *International Annals of Criminolog*, vol. 31, núm. 1-2, 1993.

SHERMAN, L. W., «Defiance, compliance and consilience: A General Theory of Criminology», EN MCLAUGHLIN, E., y NEWBURN, T. (EDS.), *The Sage Handbook of Criminological* Theory, Sage, Los Angeles/London/New Delhi/Singapore/Washington DC, 2010.

SHERMAN, L. W., «Defiance, deterrence, and irrelevance: A theory of the criminal sanction», en *Journal of Research in Crime and Delinquency*, vol. 30, núm. 4, 1993.

SHERMAN, L. W., «Police crackdowns: Initial and residual deterrence», en *Crime and Justice*, vol. 12, 1990.

SHERMAN, L. W., GOTTFREDSON, D. C., MACKENZIE, D. L., ECK, J., REUTER, P., y BUSHWAY, S. D., "Preventing Crime, What Works, What Doesn't, What's Promising", *National Institute of Justice*, Washington D. C., Julio 1998.

SHERMAN, L. W., SCHMIDT, J. D., ROGAN, D. P., SMITH, D. A., GARTIN, P. R., COHN, E. G., COLLINS, D J., y BACICH, A. R., «Variable Effects of Arrest on Criminal Careers: The Milwaukee Domestic Violence Experiment», en *Journal of Criminal Law and Criminology*, vol. 83, núm. 1, 1992.

SHERMAN, L., W., MACKENZIE, D. L., FARRINGTON, D. P., y Walsh, B. C. (EDS)., *Evidence-based Crime Prevention*, Routledge, Londres, 2002.

SHI, L., «The Limit of oversight in policing: Evidence from the 2001 Cincinnati riot», en *Journal of Public Economics*, vol. 93, 2009.

SHWEDER, R. A., MAHAPATRA, M., y MILLER, J. G., «Culture and moral development», en KAGAN, J., y LAMB, S. (EDS), *The emergence of morality in young children*, University of Chicago Press, Chicago, 1987.

SILVA SÁNCHEZ, J. M., "Díez Ripollés, José Luís: *La racionalidad de las leyes penales*, Madrid (Trotta), 2003, 205 pp.", en *Revista de Derecho Penal y Criminología*, núm. 16, 2005.

SILVA Sánchez, J. M., «Del Derecho abstracto al Derecho "real". Recensión a Günter JAKOBS, *La pena estatal: significado y finalidad* (traducción y estudio preliminar de M. CANCIO MELIÁ y B. FEIJÓO SÁNCHEZ), Thomson-Civitas, Madrid, 2006, 182 págs.», en *Indret*, núm. 4, 2006.

Silva Sánchez, J. M., «La influencia de la obra de Günter Jakobs en el espacio jurídico-penal hispanohablante», en *Indret*, núm. 1, 2019.

Silva Sánchez, J. M., «Los tres ámbitos de la dogmática jurídico-penal. Una defensa de la racionalidad valorativa», en *Indret*, núm. 4, 2019.

Silva Sánchez, J. M., *Aproximación al Derecho Penal contemporáneo. Segunda edición ampliada y actualizada*, BdeF, Buenos Aires, 2012.

Silva Sánchez, J. M., *La expansión del Derecho penal. Aspectos de la política criminal en las sociedades postindustriales (3ª Edición)*, Edisofer, 2001.

Silva Sánchez, J. M., *Malum passionis. Mitigar el dolor del Derecho penal*, Atelier, Barcelona, 2018.

Sobre la ausencia de la evaluación en este sentido Rodríguez Ferrández, S., *La evaluación de las leyes penales*, Dykinson, Madrid, 2016.

Stafford, M. C., y Warr, M., «A reconceptualization of general and specific deterrence», en *J. Res. Crime Delinquency*, vol. 30, 1993.

Stolzenberg, L., y D'Alession, J., «Capital Punishment, Execution Publicity and Murder in Houston, Texas», en *Journal of Criminal Law and Criminology*, vol. 94, núm. 2, 2004.

Stolzenberg, L., y D'Alession, S. J.,«'Three Strikes and You're Out': The Impact of California's New Mandatory Sentencing Law on Serious Crime Rates», en *Crime and Delinquency*, vol. 43, 1997.

Strassheim, H., «When does evidence-based policy turn into policy-based evidence? Configurations, contexts and mechanisms», en *Evidence & Policy*, vol. 10, núm. 2, 2014.

Strassheim, H., y Kettunen, P., «When does evidence-based policy turn into policy-based evidence? Configurations, contexts and mechanisms», en *Evidence and Policy*, vol. 10, núm. 2, 2014.

Suchman, M. C., «Managing legitimacy: strategic and institutional approaches», *Acad. Manage. Rev*, vol. 20, 1995.

Sullivan, C. J., y Lugo, M., «Criminological Theory and Deterrence», en Nagin, D. S., Cullen, F. T., y Jonson, C. L. (Eds.), *Deterrence, Choice, and Crime. Contemporary Perspectives*, Routledge, New York/London, 2018.

Sutherland, E. H., *Principles of Criminology*, Lippincott, Philadelphia, 1934.

Tamarit Sumalla, J. M., «Política criminal con bases empíricas en España», en *Política Criminal*, núm. 3, 2007.

Tankebe, J., Reisig, M. D., y Wang, X., «A multidimensional model of police legitimacy: A cross-cultural assessment», en *Law and Human Behavior*, vol. 40, 2016.

TAYLOR, R., HARRIS, P. W., JONES, P. R., WEILAND, D., GARCÍA, R. M., y McCORD, E. S., «Short-term changes in adult arrest rates influence later short-term changes in serious male delinquence prevalence: a time-dependent relationship», en *Criminology*, vol. 47, núm. 3, 2009.

TEIXEIRA, A., «Las teorías retributivas en el pensamiento angloamericano contemporáneo», en *En Letra: Derecho Penal*, núm. 7, 2018.

TEIXIDÓ, O., *Texto de apoyo en la introducción sistemática a la filosofía de la ciencia y de la psicología*, 2023.

THALER, R. H., *Misbehaving: The Making of Behavioral Economics*, Norton, New York, 2015.

TOMLINSON, K. D., «An examination of deterrence theory: Where do we stand», en *Fed. Probation*, 2016.

TONRY, M., «An Honest Politician's Guide to Deterrence: Certainty, Severity, Celerity, and Parsimony», en NAGIN, D. S., CULLEN, F. T., LERO JONSON, C. (EDS.), *Deterrence, Choice, and Crime. Contemporary Perspectives*, Routledge, New York and London, 2018.

TONRY, M., y FARRINGTON, D. P., «Strategic Approaches to Crime Prevention», en *Crime and Justice*, vol. 19, 1995.

TORRES ORTEGA, I. C., «La alternativa subjetivismo vs objetivismo en el derecho penal. Análisis desde la base normativa propuesta por Carlos S. Nino», en VIDAURRI ARÉCHIGA, M./CUAREZMA TERÁN, S. J. (DIRS.), *El Derecho Penal en tiempos de cólera*, Tirant lo Blanch, Ciudad de México, 2020.

TTOFI, M. M., y FARRINGTON, D. P., «Bullying: Short-Term and Long-Term Effects, and the Importance of Defiance Theory in Explanation and Prevention», en *Victims & Offenders: An International Journal of Evidence-based Research, Policy and Practice*, vol. 3, 2008.

TVERSKY, A., y KAHNEMAN, D., «Availability: A heuristic for judging frequency and probability», en *Cognitive Psychology*, vol. 5, 1973.

TYLER, T. R., «Procedural justice, legitimacy, and the effective rule of law», en *Crime and Justice*, vol. 30, 2003.

TYLER, T. R., «Psychological Perspectives on Legitimacy and Legitimation», en *Annual Review of Psychology*, vol. 57, 2006.

TYLER, T. R., *Why People Obey the Law*, Yale University Press, New Haven, 1990.

TYLER, T., «Procedural justice and policing: A rush to judgment?», en *Annual Review of Law and Social Science*, vol. 13, 2017.

UEBEL, T. E. (ED.), *Rediscovering the forgotten Vienna circle: Austrian Studies on Otto Neurath and the Vienna circle (vol. 133)*, Springer Science & Business Media, 2012.

VAISEY, S., y MILES, A., «Tools from moral psychology for measuring personal moral culture», en *Theory and Society*, vol. 43, 2014.

VALIENTE IVÁÑEZ, V., «El cruce de caminos entre la filosofía moral experimental y el estudio del Derecho penal. Una primera aproximación al problema», en MIRÓ LLINARES, F., FUENTES OSORIO, J. L. (DIRS.), GÓMEZ-BELLVÍS, A. B. (COORD.), *El Derecho penal ante "lo empírico". Sobre el acercamiento del Derecho penal y la Política Criminal a la realidad empírica*, Marcial Pons, Madrid, 2021.

VAN ERP, J., «Shaming and Compliance», en VAN ROOIJ, B., y SOKOL, D. D. (EDS.), *The Cambridge Handbook of Compliance*, Cambridge University Press, Cambridge, 2021.

VAN ERP, J., «Shaming and Compliance», en VAN ROOIJ, B., y SOKOL, D. D. (EDS.), *The Cambridge Handbook of Compliance*, Cambridge University Press, Cambridge, 2021.

VAN ROOIJ, B., y FINE, A., *The Behavioral Code: The Hidden Ways the Law Makes Us Better or Worse*, Beacon Press, 2021.

VARONA GÓMEZ, D., «Derecho penal democrático y participación ciudadana», en *Indret*, núm. 2, 2018.

VEGA FERNÁNDEZ, E. V., «El control y la prevención del delito como objeto de la criminología», en *Miscelánea Comillas. Revista de Ciencias Humanas y Sociales*, vol. 75, 2017.

Viciana, H., Gaitán, A. y Aguiar, F. (Eds.), *Experiments in Moral and Political Philosophy*, Routledge, 2023.

VILAJOSANA, J. M., *Las razones de la pena*, Tirant lo Blanch, Valencia, 2015.

VON HIRSCH, A., «Retribución y prevención como elementos de justificación de la pena», en ARROYO ZAPATERO, L., NEUMANN, U., y NIETO MARTÍN, A. (Coords)., *Crítica y justificación del Derecho penal en el cambio de siglo*, Ediciones de la Universidad de Castilla-La Mancha, Cuenca, 2003.

VON HIRSCH, A., «Retribución y prevención como elementos de justificación de la pena», en ARROYO ZAPATERO, L., NEUMANN, U., y NIETO MARTÍN, A. (COORDS.), *Crítica y justificación del Derecho Penal en el cambio de siglo*, Ediciones de la Universidad de Castilla-La Mancha, Cuenca, 2003.

VON HIRSCH, BOTTOMS, A. E., BURNEY, E., y WIKSTRÖM, P. O., *Criminal Deterrence and Sentence Severity: An Analysis of Recent Research*, Hart, Portland, 1999.

VON HIRSH, A., *Censurar y castigar* (Traducción de Elena Larrauri), Trotta, Madrid, 1998.

VON LISZT, F., *Tratado de Derecho Penal* (Traducido por Luis JIMÉNEZ DE ASÚA), 4ª edición, Reus, Madrid, 1999.

VORMBAUM, T., *Historia moderna del Derecho penal alemán*, Tirant lo Blanch, Valencia, 2018.

VV.AA., *La insostenible situación del Derecho penal*, Comares, Granada, 2000.

WALDO, G. P., y CHIRICOS, T. G., «Perceived Penal Sanction and Self-Reported Criminality: A Neglected Approach to Deterrence Research», en *Social Problems*, vol. 19, núm. 4, 1972.

WALKER, N., *Aggravation, Mitigation, and Mercy in English Criminal Law*, Blackwell, Londres, 1999.

WEISBURD, D., BUSHWAY, S., LUM, C., y YANG, S. M., «Trajectories of Crime at Places: A Longitudinal Study of Street Segments in the City of Seattle», en *Criminology*, vol. 42, 2004.

WEISBURD, D., FARRINGTON, D. P., y GILL, C., «What Works in Crime Prevention and Rehabilitation», en *Criminology & Public Policy*, vol. 16, núm. 2, 2017.

WELSH, B. C., y FARRINGTON, D. P., «Evidence-based Crime Policy», *The Oxford Handbook of Crime and Criminal Justice*, 2012.

WIKSTRÖM, P-O. H., «Individuals, settings, and acts of crime: situational mechanism and th explanation of crime», en WIKSTRÖM, P-O., H., y SAMPSON, R. J. (EDS.), *The Explanation of Crime. Context, Mechanisms, and Development*, Cambridge University Press, Cambridge, 2006.

WIKSTRÖM, P. H., «Deterrence and Deterrence Experiences: Preventing Crime through the Threat of Punishment», en GIORA SHOHAM, S., BECK, O., y KETT, M. (EDS.), *International Handbook of Penology and Criminal Justice*, Routledge, 2008.

WILLIAMS, K. R., GIBBS, J. P., y ERICKSON, M. L., «Public knowledge of statutory penalties: the extent and basis of accurate perception», en *Pacific Sociology Review*, vol. 23, 1980.

WILLIAMS, K. R., y HAWKINS, R., «Perceptual Research on General Deterrence: A Critical Review», en *Law & Society*, vol. 20, núm. 4, 1986.

WILLIAMS, K., y HAWKINS, R., «Perceptual research on general deterrence: a critical review», en *Law Soc. Rev.*, vol. 20, 1986.

WILSON, D. B., «Meta-Analytic Methods for criminology», en *Annals AAPSS*, 578, 2001.

WINGROVE, T., KORPAS, A., L., WEISZ, V., «Why were millions of people not obeying the law? Motivational influences on non-compliance with the law in the case of music piracy», en *Psychology, Crime & Law*, vol. 17, núm. 3, 2011.

WRINGE, B., «Rethinking expressive theroies of punishment: why denunciation is a better bet than communication or pure expression», en *Philos Stud*, 2017.

ZIMRING, F. E., FAGAN J., y JOHNSON, D. T., «Executions, Deterrence, and Homicide: A Tale of Two Cities», en *Journal of Empirical Legal Studies*, vol. 7, núm. 1, 2010.

ZIMRING, F. E., HAWKINS, G., y KAMIN, S., *Punishment and Demoracy: Three Strikes and You're Out in California*, Oxford University Press, New York, 2001.

ZIMRING, F.E., y HAWKINS, G. J., *Deterrence: The Legal Threat in Crime Control*, University Chicago Press, Chicago, 1973.

ZUGALDÍA ESPINAR, J. M. (DIR.), MORENO-TORRES HERRERA, M. R. (COORD.), PÉREZ ALONSO, E. J., MARÍN DE ESPINOSA CEBALLOS, E., y RAMOS TAPIA, M. I., *Fundamentos de Derecho Penal. Parte General (4ª edición)*, Tirant lo Blanch, Valencia, 2010.

ZUGALDÍA ESPINAR, J. M., «¿Otra vez la vuelta a von Listz?, LISTZ, F. V., *La idea del fin en el Derecho penal. Programa de la Universidad de Marburto (1882)*, Comares, Granada, 1995.

ZÚÑIGA, L., «Dogmática funcionalista y política criminal: una propuesta fundada en los Derechos Humanos», en *Derecho*, núm. 81, 2018.